日本语言·文化·传播丛书
第3辑

语用学研究理论与方法

王晓 著

中国传媒大学出版社
·北京·

前　言

语用学(Pragmatics)是语言学各分支中一个以语言意义为研究对象的新兴学科领域，是专门研究语言的理解和使用的学问。

本书由语用学研究理论、研究方法两个部分共10章组成。研究理论部分包括8章，分别是第一章语用学概论、第二章指示语、第三章言语行为、第四章会话含意、第五章礼貌原则与礼貌策略、第六章会话结构及其语用研究、第七章话语标记与元话语、第八章称呼语。研究方法部分由2章组成，其中第九章介绍了语用学的研究方法，第十章介绍了语用学的论文写作方法。

本书的特色在于以高等学校语言方向的研究生为主要读者，在介绍语用学相关理论的同时，重点介绍语用学的研究方法，引导研究生展开专题研究、撰写学术论文。本书的例句绝大多数标明了出处，详见书后“主要语料一览表”，个别未标明出处的例句来自平时教学中的积累。一并向作者们致谢。

本书的出版获得了“北京第二外国语学院研究生前沿课程教材建设项目”——“语用学研究理论与方法”(项目编号：2018GS1007)的资助，中国传媒大学出版社的编辑老师为本书的出版付出了辛勤的汗水。在此谨致谢忱！

北京第二外国语学院日语学院的硕士研究生周海洋（现为早道教育日语教研专员）、刘苗苗（现为日本广岛大学博士研究生）、赵晔（现为战略支援部队研究实习员）、于洁颖（现为澳门大学博士研究生）、刘力畅、褚天承、薛丽丽、王新薇、李木兰、吴娟薇参加了本书的语料收集、整理及校对工作，在此对她们表示衷心的感谢。

由于能力有限，书中难免存在各种讹误，敬请各位专家及读者批评指正。

王　晓

2024 年 2 月于北京

目 录

第一章　语用学概述

语用学(Pragmatics/語用論)是语言学的一个分支,主要指从语言使用者的角度来研究语言的学问。例如词句的字面意义如何在具体语境中表达说话者的隐含意义,在语言交际中预设①的使用会对其他人产生怎样的效果等(语言学名词,2011:3)。

(1)【教室里,日本老师和外国留学生的对话】
日本人の先生:暑いね。
外国人の学生:そうですね。(何の行動もしない)
日本人の先生:窓を開けましょうか。
外国人の学生:はい。

如上例所示,日语母语者说「暑いね」时,往往含有「窓を開けましょうか」的意思。但对初学日语的外国人来说,如果句子中没有明确、清楚地表述出其中蕴含的"请求"之意的话,他们有时可能无法敏锐地捕捉到其语用信息。我们再看一个例子。

(2)【上午的课结束后,男大学生A对关系比较亲近的女大学生B说】

---

① 语义学和语用学术语。指说话者说某一句子时持有的前提;或与"焦点"相对,指句子中说话者已经设定的信息,即旧信息。(语言学名词,2011:69)

A:裏門の近くに新しくイタリアンの店がオープンしたんだってさ。

B:三限のゼミ発表の準備が残ってて、今日は私、お昼を食べてる時間がないの。

(加藤,2004:12)

例(2)的对话中,A 只是陈述了新开了一家意大利料理店的事实,而 B 却说自己不吃午餐。虽然从字面看,A 的话语不能解释为邀请 B 一起去吃午餐,但实质上却能解释为 A 邀请了 B,而 B 却陈述理由加以拒绝了。之所以能这样解释,是因为该情景下通常存在以下两个预设:①从说话的时间点看,上午的课结束,进入了午休时间,而午休时间一般是吃午餐的时间;②说话者 A 之前曾经常邀请 B 共进午餐,因此 B 才能理解 A 的说话意图是邀请自己共进午餐。

从上述例子我们可以看出,说话者等交际主体传递的信息,往往不限于话语本身的字面意义(literal meaning/字義通りの意味),还包含其在一定语境条件下的交际信息;同时由于说话场合不同,甚至会出现与前后话语毫不相干的情况。在这种情况下,听话者就需要推知说话者的言下之意,要明白说话者到底是直言不讳,还是另有所指。

第一节 语用学的起源

语用学源于哲学家对语言的探索。20 世纪 30 年代,西方哲学家将研究的重点转向语言符号,开始了具有哲学意义的语言研究,出现了符号学(semiotics/記号学)。索绪尔(Saussure/ソシュール)和皮尔斯(Peirce/パース)是现代符号学的奠基人。索绪尔认为,语言是一种表达观念的符号系统,而且是该系统中最重要的。他侧重于探讨符号的社会功能,以期建立一种符号学,从而使语言得到科学的描述。皮尔斯对符号学最重要的贡献在于提出了符号、符号对象和符号解释(或理解)的三元关系,这对后来符号学发展为一门独立的学科起到了很大作用。

现代符号学的另一位代表人物是美国哲学家莫里斯(Morris/モリス),

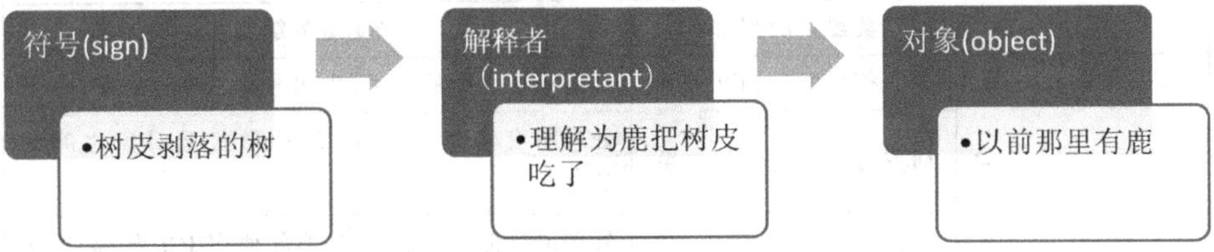

图 1-1 皮尔斯的符号学三元关系[①]

他在 1938 年出版的《符号理论基础》(*Foundations of the Theory of Signs*)一书中提出符号学包括三个部分:句法学、语义学和语用学。句法学(syntactics or syntax/統語論)研究"符号之间的关系";语义学(semantics/意味論)研究"符号与所指对象的关系",语用学研究"符号与解释者的关系"。这样,作为符号学的一个分支,"语用学"这一术语就被正式提出来了。在 1939 年出版的《美学和符号理论》一书中谈到语用学时,莫里斯将"解释者"(interpretant)改为"使用者"(user)。后来,莫里斯在《符号、语言与行为》(1946)中将语用学重新定义为:语用学是符号学的一部分,它研究符号的来源、应用及其在行为中出现时所产生的作用或效果。可以说,它们是最早的两个语用学定义。与后来列文森(Levinson,1983)、利奇(Leech,1983)等进行的现代语用学研究相比,莫里斯的语用学思想显得更为宽泛。但不可否认的是,莫里斯的思想对语用学的发展起了重要作用。

莫里斯对符号学三个部分的划分还得到另一位哲学家、逻辑学家卡纳普(Carnap/カーナップ)的支持。他的观点颇接近莫里斯的早期看法,他认为,如果一项研究明确地涉及语言使用者,就应该被归入语用学领域;如果一项研究从语言使用者那里只摘取一些词语及词语所指的对象来进行分析,那么它就处于语义学的领域;如果一项研究从词语所指对象中抽象出词语之间的关系来进行分析,那么它就处于(逻辑)句法学的领域了(Carnap,1948)。当然,他对莫里斯的观点也有所补充,认为语用学除了研究使用者和词语的关系,还应研究词语的所指。

---

① 根据加藤(2004:23)的图 1 翻译。

表 1-1 莫里斯的符号学三分法[①]

区别	莫里斯的解释	卡纳普的解释
句法学(syntax)	研究符号间的相互关系	处理符号之间的关系、表达方式之间的关系
语义学(semantics)	研究符号与对象的关系	处理所有的意思作用、表达形式及对象之间的关系
语用学(pragmatics)	研究符号与解释者的关系	处理语言使用者、符号在实际使用中的起源、用法及效果

20世纪50年代中期至60年代末,语用学研究取得了重大进展。

英国哲学家奥斯汀(Austin/オースティン)于1955年在哈佛大学作了题为"论言有所为"(*How to Do Things with Words*)的系列演讲,提出"言语行为理论"。美国语言学家塞尔(Searle/サール)1969年出版《言语行为》(*Speech Acts*),1975年出版《间接言语行为》(*Indirect Speech Acts*),继承、修正、发展了由奥斯汀提出的言语行为理论,使之进一步系统、完善。

之后,1975年格莱斯(Grice/グライス)提出"会话含意理论",1983年利奇(Leech/リーチ)提出"礼貌原则",布朗和列文森(Brown& Levinson/ブラウン&レビィソン)于1978年、1987年提出了"礼貌策略"等理论,为阐释人类言语交际的诸多研究打下了令人瞩目的理论基础。

1977年《语用学学刊》(*Journal of Pragmatics*)在荷兰正式出版发行之后,语用学作为语言学的一门新兴学科才得到确认。

1983年,英国剑桥大学出版社出版了列文森(Levinson/レビィソン)的著作《语用学》(*Pragmatics*)。1986年,"国际语用学会"(IPrA)[②]在比利时成立,每两年举行一次国际语用学研讨会。此后,语用学得到了迅速发展,现已成为一门独立的语言研究学科。

---

① 根据加藤(2004:17)的表2翻译。

② 其网址为 http://ipra.ua.ac.be/。

第二节　语用学的界定

一、语用学的定义

在不同的语用学著作中，我们可发现关于语用学的不同视角的定义。列文森在《语用学》中用了近50页的篇幅来讨论语用学的定义。什么是语用学呢？最笼统的定义就是“从功能的角度研究语言”（Levinson，1983：7），但这并没有将语言语用学和心理语言学、社会语言学等学科区分开来。列文森在其中列出了近十个语用学可能的定义，并对它们做了评论，例如：

定义1：Pragmatic is the study of those relations between language and context that are grammaticalized ，or encoded in the structure of a language.

语用学是对一种语言结构中被语法化或编码的那些语言和语境之间的关系的研究。

定义2：Pragmatic is the study of all those aspects of meaning not captured in a semantic theory.

语用学是对那些语义理论未涉及的意义方面的研究。

定义3：Pragmatic is the study of the relations between language and context that are basic to an account of language understanding.

语用学是对语言和语境之间对于解释语言理解来说十分基本的那些关系的研究。

定义4：Pragmatic is the study of the ability of language users to pair sentences with the context in which they would be appreciate.

语用学是对语言使用者将句子与合适的语境相匹配的能力的研究。

定义5：Pragmatic is the study of deixis (at least in part), implicature, presupposition, speech acts, and aspects of discourse structure.

语用学是对指示（至少是其中一部分）、含义、前提、言语行为以及话语结构等各个方面的研究。

虽然列文森列出了一系列可能的定义，但他认为其中没有一个是完美的。但以上种种可能的定义使我们看到了语用学这门年轻学科的多面性。

托马斯（Thomas/トマス）在 1995 年出版的专著 *Meaning in Interaction: An Introduction to Pragmatics* 中，把语用学定义为“对互动意义的研究（meaning in interaction）”。托马斯的这一观点是以她的意义观为基础的，她认为意义不是词语本身固有的内在属性，也不是由说话者或听话者单方面产生的；意义的建构是一个动态的过程，涉及说话者和听话者之间对意义的磋商、话语的语境以及话语的意义潜能。

尤尔（Yule/ユール）在 1996 年出版的著作 *Pragmatics* 中给出的定义是“语用学所研究的是说话者（或写作者）所传递的和听话者（或读者）所理解的意义”，也就是说，语用学是研究说话者如何通过话语的字面意义传递言外之意的学科。这涉及话语的理解。

上述关于语用学的定义在侧重点和措辞方面虽各有不同，但共同点是都以“语言较集中的意义”为中心。各种不同定义的存在有利于加深我们对语用学这门学科的理解。

二、语用学研究类型

语用学涉及的问题与现象很多，既可从说话者的角度出发，也可从听话者的角度出发。换言之，语用学既可探讨话语生成，也可以将话语理解视为重点。在什么条件下，说话者会选择具有特定意义的某个结构或话语，以及在什么条件下，听话者会以某种方式去理解该意义而不是以别的方式，这是一种广义的语用观。

陈新仁（2017）认为，从研究类型看，语用学研究可以分为四大类：理论语用学、应用语用学、界面语用学和跨学科语用学。

理论语用学主要探讨语言使用的一般规律和方式，主要包括以下内容：语境与指示（详见第二章）、言语行为（详见第三章）、会话含义（详见第四章）、礼貌原则与礼貌策略（详见第五章）、会话组织（详见第六章）、话语标记与元话语（详见第七章）、称呼语（详见第八章）等。

应用语用学关注的是语用学理论在具体语言实践领域中的应用研究，如教学、翻译、临床、商务等。

界面语用学关注的是语用学与语言学相邻学科之间的分工、互补、互动关系。这些相邻学科包括词汇学、形态学、句法学、语义学、篇章语言学等。特别是语用学与语义学的关系一直受到学界的关注。自列文森推出《语用学》以后，语用学通常被理解为研究语义学不涉及的那部分意义。对于这一点，加藤和滝浦(2016:5)进一步总结如下：

表 1-2　语义学与语用学的区别

意味論(语义学)	相違点(不同点)	語用論(语用学)
意味(meaning)	分析対象	使用(use)
慣習的(conventional)	慣習性	非慣習的(non-conventional)
真理条件的(truth-conditional)	真理条件	非真理条件的(non-truth-conditional)
文脈に非依存(context independence)	文脈性	文脈に依存(context dependence)
字義通り(literal)	解釈	字義通りでない(non-literal)
文(sentence)	研究単位	発話(utterance)
規則(rule)	機構	原理(principle)
言語能力(competence)	現れ方	言語運用(performance)
タイプ(type)	対象抽象度	トークン(token)
内容(content)	研究対象	作用(force)
言語的意味(linguistic meaning)	意味種	話者による意味(speaker's meaning)
言っていること(saying)	動作性	推意していること(implicating)
言語的に符号化(linguistically encoded)	符号化	非言語的に符号化(non-linguistically encoded)
構成性あり(compositionality)	構成性	構成性なし(non-compositionality)
意図に非依存(intention independence)	意図性	意図依存的(intention dependence)

从表 1-2 可以看出，从广义的角度来说，语义学主要研究非语境意义，而语用学则研究语境意义(contextual meaning/文脈的意味)，即话语在语境中

所传递的交际信息。

跨学科语用学是指语用学与其他学科相结合的研究，包括研究语用与文化关系的跨文化语用学（cross-cultural pragmatics/異文化間語用論）、研究语用与社会关系的社会语用学（social pragmatics/社会語用論）、研究语言与心理认知关系的认知语用学（cognitive pragmatics/認知語用論）、研究外语语用能力的二语语用学（second language pragmatics/中間言語語用論）等。

跨文化语用学是研究语用与文化之间的关系的研究。交际过程一般会涉及语言的使用，不同的语言在使用过程中又有着不同的文化特征，母语的文化特征会在一定程度上影响跨文化交际。跨文化语用学领域的研究有助于外语学习者减少或避免语用失误，顺利进行跨文化交际。

社会语用学主要是对交际中的技巧和策略进行的研究，主要包括语境和语言交际中的会话策略、社交中的礼貌、会话的标记、交谈的文化等社交—文化的语用研究。

认知语用学研究认知和交际过程中的一系列问题。理解自然语言是要依靠逻辑推理的，人们之所以能够成功地进行言语交际、明确对方的交际意图（communicative intention/伝達意図），是因为交际者的话语总是能够提供关联性最大的信息。认知语用学为人们的言语交际过程提供了认知心理依据，为语用推理提供了可行性的依据。

二语语用学是20世纪80年代兴起的一个新的语用学分支，研究内容包括非母语使用者对目的语的施为用意和对礼貌的判断与理解、非母语使用者的言语行为和情境因素对选择语言形式和言语策略的影响、语用失误、语用迁移（pragmatic transfer/語用論的転移）、目的语语用能力（pragmatic competence/語用論的能力）的形成和发展、教学对目的语语用能力形成和发展的作用等。二语语用学研究对外语教学有着非常重要的作用。

第三节　语用学研究概观

本小节主要介绍日本和中国的语用学研究现状。

一、日本语用学研究概况

语用学自成立伊始就在日本引起极大的关注。随着欧美学者的语用学研究成果影响的不断扩大，日本的语言学家也开始了对语用学的研究。日本语用学的发展历程是一个由译介引进介绍，到套用语用学理论进行应用性实证研究，再到结合日语自身特点丰富和完善语用理论乃至创新发展的过程，可以说语用学已经成为日语语言学研究中的一个不可或缺的重要领域。在日本，关于西方语用学理论的译介工作开展得比较早，比较权威的语用学著作几乎都已翻译成日语出版。奥斯汀关于言语行为理论的著作 *How to Do Things with Words* 由坂本百大译成日语出版，日语版译名为『言語と行為』。1969 年剑桥大学出版社出版的塞尔的 *Speech Acts: An Essay in the Philosophy of Language* 于 1986 年由坂本百大、土屋俊二人合译出版，日文译名为『言語行為—言語哲学への試論』。1987 年池上嘉彦、河上誓作二人合作将利奇(Leech/リーチ)的 *Principles of Pragmatics* 翻译出版，日文译名为『語用論』。1998 年清塚邦彦将格莱斯(Grice/グライス)的 *Studies in the Way of Words* 翻译出版，日文译名为『論理と会話』。

1990 年，安井稔与奥田夏子翻译了列文森的《语用学》(*Pragmatics*)(日文译名为『英語語用論』)，内容涉及语用学基础的各个方面，奠定了语用学内容体系的基本框架。这部著作在日本的翻译出版对日本的语用学教学和研究影响甚深，到目前为止，日本出版的各种语用学教科书都是围绕列文森的基本框架而展开的。

此外，斯珀伯和威尔逊(Sperber, D.& Wilson, D./D.スペルベル&D.ウイルソン)的 *Relevance: Communication and Cognition* 一书于 1999 年由内田圣二、中逵俊明、宋南先、田中圭子翻译出版，日文译名为『関連性理論—伝達と認知—』。关联理论(relevance theory/関連性理論)主要阐述了在交际的过程中，交际双方首先考虑的不是是否合作的问题，而是话语是否具有关联性(relevance/関連性)，每一个话语都会建立起一种关联。这一理论被引入日本语言学界后，很快引起了学界的高度关注，从一个新的视角推动了日本的语用学研究。

布朗和列文森的 *Politeness Some universals in language usage* 由田中

典子监译，2011 年出版，日文译名为『ポライトネス　言語使用における、ある普遍現象』，布朗和列文森还为日文版专门撰写了序言，对书的内容进行介绍。

英国学者托马斯（1995）认为，言语交际、意义生成等都是一个动态过程，意义不只是词义，也不只是由说话者单方面生成的，或由听话者独自解释的。因此托马斯更强调语用学的动态研究，提出了“动态语用学”（dynamic pragmatics/動的語用論）的新概念。她的著作 *Meaning in Interaction An Introduction to Pragmatics* 于 1998 年由浅宇亮一、田中典子、津留崎毅、鹤田庸子、成瀬真理翻译出版，日文译名为『語用論入門一話し手と聞き手の相互交渉が生み出す意味』。

除了上述语用学著作的翻译工作，日本的语言学家也在语用学研究方面取得了不少成果。

日本语言学家毛利可信堪称最早向日本国内介绍语用学有关理论的学者，他 1980 年在大修馆书店出版的专著『英語の語用論』以语用学理论为指导，系统地介绍了语用学的一些基本概念和基本理论，对言语行为理论、合作原则和前提等语用学的基本课题进行介绍和讨论，就语义的不确定性、可能世界与现实世界等问题展开了详细的分析，从语用学的视角分析并探讨了一些学界普遍关注的英语语言现象，阐述了其独到的见解。这部专著的出版对日本语用学界具有划时代的意义。

1990 年，小泉保编写出版了『言外の言語学一日本語語用論一』（*Implicational Linguistics Japanese Pragmatics*），标志着日本语用学研究本土化的开始。这本书由陈访泽、余维、刘小珊、许罗莎翻译成汉语，译名为《言外的语言学：日语语用学》，2005 年由商务印书馆出版发行。1998 年，小泉保出任日语语用学会第一任会长，2001 年编写出版了又一部语用学著作『入門　語用論研究一理論と応用』，内容涉及指示、前提、言语行为、话语分析及礼貌等。

ポリー・ザトラウスキー（1993）以录音电话为分析对象，深入分析了日语会话的结构，并提出了“话段”概念，探讨了“邀请的话段”和“邀请应答的话段”中邀请者和被邀请者所使用的积极的、中立的和消极的会话策略。ポリー・ザトラウスキー（1993）是全面深入探讨日语会话结构的研究者，其会话策略的研究方法为不同言语行为中会话策略的分析提供了研究框架。

语用学传入日本之后，特别是利奇（1983）的礼貌原则与布朗和列文森（1987）的礼貌策略学说被介绍到日本之后，从语言的功能和效果视角出发研究礼貌现象的学者越来越多。这种研究始于20世纪80年代，20世纪90年代研究渐入兴盛期，进入21世纪以后，各种成果层出不穷。特别是宇佐美まゆみ（2001，2002）在继承布朗和列文森礼貌策略理论的基础上提出了话语礼貌理论（Discourse Politeness Theory/ディスコース・ポライトネス理論），该理论影响不断扩大，可以说代表了今后礼貌现象研究的一个新方向。

加藤（2003）对包括形容动词、零助词、数量词等在内的广义修饰结构进行了语用研究，是一部具有较高参考价值的日语语用研究论著。

加藤（2004）对语境、关联性理论等语用学的主要理论进行了通俗易懂的解释。然后对指示词、终助词等日语固有的语用学问题进行了探讨，指出有很多语言现象都可以从语用的角度进行探讨。

井出（2006）论证了日语与英语在礼貌表征方面的重大差异，从而说明从语言礼貌普遍原则中解放出来的必要性和意义。她最后强调，解放活动必须始于对线性思维和科学还原主义的脱离，应该挣脱狭隘的普遍主义的桎梏，从而在21世纪建立起一种能够让人们更好地理解全球不同地区人民的研究新范式。

滝浦（2008）解释了研究工作者该如何运用布朗和列文森（1987）的礼貌策略理论去研究日语，同时阐明了礼貌策略和敬语、距离、终助词的意思之间的关系。

清水（2009）将研究重点放在了二语语用学上，对二语语用学涉及的众多问题进行了探讨，并对相关研究进行了整理。

山冈、牧原、小野（2010）的『コミュニケーションと配慮表現—日本語語用論入門』对「配慮表現」做了重点研究，指出在这个领域还有很多值得研究的课题。

田中（2013）对如何从语用学的角度撰写论文进行了论述，包括各种语用学调查的方法以及语用学论文的写作方法，对于初次接触语用学的学习者非常具有借鉴意义。

加藤、滝浦（2016）的『語用論研究法ガイドブック』是一本着重介绍语用学研究方法的专著，从指示与照应、社会语用学、历史语用学、对比语用

学、句法语用学、关联性理论与实验语用学、应用语用学、会话分析与谈话分析、语用学调查方法 9 个专题对语用学各个领域的研究方法做了具体介绍，有助于读者了解并掌握语用学的具体研究方法。

1998 年，日语语用学会（The Pragmatics Society of Japan）[①]成立，小泉保出任会长，现任会长为日本放送大学教授滝浦真人（Takiura Masato）。该学会每年定期出版学术刊物『語用論研究』（*Studies in Pragmatics*），并定期举办日本语用学大会，截至 2023 年 5 月已召开了 25 次大会。

二、中国语用学研究概况

迄今为止，中国国内的学者在语用学研究方面也取得了不少成果。语用学方面的汉语译著有奥斯汀的 *How to Do Things with Words*，于 2016 年经杨玉成、赵京超翻译，由商务印书馆出版，汉语译名为“如何以言行事”。塞尔的著作 *Expression and Meaning* 的汉语版译者为王加为、赵明珠，2017 年由商务印书馆出版，汉语译名为“表达与意义”。

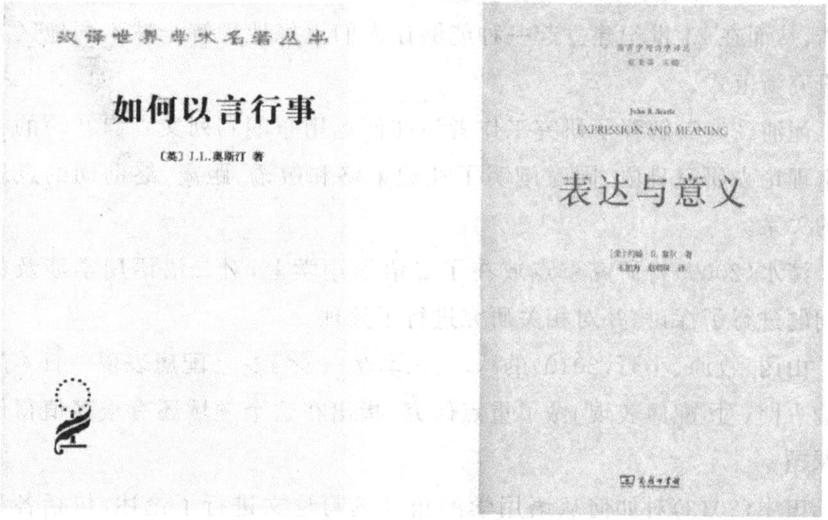

图 1-2　奥斯汀与塞尔著作的汉语版

---

① 其网址为 http://pragmatics.gr.jp/。

1980 年，胡壮麟在《国外语言学》第三期上发表了题为“语用学”[①]的论文，这是中国国内第一篇介绍语用学的综述文章，很多读者从此了解了什么是语用学。何自然则于 1988 年出版了国内第一部语用学著作《语用学概论》，对语用学的相关知识进行了比较系统的介绍。《新编语用学概论》是继 2001 年由湖南教育出版社出版的《语用学概论》(修订版)之后的又一次改版，由北京大学出版社出版。该书“自序”部分的“语用学在中国”对中国出版的主要语用学著作进行了介绍。接下来，本书将主要论述汉日对比方面的相关研究成果。

徐昌华和李奇楠于 2001 年出版了《现代日语间接言语行为详解》一书，这可以说是我国第一部日语语用学专著。该书详细地研究了现代日语的间接言语行为，即研究语言的言外之意。指出言外之意隐含在话语的字面意义之下，无法从语言系统的内部层面进行阐释，只有在字面意义的基础上，经过推导，才能得出部分话语的真正含义。

2006 年 10 月，由徐昌华所著、北京大学出版社出版的《语用、认知与日语学习（I）》一书问世了。正如该书前言中所提到的，该书既吸收了日语语言研究的新成果，又阐发了作者独到的见解，“既是一部运用语用——认知语言学理论研究日语的专著，又是一部面向日语专业学生的、理论与实践相结合的日语教学参考书”。

毋育新于 2008 年出版的《日汉礼貌策略对比研究》以汉日语小说语料为例，考察了其中礼貌策略的运用情况。他发现布朗和列文森(1987)所主张的五种礼貌策略在小说中均有体现，特别是积极礼貌策略、消极礼貌策略及间接表达方式实例更多。毋育新(2011)使用话语礼貌理论中的“基本态”这一概念，厘清了中日语言“基本态”的不同，预测出由其引发的“负向礼貌”效果，并将该结果应用于中国的日语课堂。

孟瑾于 2009 年出版了《日语语用学研究》，该书是以日语为对象的语用学教材，在介绍国内外语用学研究成果的同时，比较系统地阐述了日语语用学研究的基本概况。

王源 2011 年的论文《人际交流中的道歉行为的比较研究》主要通过问卷

---

① 胡壮麟. 语用学[J]. 国外语用学，1980(3)：1-10.《国外语用学》杂志现在改名为《当代语用学》。

调查收集了中、日各约200人的语料，使用“语义公式”(semantic formula/意味公式)对中日跨文化交际中道歉行为的相同点和不同点进行了分析和考察，解释了中日言语行为模式的相同点和不同点。通过采访调查并结合布朗和列文森的礼貌策略理论，该文明确了在不同文化语境下中日言语行为背后所隐含的思维方式的差异。

单文垠2012年的《关于道歉的日汉对比研究——以言语事件为视角》以“言语事件”为框架，对日语和汉语中的道歉言语行为进行了全面的考察和分析，把道歉行为分为“真正意义的道歉”“作为工具的道歉”和“形式上的道歉”三种，为纠正日本人道歉频繁、中国人不善于道歉的错误观念提供了足够的依据。

刘珏2013年的《拒绝行为的语用学研究》以“顺应论”(linguistic adaptation theory/順応論)①这一新的语用学理论框架为依托，对汉语和日语中拒绝行为的引发行为、拒绝行为实施者的交际意图、谈话中交际意图的表达效果等进行分析。借助“语境”“动态过程”“意识凸显程度”三个考察指标，描述了汉日拒绝性谈话活动的连续动态过程，阐明了两种语言共有的动态选择机制。

甘能清2013年的《基于博弈论之日语称赞发话行为研究》以“博弈论”(game theory/ゲーム理論)②为理论框架，对日语称赞发话行为进行了探讨，分析了称赞发话行为的基本类型，构建了称赞发话行为的博弈模型，阐明了该发话行为的理解机制。作为具体的表现形式，日语称赞发话行为的机制体现为遵守“善意原则”和“共享喜悦原则”。

赵刚和贾琦2013年的《会话分析》概述了日语会话分析研究的主要成果，论述了会话结构、会话策略和会话管理三方面的会话研究项目的定义、分类、功能及特征，提出了会话分析的相关研究课题。

---

① 语言顺应论(简称“顺应论”)是维索尔伦(Verschueren)在20世纪90年代后期提出的语用学理论，主要涉及语言交际中语言形式及策略的选择，主要关注的是话语的产出。(何自然，冉永平，2010：290)

② “博弈论”(Game Theory)又称“对策论”“游戏理论”，诞生于20世纪初，由美国数学家冯·诺伊曼(von Neumann)和奥斯卡·摩根斯顿(Oskar Morgenstern)创立。之后由约翰·纳什(John Nash)等人进一步发展和完善，被广泛应用于经济学、政治学、生物学、计算机科学、心理学、社会学等诸多领域。博弈语用学就是将博弈论运用于语用分析的研究方法，是解释语言现象强有力的工具。(缪素琴，祝尔悦，2016)

李凝 2014 年的《关于日语模糊限制语的研究》及 2018 年的《再论日语模糊限制语》以日语模糊限制语(hedge/ヘッジ)[①]为研究对象,从话语分析的角度重新探讨其定义,并系统阐述了其主要功能和特征。同时,通过大量的语料对日语模糊限制语在具体场景下的使用状况进行了考察和分析,阐述了模糊限制语在日本人会话交际中的作用,勾勒出了日语模糊限制语的整体面貌。

赵华敏 2015 年的《跨文化理解与日语教育》从文化与交际、文化与语言、日本文化与日语教育、中日礼貌策略与日语教育,以及请求、道歉、邀请言语行为与日语教育等不同角度对跨文化交际和日语教育的关系及其研究的必要性和可行性进行了论述。

王晓 2018 年的《跨文化理解与言语行为的汉日对比研究》以实证研究的方法,从话语层面对日、汉两种语言中的"邀请"言语行为进行了考察、分析,探明了日语和汉语在这一问题上的异同,考察了日语母语者与汉语母语者对"邀请"言语行为认识的不同,指出日语母语者在言语行为中更有体谅对方的倾向,汉语母语者更注重自己邀请目的的达成。此外,还对日语母语者与日语学习者在"邀请"言语行为方面的异同进行了考察,提出了改善邀请言语行为教学的建议。

文钟莲 2018 年的《中日言语行为对比研究:冲突与交融》以"拒绝"的表达为主题,对上下、亲疏等关系不同的人物以及负担、紧急度不同的场面进行了探讨。从社会语用学的角度出发,考察了中日两国表达拒绝的语言结构的共同点和差异点,并为提高学生的应用能力水平和实践技能提供了思路。

中国日语教学研究会会刊《日语学习与研究》2019 年第 5 期登载了两篇与语用学相关的论文。一篇是宇佐美まゆみ原作、李瑶翻译的《21 世纪礼貌现象研究的可能性——话语礼貌理论的新发展》,另一篇是毋育新的《语用学新理论视域下的汉日对比研究方法论》,进一步论证了语用学的研究方法,提供了语用学研究的可能性。

---

① 模糊限制语(hedge)指一些"把事物弄得模模糊糊的词语",不仅包括词、词语,还包括一些组合结构、小句。(何自然,冉永平,2010:177)

赵华敏的《日语语用学研究》是中国国内最近出版的一部语用学著作，全书共14章，由中日两国研究语用学的学者合作完成。从语用学研究的多重视角出发，对现代日语进行了深入研究。既有日语本体研究也有中日对比研究，既有方法论研究也有实证性研究。

通过上述综述，我们可以了解语用学的起源、发展和现状，更加明确语用学的研究意义和价值。奥斯汀及其他学者开辟了语用学的研究领域，提供了语用学的研究方法。语用学研究涉及许多相关学科的研究内容，语用学的研究成果能为语义学、认知语言学、社会语言学、对比语言学等学科提供相关的理论依据，丰富和完善语用学的相关研究也能对我国的语言学研究和语言教学起到积极的促进作用。

研究思考题

1.对某一日本语用学研究的文献进行综述。

2.收集国内语用学研究的文献，对国内语用学研究现状进行综述。

本章参考文献

[1]曹大峰，林洪.日语语言学与日语教育[M].北京：高等教育出版社，2014.

[2]陈新仁.汉语语用学教程[M].广州：暨南大学出版社，2017.

[3]陈新仁，何刚，毛延生，等.语用学研究前瞻[J].北京第二外国语学院学报，2023(2)：137-148.

[4]甘能清.基于博弈论之日语称赞发话行为研究[M].广州：中山大学出版社，2013.

[5]何自然，冉永平.新编语用学概论[M].北京：北京大学出版社，2009.

[6]李凝.关于日语模糊限制语的研究[M].北京：外文出版社，2014.

[7]李凝.再论日语模糊限制语[M].北京:知识产权出版社,2018.

[8]刘学. 语义学、语用学、认知学对日语语法理论的影响研究[J].西安外国语大学学报,2016,2:52-56.

[9]刘珏.拒绝行为的语用学研究:中日文化中拒绝性话语的对比研究[M].天津:南开大学出版社,2013.

[10]孟瑾.日语语用学研究[M].北京:高等教育出版社,2009.

[11]冉永平.语用学:现象与分析[M].北京:北京大学出版社,2006.

[12]缪素琴,祝尔悦. 互联网时代英语融入汉语的博弈语用学分析[J].外语研究,2016(6):39-43.

[13]单文垠.关于道歉的日汉对比研究:以"言语事件"为视角[M].北京:北京语言大学出版社,2012.

[14]索振羽.语用学教程(第二版)[M].北京:北京大学出版社,2014.

[15]王晓.跨文化理解与言语行为的汉日对比研究:以"邀请"言语行为为中心[M].上海:上海译文出版社,2018.

[16]王源.人际交流中的道歉行为的比较研究[M].北京:学苑出版社,2011.

[17]文钟莲.中日言语行为对比研究:冲突与交融[M].北京:中国国际广播出版社,2018.

[18]毋育新.日汉礼貌策略对比研究[M].北京:中国社会科学出版社,2008.

[19]毋育新.语用学新理论视域下的汉日对比研究方法论[J].日语学习与研究,2019,5:13-22.

[20]熊学亮.简明语用学教程[M].上海:复旦大学出版社,2008.

[21]俞东明.什么是语用学[M].上海:上海外语教育出版社,2011.

[22]语言学名词审定委员会.语言学名词[M].北京:商务印书馆,2011.

[23]宇佐美まゆみ.21世纪礼貌现象研究的可能性:话语礼貌理论的新发展[J].李瑶,译.日语学习与研究,2019,5:23-34.

[24]翟东娜.日语语言学[M].北京:高等教育出版社,2006.

[25]赵刚,贾琦.会话分析[M].北京:高等教育出版社,2013.

[26]赵华敏.跨文化理解与日语教育[M].北京:高等教育出版社,2015.

[27]赵华敏.日语语用学研究[M].北京:外语教学与研究出版社,2021.

[28]井出祥子.わきまえの語用論[M].東京:大修館書店,2006.

[29]今井邦彦.語用論への招待[M].東京:大修館書店,2001.

[30]毋育新.依頼行動における中国人日本語学習者の問題点:ディスコース・ポライトネス理論の観点からの考察[C]//東京外国語大学.日本研究教育年報15.東京:東京外国語大学,2011.

[31]宇佐美まゆみ.談話のポライトネス:ポライトネスの談話理論構想[C]//国立国語研究所・談話のポライトネス(第7回国立国语研究所国際シンポジウム報告書)東京:国立国語研究所,2001.

[32]宇佐美まゆみ.ポライトネス理論の展開[J].月刊言語,2002(1):100-105.

[33]加藤重広.日本語修飾構造の語用論的研究[M].東京:ひつじ書房,2003.

[34]加藤重広.日本語語用論のしくみ[M].東京:研究社,2004.

[35]加藤重広,滝浦真人.語用論研究法ガイドブック[M]. 東京:ひつじ書房,2016.

[36]小泉保. 言外の言語学:日本語語用論[M].東京:三省堂,1990.

[37]ザトラウスキー・ポリー.日本語の談話の構造分析:勧誘のストラテジーの考察[M].東京:くろしお出版,1993.

[38]清水崇文.中間言語語用論概論　第二言語学習者の語用論的能力の使用・習得・教育[M].東京:スリーエーネットワーク,2009.

[39]滝浦真人.ポライトネス入門[M]. 東京:研究社,2008.

[40]田中典子.はじめての論文:語用論的視点で調査・研究する[M].東京:春風社,2013.

[41]毛利可信.英語の語用論[M].東京:大修館書店,1980.

[42]山岡政紀.発話機能論[M].東京: くろしお出版,2008.

[43]山岡政紀,牧原功,小野正樹.コミュニケーションと配慮表現[M].東京:明治書院,2010.

[44]LANGSHAW A J. How to do things with words[M]. Oxford: Clarendon Press, 1962.

[45]BROWN P, LEVINSON S C.Politeness:some universals in language usage[M]. Cambridge:Cambridge University Press, 1987.

[46]LEECH N G N. Pricnples of pragmatics[M]. London:Longman Group Limited, 1983.

[47]LEVINSON S C. Pragmatics[M]. Cambridge: Cambridge University Press, 1983.

[48] YULE O. Pragmatics [M]. New York: Oxford University Press,1996.

[49]SEARLE J R. Speech acts: an essay in the philosophy of language [M]. Cambridge:Cambridge University Press, 1969.

[50]SPERBER D, WILSON D. Relevance: communication and cognition[M]. Oxford: Blackwell, 1986.

[51] THOMAS J. Meaning in interaction: an introduction to pragmatics[M].London:Longman Group Limited, 1995.

第二章 指示语

在语言交际中,说话者经常会使用一些特殊的表达形式来指向谈及的人、物、时间、地点等。听话者要明白它们具体指的是什么,就必须了解情景语境的一些基本信息,如会话参与者、会话的时间、地点、会话的场景等。反之,如果没有语境信息作为参照,我们就无从判断这些词语的具体所指,也无法获知它们所在话语的完整意义。在语用学中,具有上述特征的表达形式一般被称为指示语(demonstratives/指示詞)。而通过指示语来指向事物的语言现象就是指示(deixis/指示)。指示充分展现了语言和语境的密切关系,成为语用学研究的核心课题之一。

(1)これをください。

例(1)「これをください」中的「これ」指的是什么,脱离语境便无法得知。所谓语境(context/コンテキスト・文脈),就是指使用语言的环境。它包括语言语境和非语言语境。语言语境指所使用的语言单位的上下文内容,涉及对语音、词汇、语法等相关语言知识的了解。非语言语境主要指语言使用者及其参与者之间的相互关系、语言使用的时间/地点/场合、所谈论的话题以及相关的社会、文化背景知识等。

第一节　指示语研究概观

在日本，对指示语进行研究的论著并不少见，代表研究有佐久间(1967)[①]、久野(1978)[②]、庵(1994)[③]等。在语言学方面，佐久间(1967)首先将「コソアド」体系化，将它们命名为"指示语"。他主张通过比较指示对象与说话者说话者的距离来区分使用「コ(近称)、ソ(中称)、ア(远称)」，并进一步阐述了指示语与人称代词之间的关系，提出"领域论"的概念。

近称「これ」：在说话者的领域内对事物的指示
中称「それ」：在听话者的领域内对事物的指示
远称「あれ」：在说话者和听话者的领域外对事物的指示

在佐久间(1967)的分类中，「これ、それ、あれ」指示事物，「この、その、あの」后接名词，表示指定。

(2)A：語用論の本を買いました。
　B1：その本、誰が書いたのですか。
　B2：あの本、誰が書いたのですか。

上例中，对于A的话语，可以存在B1和B2两种提问方式。我们可以根据「その本」「あの本」判断出说话者是否与听话者具有共有信息。这是因为日语中「ア系」指示语表示谈话双方具有共同信息，而「ソ系」指示语则说明对于B2的说话者来说，A的话语是新信息。

---

① 佐久間鼎.現代日本語の表現と語法[M].東京：厚生閣，1967.

② 久野暲.談話の文法[M].東京：大修館書店，1978.

③ 庵功雄.結束性の観点から見た文脈指示：文脈指示に対する一つの接近法[J].大阪大学日本学報，1994(13)：31-42.

久野(1978)主张以是否具有共同知识、经验来区分「ソ系」与「ア系」。庵功雄(1994)提出文本逻辑连贯性的观点,并分别从指定指示(「この…」「その…」整体起到指示功能)、代行指示(只有「こ」「そ」部分起到指示功能)两方面就「コ系」和「ソ系」的用法展开了论述。

从语用学视角全面研究指示语的是小泉保在1990年出版的著作『言外の言語学—日本語語用論』。该书从人称指示、空间指示、时间指示、话语指示、状态指示及社会指示六个方面对指示进行了分析,阐明了"コ系是主观性的,ソ系是客观性的,ア系是回忆性的"这一观点。

加藤(2004)则对具备语用功能的日语指示语进行了深入的探讨。将指示语的用法分为直示(直示)、照应(照応)、唤起(想起)三大类。直示又称「現場指示」,即指示对象在发话现场;照应在日语中常被称为「文脈指示」,是指所指对象存在于语篇的上下文中;唤起又被称为「知識指示」,即所指对象出现在说话者或听话者的记忆里。

表 2-1 日语指示语的用法①

信息来源	用法名称		用例
现场认知	直示	现场指示	「この本、貸してください。」
短期记忆	照应	语境指示	「札幌駅に行った。そこで彼に会った。」
长期记忆	唤起	知识指示	[談話の冒頭]「あの件、どうなりましたか。」

此外,加藤(2004)还指出名词性成分的指称对象存在于交际双方的长期记忆中,是双方都知道的事物。ア系列指示语、集合名词、专有名词等都有这种用法。例如:

(3)課長、あの件、どうなりましたか。 (加藤,2004:179)

(4)人間は考える葦である。 (加藤,2004:145)

(5) 夏目漱石は現代日本語の文体の基盤を作った。 (加藤,2004:145)

例(3)中的「あの件」是指说话者和听话者(課長)都心知肚明的那件事,

① 根据加藤重广(2004:149)的表9翻译而成。

因此不必明说。ア系列指示语的这种用法被称为「知識指示」。例(4)中的「人間」是集合名词,听话者明白它指的是什么。例(5)中的专有名词「夏目漱石」是指日本著名作家夏目漱石,说话者认为听话者有可能知道这个人,因此没有在「夏目漱石」后面附加「という人」「という作家」等形式。

著名语用学家列文森在其著作 *Pragmatics* 中将指示分成了人称指示、空间指示、时间指示、篇章指示和社交指示五类进行讨论。① 指示是人类语言中普遍存在的现象,不同语言中的指示语及其用法是大同小异的。例如英语和汉语均为两项指示"This/That, 这/那",但日语比较特殊,是三项指示「コ・ソ・ア」,这必然会导致指示语在语用上的差异。

第二节　人称指示

人称指示(person deixis/人称指示)就是言语交际中用以表示说话者、听话者或第三者的词语或结构。人称指示语是以说话者为基础的,听话者理解话语时自然要对人称指示作相应的转换,这是一条交际的准则。日语中的人称代词及许多称谓均可充当指示语,它们在句中的指示对象往往要根据上下文或相关语境才能判断。

日语中的人称代词可分为三类,可被归纳为下表:

表 2-2　日语的人称指示

人称	表达形式
说话者(第一人称)	わたし、ぼく、おれ等
听话者(第二人称)	あなた、きみ、おまえ等
	「先生」「課長」等职务名称或直呼其名「～さん」「～君」「～ちゃん」等
话语中涉及的人(第三人称)	彼、彼女等
	「この人」「その人」「あの人」或人名等

---

① LEVINSON S C. Pragmatics[M]. Cambridge: Cambridge University Press, 1983.

一、第一人称指示

日语中人称代词与名词的区别不大，使用固有名词、普通名词、指示语代替人称代词的情况或省略人称代词的情况很常见。日语第一人称的自称种类很多，有「私」「ぼく」「おれ」等，可被概括如下：

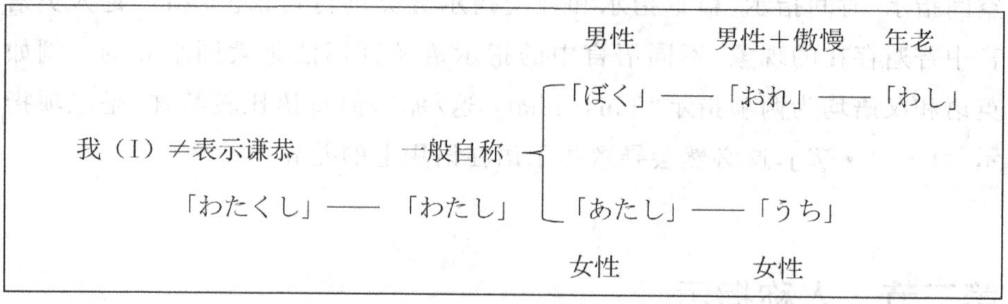

图 2-1　日语常用第一人称自称词①

如图 2-1 所示，在日语中指称自己时，「わたし」是最常见的用法，「わたくし」是表示谦恭的说法，男女皆可使用。「あたし」一般年轻女孩子多用，「うち」则主要在日本关西地区使用，多为女性使用，其复数形式「うちら」也能用于男性。「ぼく」「おれ」是男性使用的人称代词，「わし」则用于老年男子。在世界的语言当中，有男性的第一人称代词的语言很少。一般来说，男性使用的第一人称与第二人称存在以下对应关系：わたし⇒あなた，ぼく⇒きみ，おれ⇒おまえ。说话者会根据听话者和场合选择不同的第一人称指示语。例如：

(6)【真二给凉子打电话】

凉子：　はい、もしもし。

真二：　あ、俺。あ、いや、僕。い、いや、(笑い)あ、じゃなくて、俺、俺。あ、いや、あの俺、わた、私、俺。

凉子：　真二さん？

（『ロングバケーション』）

---

① 余维.日汉人称指示的对比分析：对比语用学的尝试[J].修辞学习，1995(6)：1-4，9.

上面这一典型的例子是日剧『ロングバケーション』中的一段对话，真二给心仪的女孩凉子打电话时很紧张，不知道该如何称呼自己，从一开始的「俺」到「僕」到「私」到「俺」，从这些第一人称指示语的选择上可以看出，即使对于日本人来说，使用合适的方式称呼自己也不是一件容易的事情。说话者需要根据场合、与听话者之间人际关系的亲疏等因素选择不同的第一人称指示语。

日语中，「俺（おれ）」是比较粗俗的自称词。同时，称呼对方为「おまえ」，尤其在对方是女性的时候，往往会引起对方的不快。例如：

(7)【丈夫和妻子说话】

夫：けど、おまえ、それとこれとは違うだろう。美月が…

妻：おまえって言わないで、そう呼ばれるのが一番いや。

（『片想い』）

例(7)中妻子对于丈夫用「おまえ」称呼自己直接表示了反感。此外，日语中「自分」一词也可以用于"第一人称"，主要有军队用语、体育协会的年轻男子用语、日本的中国地区①的方言等使用场景。

(8)自分（＝わたし）にやらせてください。

除了「自分」之外，「人」一词也可用于自称。日本语言学家铃木孝夫在『教養としての言語学』(1996)一书中提到，原本用于第三人称的「人」一词在特殊语境下也可用于指自己，并举例如下：

(9)こいつ、よくもひとのことをぶったな！

(10)あなた、よくもひとを騙したわね！

对此，铃木(1996)解释道：「『よくもひとをぶったな』や『ひとの気も知

---

① 日本的中国地区主要指本州岛的西部地区，行政区划上包括冈山、广岛、山口、岛根、鸟取5个县。

らないで何さ』のような文に見られる自称詞『ひと』は、対話中の話者が、相手から何かしらの被害、権利侵害を蒙ったと感じ、相手に対して心理的な対立状態に入り、相手に向かって共感同調的なつながりを断つことを示す、相手依存型の言語的自己規定である。」(像"竟然敢打人家"和"连人家的心情都不知道"这样的例句中出现的自称词「ひと」,是说话者感到从听话者那里遭受了某种损失或是权利受到侵害,于是在心理上与听话者处于对立状态,借此表示与听话者切断共鸣的纽带之意,是一种依存于对方的语言上的自我规定[①]。)日本的文学作品中也有这种用法:

(11)あなたっていつも分別くさいこと言って、人を落ち込ませるのね。酔払いたいから酔払ってるのよ。それでいいんじゃない。酔払ったって木のぼりくらいできるわよ。ふん。/你这个人,总是用一大串说教来捉弄人。我是想醉才喝醉的,醉了又有什么,再醉爬棵树也没问题,哼!

(『ノルウェイの森』)

另外,幼儿常用自己的名字来指代自己,日语中男性第一人称代词「ぼく」在对幼儿使用时还能指听话者。

(12)洋子(=わたし)は将来花屋さんになる。

(13)ぼく(=あなた)、どこにいくの?/你去哪儿啊?(大人对男孩子)

但需要注意的是,如果成人以后仍然用名字来称呼自己的话,就难免给人一种「世間知らず」(不懂人情世故)的感觉。例如,2017 年日本电视台(NTV)播出的日剧『過保護のカホコ』中,主人公加穗子总是用自己的名字「加穗子」来称呼自己,侧面反映出她是在温室里长大的。

---

① 编者译。

(14)【加穂子向初表白】

加穂子：っていうか、初君に言いたいことがあるんだけど。

初　　：お～、下の名前で呼んで来た。結構攻めるねえ。

加穂子：あ、加穂子は初君の絵が好きだし、絵を描いている初君も好きだし。

初　　：今度は「好き」って言葉のでんこ盛りだ。

加穂子：あ、結構顔も好きだし、性格も結構好きだし。あの、この汚いシャツとかズボンとかも。

初　　：今度はタッチかい。ちょちょ、痛い。何か叩かれてる気がするんだけど、気のせい？

加穂子：っていうか、付き合っちゃおうよ。

初　　：おっと、今度はいきなりど直球か。

加穂子：いいじゃん、初～

初　　：とうとう呼び捨てかよ。

（『過保護のカホコ』）

从上述对话中，不仅可以看出加穂子的性格，而且通过初对加穂子对自己使用的称呼的反应，如「下の名前で呼んで来た」「とうとう呼び捨てかよ」等也可以看出日语母语者对于别人如何称呼自己是很敏感的。

除此之外，日语中还可用亲属名称或职务名称来称呼自己。

(15)【凪和母亲在电话里谈论家里装修费用的问题】

凪　　：そんなこと…

凪の母：そんなことあるのよ。こんな小さな町で生きていたら、そんなことばっかりよ。分かるでしょ？凪は何も心配してくれなくて大丈夫。お母さん頭下げて、お金借りて、一生懸命働いて少しずつ返していくから。大丈夫よ。凪はやりたいこと頑張って、凪の幸せがお母さんの幸せだもん。

（『凪のお暇』）

(16)【小学教师小林和学生们一起来到警察局】

步美:やだなぁ先生、そんなに緊張しないでよ。

小林:で、でも、先生、ここに来るのは初めてだから…

光彦:小林先生は殺人犯の目撃者として、ここに呼ばれたんだよ。

灰原:犯罪を犯して尋問されるわけじゃないんだから、気楽にしてってかまわないんじゃない。

(『名探偵コナン』)

例(15)是日剧『凪のお暇』中凪和母亲的一段对话,可以看出凪的母亲在和凪说话时,一直是以「お母さん」来称呼自己的。同样,称呼自己的女儿时,凪的母亲并没有像汉语那样用"你"来称呼,而是用的女儿的名字凪。这也是日语在称呼上的特征之一。例(16)则是『名探偵コナン』中的一个场景,小学教师小林和学生们一起来到警察局,提到自己的时候使用的称呼是职业「先生」。

另外有一点需要特别注意的是,日语母语者在日常交际中其实很少使用「わたし」这样的第一人称指示语。近藤和姬野(2008)[①]曾对中国国内出版的日语教材做过调查,发现其中存在不少令日语母语者感到不自然的语言表达,并且指出日语母语者在日常交际中很少使用「わたし」,尤其当谓语动词为心理动词时,「わたし」基本上不会出现。

(17)私は胡玲玲です。北京城北大学の3年生です。はじめてゼミに参加します。みなさん、よろしくお願いします。

(《新視野　跨文化交际日语》第一册第一课)

(18)はじめまして、山川ゆかりです。九州大学教育学部の2年生です。趣味はテニスです。どうぞよろしく。

(『J BRIDGE FOR BEGINNERS Vol.1』第一课)

---

① 近藤安月子,姫野伴子.日本語教科書に見る事態把握の傾向:中国で出版された教科書を例として[J].日本認知言語学会論文集,2008(8):299-306.

上例是国内出版的初级日语教材中经常出现的自我介绍时的用例，但同样的场景在日本出版的日语教材中就没有使用第一人称代词。这是因为日语的语言结构是以话题为中心的，只要有已知的信息与相互的默契，一般就会省略人称代词。自我介绍时，日语母语者一般都省略「私」，说成是「はじめまして、(私は)鈴木です」。因为在向对方作自我介绍的时候，话题自然就是「私」，在日语中不省略这里的第一人称就显得不自然。

(19)【南与瀬名在公寓里聊天】

南　：私、ずっと不思議に思ってることがあるんだけど。

瀬名：なに?

南　：足の人差し指のこと。

瀬名：もしかして、あれじゃないの? 人差し指触ってるんだけど、なんか中指みたいとかそういうやつじゃないの?

南　：そうでしょう? 瀬名君もそう思ってた?

瀬名：思ってたよ。

南　：うれしい。絶対そうだよね。これってさ、人差し指を触ってるんだけどこの感触って絶対、中指を触ってる感触なんだよね。

(『ロングバケーション』)

日语的日常交际往往如上例所示，「私」后面省略了助词，并且表达自己的心情时，日语母语者往往也会省略「私」。但在同样的情况下，汉语却不能直接说“高兴”。

日语的人称复指代词有「～たち」「～がた」「～ら」等形式。「～たち」最为常用，既可用于包括说话者在内的第一人称「私たち」，也可用于第二人称复数如「君たち」、第三人称复数如「あの人たち」。「～がた」为「～たち」的敬语形式，只用于第二、第三人称复数，例如「先生方」「あなたがた」等。「～ら」接在表示人的词语之后可以表示复数，例如「彼ら」「子供ら」「俺ら」等。但「～ら」含有谦逊或蔑视的语义，因此不能用于比自己地位高的人。

二、第二人称指示

在指称听话者时，一般场合下，不管对方是什么人，现代汉语和英语都可以用“你”(You) 来指称听话的对方，两者在语义上基本是相等的。汉语的第二人称有两种，表示两种不同的语用含意，非敬称的“你”表示亲近，敬称的“您”表示尊敬①。

日语的第二人称代名词则错综复杂，有「あなた、あんた、貴様、お前、おめえ、きみ、おたく、そちら、ご自分、てめえ」等表达方式，说话者与指称的听话者之间形成多种多样的亲疏尊卑的人际关系。在区分和使用上需要注意以下几点：

①「あなた」与“你”是不相等的。日语的「あなた」在一般情况下用于与自己同辈或同辈以下的人，不能用于长辈。另一种情况是用于已婚女性称呼自己的丈夫。

(20)あなたはそう言うけど、実際はどうかな。(上对下)

(21)あなた、ご飯ですよ。(妻子称呼丈夫)

除了「あなた」之外，由「あなた」转来的「あんた」这个词也可以用于第二人称，但只能用于关系十分亲密或是比自己地位低的人。

(22)【南想搬到濑名的公寓借住，在与濑名交涉】

濑名：何言ってるんですか？あんた。

南　：南！

濑名：はい？

南　：「あなた」じゃなくて「南」ハルオの南。

濑名：あ、名前ね。

(『ロングバケーション』)

---

① 余维.日汉人称指示的对比分析：对比语用学的尝试[J].修辞学习，1995(6)：1-4，9.

上例中，对于瀬名称呼自己「あんた」的行为，南不满意所以告知了自己的姓名，暗示对方应该用姓名来称呼自己。日语中说话者往往会根据与听话者的亲疏、上下关系选择使用对方的姓名、身份词语还是指示语来称呼对方。

②日语的人称代词，尤其是第二人称代词在使用上有语用限制。从礼貌（ポライトネス）的角度看，原则上不能对长辈及比自己地位高的人使用第二人称代词（铃木 1973[①]，田窪 1997[②]）。例如：

(23)（先生に対して）あなたはこの曲が好きですか。

这句话从语法及语义上来看是没有问题的，但从礼貌的角度来看存在问题，在实际交际中是不能使用的。

日语中尽管有第二人称的「あなた」「きみ」「おまえ」等，但在家庭或工作单位对长辈和上级一般改用“身份名称”（相当于人称代名词）。日本人说话时，并非都是采用人称代名词形式来指称自己或对方，有时要根据彼此的人际关系相应地使用非人称代名词形式，即亲属、职业（职务）等“身份名称”。这两种形式可以被合称为人称词。

(24)【完治有事拜托部长】

完治：部長、お願いがあるんですが。

部長：なんか、言ってみろ。

（『東京ラブストーリー』）

(25)【南到她弟弟真二工作的酒吧找他】

真二：いらっしゃい。お姉ちゃん、この間の男と違うじゃん。やるね。

南　：うるさいよ。とりあえず、ブール。メニュー、ビールでいいよね。

（『ロングバケーション』）

---

① 鈴木孝夫.ことばと文化[M].東京：岩波書店，1973.

② 田窪行則.日本語の人称表現[C]//視点と言語行動.東京：くろしお出版，1997：13-44.

上例中的「部長」「お姉ちゃん」都是身份名称。此外，日语中还可以用「こちら」「そちら」「あちら」「どちら」或是更随意的形式「こっち」「そっち」来表示人称指示。例(26)的「こっち」是第一人称，例(27)的「そっち」是第二人称。

(26)【真二与瀬名在谈论南搬离后是否回来过的话题】

真二：姉ちゃん。ほら、姉ちゃん、来ないの？たまには。

瀬名：うん、出て行ったきり。電話もないし。こっちもしてないんだけどね。

(『ロングバケーション』)

(27)【南回到家，看到瀬名认真弹琴】

南　：熱心だね。

瀬名：涼子ちゃんがゴンクール受けるというからさ。俺も頑張ろうかなと思って。うるさかった？ごめん。

南　：いや、全然。明日、デートだっけ？ご機嫌だね。

瀬名：たまにはね。そっちだって、今日初デートだったくせに。

(『ロングバケーション』)

日语中，在不知道对方称呼、双方还没有建立信赖关系，或者面对长辈和地位高的人的时候，使用直接指示(第二人称)是非常失礼的。这种情况下可以使用指示语「そちら」「課長」「運転手さん」等间接用法，这样能缩小指示范围，使失礼的说法变成礼貌说法。

(28)【我聞与凪的母亲谈论二人的婚事】

我　聞：ご挨拶が遅れて大変申し訳ありませんでした。どうか、ご心配なさらないでください。

凪の母：いえいえ、そんな。で、いつお会いできますの？そちらのご両親には。

(『凪のお暇』)

从上面的分析可以看出，人称指示语的区别使用是言语交际者之间亲疏远近关系的鲜明写照。而且同一说话者与同一听话者也会因场合的不同而相应地改变指称，如关系亲密的两人在单独交谈时使用昵称称呼对方，在有其他人在场时对对方的称呼变为“姓＋さん”。

从语用的观点来看，说话者对听话者选用不同的指称，会产生各种言外之意，达到各种不同的交际目的。产生言外之意的基准是说话者与听话者的心理远近距离。

三、第三人称指示

第三人称方面，日语原本没有人称代词。金田一(1988)指出，现在作为第三人称使用的「彼」是古代的远称指示代词，「彼女」是明治以后作为“she”的译词匆忙创作出来的词汇。「彼」「彼女」在日语中的使用频率不如汉语的“他”“她”高，日语很多时候使用其他词汇如「おじいちゃん」「あの人」等来代替第三人称指示代词。谈话中，对于在场的其他人，日语一般也避免使用「彼」「彼女」来指代，因为这样有悖于礼貌原则。

(29)昔々おじいさんとおばあさんがおりました。おじいさんは山へ柴刈りに、おばあさんは川へ洗濯に行きました。

(30)【莉香与朋友三上的对话】

リカ：そう、あの人結婚しちゃうんだ。三上君振られたわけ。

三上：ふん。

リカ：あの人のこと好きなの?

三上：ああ、好きだった。

(『東京ラブストーリー』)

(31)【桃子与前辈南在谈论南的弟弟】

桃子：涼子ちゃんは先輩の弟と、ちゃんとお付き合いしたいの?

南　：先輩の弟というの、やめてよ。あいつの不始末は私の責任みたいじゃない。私、別にあいつを産んでないからね。

(『ロングバケーション』)

例(29)是日本民间故事中常见的开头，这里用「おじいさん」代替了

“他”。例(30)中的「あの人」指的是三上的前女友「尚子」，使用「あの人」表示是双方都认识的人。例(31)中的「先輩の弟」这样的名词词组也可以用于第三人称指示。「あいつ」指代第三人称则有蔑视或关系亲密之意。

日语的指示语都存在「コ・ソ・ア」三个体系，这可能与日本人「ウチ、ソト、ヨソ」即内部、外部、别处的三重意识结构和认识世界的价值观有关。

以说话者为参照点：

「コ」系指说话者领域称＝与个人相近的内部社会团体

「ソ」系指听话者领域称＝内部以外的外部社会团体

「ア」系指远称＝没有直接关系的一般社会

语言是反映文化、社会、心理的一面镜子，英语和汉语均为两项指示“This/That，这/那”，而日语是三项指示，这必然会导致指示语语用上的差异。

(32)【真二与濑名第一次见面，南为他们做介绍】

南　：この人はね、お兄さんじゃないの。朝倉さんじゃないの。あんたのお兄さんなんか、どこにもいないんです。

真二：じゃ、朝倉さんはどこにいるんだよ？

南　：んなの、私が聞きたいんだよ。

真二：じゃ、こちらは？

瀬名：だから、その、お兄さんじゃない、朝倉さんのルームメートの瀬名です。

(『ロングバケーション』)

(33)【濑名与南在谈论南新交的男朋友杉崎】

瀬名：男できたの？

南　：あれっ、はやいな。なんでわかるかな。

瀬名：時々言葉に女が入ってるから。

南　：あら、そうかしら。

瀬名：でもさ、その人の前でバニーちゃんやるんだったら、よく考えてからやったほうがいいよ。

南　:その人ね、チョー有名なカメラマンでね。チョーかっこいいんだよ。その人がアシスタントやってた時についてた先生というのが、私を撮ったことあるんだって。その時から、私のファンだったんだって、こう言ったのよ「俺ね 俺 けっこう君のファンだったから」ね! このけっこうっていいと思わない? けっこう、けっこう、けっこういいと思わない? さりげなくて「俺、けっこう君のファンだったから」。

(『ロングバケーション』)

(34)【真二与桃子在谈论南与濑名的关系】

真二:ね、あの人たち、そういう関係だったの?

桃子:そうじゃないけど、そうじゃないけど、ちょっとそうかな。もしかして、まさか、もしかして、まさか、その間行ったり来たりしてるみたいな。

(『ロングバケーション』)

从上面的对话示例可以看出，日语中用于指代除了说话者与听话者以外的人的时候，不使用「彼/彼女」而较常使用「この人」「この方」「その人」「その方」「あの人」「あの方」等词语，我们通常称「コ」系列指示语为“近称”，指的是与说话者同一方的人;「ソ」系列为“中称”，指听话者一方的人;「ア」系列为“远称”，指除了说话者与听话者以外的人，而且「ア」系列还用于谈话的双方都认识所谈及的第三者的情况。

「コ・ソ・ア」系列指示语主要用于标识会话中谈及的人物是从属于哪一方的人，或双方是否对这个对象事先有所认识。「コ・ソ・ア」系列指示语因为符合日本人在人际交往时所重视的内外关系，所以比「彼/彼女」使用范围更为广泛。这也可以说是社会文化对语言产生影响的体现。

有时指示语的所指对象存在于日本文化背景中。例如:

(35)凪:すいません。あの人ちょっと口が悪くて。

(『凪のお暇』)

(36)私たちとにかくそういう関係だったの。だからあの人が死んじゃったあとでは、いったいどういう風に人と接すればいいのか私にはわからなくなっちゃったの。/总之我俩就是这么一种关系。所以他死了以后,我就不知道到底应该怎样同别人交往了。

(『ノルウェイの森』)

上面这几个例句中的「あの人」指的都是说话者的男朋友或丈夫,它的所指对象如果离开了日语的语言文化背景是难以把握的。

第三节 空间指示

空间指示(space deixis/空間指示)又称地点指示,是从物体和说话者的位置关系来确定的一种空间关系。在日常语言交际中,当话语内容涉及空间方位和地点的指示时,说话者会使用表示方位的指示语,如「ここ」「そこ」「あそこ」等来指明言语事件中相对于指示中心的方位。对人或物的空间位置的确定必须以其他的人或物为参照点。空间指示的中心在说话者,即以话语活动参与者说话时所处的位置为空间指示的基准点,依靠话语的语境来明确话语内容中所指事物与话语活动参与者的远近方位关系或确定其准确的位置。

尤尔(2000)指出,空间指示语真正的语用学基础是心理距离。结合语境正确地理解和表达话语的空间指示信息,是语用学的重要研究课题之一。

尤尔(1996:13)认为,空间指示的真正语用基础很可能是空间距离,说话者一般将物理距离近的事物视作心理距离近的事物,而将物理距离远的事物视为心理距离远的事物。大多数情况下,(事物的)心理距离和物理距离趋于一致。但是,说话者也可能把物理距离近的东西说成心理距离远的东西,比如把闻到的眼前的香水说成心理距离远的" I don't like that"(尤尔,1996:13)。

余维(1998)指出,日语的空间指示可分为两种类型,一种是表示空间远近的距离型,另一种是区分你我和内外范围的人称型。

根据小泉(2001)的观点,日语的空间指示可以分为说话者直接指称周围事物的“直接指示”、以说话者所处场所为中心的“场所指示”及构成空间的方位词三种类型。本节主要讲解“直接指示”和“场所指示”两种情况。

一、直接指示

直接指示一般使用指示语。如前所述,日语的指示语有近称「これ」、中称「それ」、远称「あれ」三种,但它的前提是说话者和对方处于同一位置。

空间指示的实现方式有静态和动态两种。日语中,最基本的表示静态的空间指示语包括「ここ」「そこ」「あそこ」等,而表示动态的空间指示语包括动词「行く」「来る」等。一般来说,「ここ」表示靠近说话者的位置,「そこ」表示靠近听话者的位置,「あそこ」表示距说话者和听话者都较远的位置。例如:

(37)ここは景色がいい。
　　そこにある本を取ってください。
　　ここよりあそこのほうが暖かそうだ。

(『明鏡国語辞典』)

「こちら/そちら/あちら/どちら」是「ここ/そこ/あそこ/どこ」的礼貌说法。「こちら/そちら/あちら/どちら」原本是表示方向的词语。需要注意的是,「会社はどちらですか」包含两种含义,一种是询问公司所在地,另一种是询问所属公司的名称,是哪一种含义要根据语境来判断。

二、场所指示

指示场所时,一般用「ここ」「そこ」「あそこ」。其所表示的位置关系与「これ」「それ」「あれ」相同,换言之,日语的场所指示和指示语有同样的体系,可以用下图表示。

- 日语的空间指示
  - 参与者
    - 说话者—ここ（场所）こちら（方向）こんな（状态）
    - 听话者—そこ（场所）そちら（方向）そんな（状态）
  - 非参与者—あそこ（场所）あちら（方向）あんな（状态）

图 2-2 日语的空间指示①

小泉(2001)举出了下面的例子并进行了解释。

(38)【牙医与患者的对话。牙医按着患者的一颗牙提问】

A:ここが痛いですか。

B:そこは痛くありません。

(小泉,2001:15)

在例(38)中患者B回答的「そこ」虽然是患者自己身体的一部分,而且距离非常近,按理说应该用近称「ここ」,但患者却认为此时自己身体的这一部分已进入听话者(医生)的领域,所以称「そこ」。

(39)问路人:あのう、駅へ出るにはどう行けばよいでしょうか。

回答人:そこの角を曲がって、まっすぐに行けば、駅にでますよ。

(小泉,2001:15)

例(39)中,问路的人和回答的人处于同一个地方,所以,「そこ」不是听话者的范围,而是指有一定距离的街角。这是因为日语中指示语的使用除了可以用"领域说"来判断之外,还可以用"距离说",即离说话者近使用「こ

---

① 根据小泉(2001:15)的图改编而成。

こ」,离说话者不远使用「そこ」,离说话者远使用「あそこ」。

余维(1998)讨论了下面语境中指示语的选择问题。说话者与听话者站在同一位置,两者前面有三排公园长椅,说话者 A 向听话者 B 建议一起坐下。这时,日语中有两种指示位置的方法,即所谓中指(そこ)与远指(あそこ)的用法,而汉语中没有这种区别,因此将汉语翻译成日语时,要根据当时所指的语境选择指示语。

(40)A:咱们坐在那儿的椅子上吧。

(そこ/あそこの椅子に座りましょう。)

(余维,1998:280)

关于日语指示语「コ系」「ソ系」「ア系」与汉语指示语"这""那"的对应关系和用法区分的研究很多,从考察结果上看,大部分研究结果表明,日语中「コ系」和一部分「ソ系」指示语与汉语中的"这"相对应,而「ア系」和大部分「ソ系」指示语与汉语中的"那"相对应。

(41)僕は今どこにいるのだ? でもそこがどこなのか僕にはわからなかった。見当もつかなかった。いったいここはどこなんだ? /我现在哪里? 我不知道这里是哪里,全然摸不着头脑。这里究竟是哪里?

(『ノルウェイの森』)

上例是村上春树的小说《挪威的森林》结尾部分的描写,是男主人公的内心独白。有意思的是,男主人公对当下自己所处的场所用了「そこ」来表示。这也许可以援用尤尔(2000)所指出的"空间指示语真正的语用学基础是心理距离"这个观点来进行解释。因为男主人公不知道自己所处的确切位置,所以心理上感觉很遥远,从而使用了指示语「そこ」。但通过对比汉语译文发现,汉语译文使用的是"这里",可见日语与汉语的指示语不是完全对应的关系。

针对「コ・ソ・ア」的语用效果,滝浦(2008)提出可以把「ア系」视作「われわれの共有空間に属する」(属于我们的共有空间),即「コ系」为自己的领域,「ソ系」为对方的领域,「ア系」为我们的领域。例如:

(42)A:あ、きれいな橋! 見える?

B:え、どこ?

A:ほら、あそこ、山の下のとこ。

B:えっと、あ、あの大きな木の右側?

A:うん、そう、そこ、そこ。

(滝浦,2008:88)

上例中,说话者在对方认知到"桥"之前使用「ア系」表示"我们共有的空间"。对方说的是「あの大きな木」,同样使用「ア系」来回应。但是在对方认知到"桥"之后,说话者就突然切换为「ソ系」。也就是说,说话者表达的意思是,「われわれの橋」就是「あなたの言っている橋」。在这种情况下,最后一句话也可以说成「うん、そうそう、あそこ」,但如果使用「ア系」,就会给听话者"与其说在回应对方,不如说在强调自己的观点"的印象。于是,上例中的说话者在同一会话中对于同一指示对象使用了不同的指示语。

总之,无论是汉语还是日语,选择指示语时都要考虑其在语用上的功能及作用。

第四节　时间指示

时间指示(time deixis/時間指示)指谈话双方用话语传达信息时提到的时间,它常以说话者说话的时刻为依据,但由于语篇语境的不同,说话者用时间指示语表达的指示信息也不一样。因此要准确把握时间指示信息,就须考虑说话者使用的是哪一类时间指示语、在什么场合及使用什么时态的动词来搭配。

时间虽然看不见摸不着,是一个非常抽象的概念,但人们对时间的认识往往是与对空间的认识紧密相连的。认知语言学上的概念隐喻(Ideational

Metaphor/概念メタファー)[①]之一就有「時間は空間だ」(时间就是空间)的说法。因此可以用远近、前后、上下等空间概念去认识和表达时间体系。时间性的指示往往依存于空间指示。

一、关于时间的认知

从语用学的视角看,关于时间的认知可以分为两种:

(一)时间移动型(空间固定不变)

所谓时间移动型是指时间由未来经现在向过去流动,简单图示如下:

(あと)未来　→　現在　→　過去(まえ)

这一类型的时间指示语有:

来年(未来から来る年)、去年(過去へ去った年)
来週(これから来る週)、先週(先に去った週)
来月(これから来る月)、先月(先に去った月)

"来年"意为「未来から来る年」,"去年"则是「過去へ去った年」。这种把时间视作由将来而来、朝过去而流逝的认知方式是时间移动型的特点。

(二)空间移动型(时间固定不变)

所谓空间移动型时间指示,是指空间由过去走向未来,而时间则固定不变。简单图示如下:

(さき)未来　←　現在　←　過去(あと)

(43)瀬名:先から、人の話し聞いてます?
(44)瀬名:いや、この先もっとすごそうなんで覚悟しといて下さい。
(『ロングバケーション』)

① 概念隐喻理论是认知语言学的重要理论之一。胡壮麟(2000)将其描述为"一个过程可以隐喻另一个过程"。

例(43) 中的「先から」中的「先」指示过去的时间，例(44)的「この先」中的「先」指示未来的时间。像这样，同一个词语「先」既可以表示过去，也可以表示未来，典型地反映出两种不同的时间认知方式并存于日语当中。

日语中的时间副词往往既可以表示过去，也可以表示未来。以时间副词「今度」为例。

(45)佐藤：課長、遅くなりましたが、上海に出張の報告書ができ上がりました。御覧いただけますか。

課長：おう、書き上がったか。しかし、長いなあ。要約を一ページつけてから部長へ上げよう。

李　：君も今度のことでは大いに株を上げたな。こんなに難しい交渉をまとめたとは、ほんと、たいしたものだよ。

(『日本語表現文型辞典』)

(46)【瀬名和涼子结束约会后，想约定下一次见面的时间】

涼子：今日はどうもありがとうございました。

瀬名：いいえ。今度さ、今度、会う約束していいかな。

(『ロングバケーション』)

从两组会话的语境来看，时间副词「今度」的语用含义各不相同。它在例(45) 中指示的时间是说话时间以前已经发生的有关状态或行为，而在例(46) 中指示的时间则是说话时间以后将要发生的有关状态或行为。可见「今度」传达的时间指示信息是流动性的，若要准确把握其指示信息，就需依照语境的具体情况进行判断。

此外，日语中的「最近」「このごろ」「近ごろ」以及「この時」「その時」「あの時」等词类的具体时间指示信息是什么，都要依照具体语境来判断，离开具体语境，时间指示信息就难以确定。

(47)【三上和完治在谈论莉香】

三上：リカと話すって言っただろう。

完治：ああ、なんでお前がそんな事気にするんだよ。

三上：ええ、お前のおせっかいが移ったかな。

完治：まだ話してない。昨日リカと会う約束したんだ。その時俺全部話すつもりでいた。

（『東京ラブストーリー』）

(48)【濑名和佐佐木老师谈论即将参加的钢琴比赛】

先生：本当にいいですか。

瀬名：はい。ぼく、コンクールに向けてここしばらくピアノを弾いてきたんですけど、今度のコンクールで決着つけたいですよね。あのホールでぼくのピアノを聞いてみたくて、その時に、先生が言ってた「壁」…

先生：はい。

（『ロングバケーション』）

上例中，例(47)中的「その時」指的是过去的时间，例(48)中的「その時」指的是未来的时间。具体的时间指示只能依靠语境来判断。

(49)食事のあとで僕と永沢さんは二人で近くのスナック・バーに酒を飲みに行った。そして九時すぎまでそこで飲んでいた。/吃罢饭，我和永泽走进附近一间酒吧喝酒，一直喝到9点。

（『ノルウェイの森』）

在日语中，助词「から」「まで」也可用于时间指示。上例中，「そして九時すぎまでそこで飲んでいた」表示“一直喝到9点”。

日语中的动词「行く」「来る」也具有指示的功能。指过去的事情时，如果视角在说话者方面可以用「行く」，视角在听话者方面则可用「来る」，指未来的事情时只能用「来る」。日本广播协会(NHK)每年12月31日晚上红白歌会结束之后都会播放一档固定的节目，名字就叫「ゆく年くる年」，来回顾过去的一年「ゆく年」，展望新的一年「くる年」。

二、问候语的语用差异

语言不同，问候语所指示的时间也并非等值。汉语中的问候语“早上好"与英语中的"good morning"所指示的时间可以折射出一定的语用差异。一般而言,汉语中的"早上"指上午8点之前,而英语中的morning则指示上午12点之前的时间信息。与此相比,日语的「おはよう(ございます)」更有自己独特的语用含义。不但可以用于上午,甚至还可以用于夜晚。当用于夜晚时,问候语的时间指示本义消失,语用意义增强。在日本的演艺圈等也可以用于傍晚开始从事工作或者学习的伙伴之间最初的问候。这时「おはよう(ございます)」已失去日常性问候语时间指示语的本来意义,语用的言外意义增强,表示说话者和听话者一天的时间带由此开始。由于是非日常性的,这种问候方式可以增强说话者与听话者之间的连带感。

余维(1997)指出,汉语中的"不惑""知天命""耳顺""花甲""古稀"等都指示一定的时间信息,这体现了字词可以指示年龄上特有的语用时间。日语中也有「還暦」(60岁)、「古希」(70岁)、「米寿」(88岁)、「白寿」(99岁)等指示年龄的语用时间词汇。还有「アラサー」(around 30的略称,指30岁左右的女性)及由其派生出来的「アラフォー」(around 40的略称,指40岁左右的女性)等带有语用色彩的词语。

日本的艺术与自然四季分不开,可以说十分重视自然的因素。例如,在被认为具有高度艺术与文化意义的茶道与花道中,人们使用的器具便有四季之分。在俳句(俳句是日本古代诗歌的一种体式,其音节次序为五七五)中,亦有季语来表示季节。这是一种创作俳句时必须遵守的传统规律。『歳時記』就是一本专门解释季语的古书。例如,俳句诗人松尾芭蕉的著名俳句「古池や　蛙とびこむ　水の音」中的「蛙」就是夏天的季语。

另外,日本是世界上唯一还在使用年号的国家。2019年4月1日,日本政府发布新年号"令和"。"平成"时代于2019年4月30日结束,2019年5月1日起进入"令和"时代。于是"平成"时代之前的"昭和"时代便具备了怀旧的色彩,日语中经常使用「昭和レトロ」一词来表示"昭和"时代特有的那种复古、怀旧的氛围。

第五节　话语指示

话语指示(discourse deixis/談話指示)或语篇指示语是指在说话或行文

过程中传递某一信息或某类信息的词语或结构。话语指示多强调会话、访谈等口头交际中出现的表示信息的指示语，而语篇指示多强调书面语篇中出现的表示信息的指示语。由于交际涉及一定的时间和地点，所以话语指示本身就是表示时间信息或地点信息的词语或结构。

日语中的语篇指示一般包括「この、その、あの」系列的地点语篇指示和时间语篇指示等。地点语篇指示除「前、後」「左、右」等空间词语外，大多使用「この、その、あの」系列词语。

马兰英(2001)指出，在独白或书面的语篇中，由于不能以眼神、手势等方式指称事物，所以很难运用直示的方法指称事物，指示语的运用必须与先行的或后续的所指对象形成一定的照应关系（reference/文脈指示），以体现上下句或上下文之间的语义关系。根据所指对象是否存在于语篇内部，照应关系可分为两类，一类是内照应（endophora/内部照応），另一类是外照应（exophora/外部照応）。根据所指对象出现的先后，内照应又分为前照应（anaphora/前方照応）和后照应（cataphora/後方照応）。前照应是指所指对象位于指示语之前，日语中「コ・ソ・ア」系列指示语都可以用于语篇的前照应。后照应是指所指对象位于指示语之后，日语语篇中只有"コ"系列指示语可以用于后照应 。

(50)【瀬名和南在谈论身处逆境时该如何面对】

瀬名：ね、こういうふうに考えるのはダメかな。「長いお休み」。

南　：「長いお休み」?

瀬名：俺さ、いつも走る必要ないと思うんだよね。あるじゃん。何やってもうまくいかない時。何やってもダメな時。そういう時は、なんというのかな、言い方変だけど、神様がくれた「お休み」だと思ってさ。「無理に走らない」「焦らない」「頑張らない」「自然に身を委ねる」。

（『ロングバケーション』）

上面对话中的「こういうふうに」就属于后照应的用法，指的是「長いお休み」。而「そういう時」属于前照应的用法，指的是前面出现的内容「何やってもうまくいかない時」「何やってもダメな時」。

日语中的时间语篇指示用「いま」表示现在,用「この時」「その時」「あの時」表示现在以外的其他时间。有关未来的时间语篇指示,一般采用「その時」;而有关过去的时间语篇指示一般用「その時」「あの時」表示;当说话者有意识将其拉近、当作身边之事看待时则可以使用「この時」。

此外,「その時」「あの時」的区分使用与说话者、听话者是否共有同一信息等密切相关。一般用「あの時」指代双方共知信息或用于回忆某事,「その時」指代非共知信息。

(51)【完治与好友三上谈及有关里美的回忆】

完治:まあ、笑うなよ。俺、本気で感動したんだからな。その時思ったんだよ、俺こういう子好きだなって。

三上:お前も変なやつだねえ。

(『東京ラブストーリー』)

(52)【完治与里美谈论学生时代的回忆】

里美:いやだ。じゃ、もしあの時、海に行ってたら、今二人違ってたかもね。

完治:そうだなあ。違ってたかもなあ。

(『東京ラブストーリー』)

「ソ」系列指示语除了表示单方未知信息,还可以指示未来的事情。

(53)【莉香和完治偶然重逢后再次分别时】

リカ:じゃ、ここで。

完治:あ、じゃね。

リカ:じゃね。

完治:バイバイ。

リカ:バイバイ。

完治:またな。

リカ:またね。

完治：そのうちさ。

リカ：そのうちね。

（『東京ラブストーリー』）

上例是日剧『東京ラブストーリー』的最后一幕完治与莉香偶然相逢、短暂交流后又道别时的一段对话，从语境可以看出对话中的「そのうち」指的就是未来的时间。

(54)【杉崎与南在交谈】

杉崎：なんでそんなに頑張るの？いつも100点取らなくたっていいよ。

南　：いや、100点取れないから、せめて頑張らないと。

杉崎：ああ言えばこう言う。

南　：こう言えばああ言う。

（『ロングバケーション』）

(55)あれも　これも　かなう

（西武鉄道の広告）

如上例(54)(55)所示，用于表示对比的时候，日语中往往使用的是「コ」与「ア」的系列。日本的童谣『思い出のアルバム』中有这么一段歌词：

(56)いつのことだか　思い出してごらん

あんなことこんなこと　あったでしょう。

例(56)的所指对象不存在于语篇中，使用它是为了将听话者的思绪拉回从前，回忆曾经发生过的种种往事，营造一种怀旧的气氛，因此这首童谣在日本幼儿园的毕业典礼上传唱率很高。日本的一些毕业歌曲往往都会使用「ア」系列的指示语。例如，非常有名的毕业歌曲『卒業写真』中也有类似的用法：

(57)悲しいことがあると　開く皮の表紙
卒業写真のあの人は　やさしい目をしている
(中略)
あの頃の生き方を　あなたは忘れないで
あなたは私の　青春そのもの

(『卒業写真』[①])

例(57)的歌词中的「あの人」即之前分析过的,此处指的是自己曾经暗恋过的男生。「あの頃」指的是一起上学的时光。

只有根据语境才能揭示交际中某一词语或结构的话语指示信息,即指示语及其指示信息的确定具有语境依赖性。

第六节　社交指示

社交指示(social deixis/社交指示)是指言语交际中以说话者为基准的、体现会话参与者社会身份的词汇或语法范畴。社交指示语体现于交际双方所使用的多种语言手段之中。在一定程度上,社交指示语可被视为人称指示语的一部分,因为它们体现的主要是人际关系。在一定语境中,人称代词、称谓语以及非正式用语等的使用都体现为一种社交指示信息。

日语中的敬语表达方式承担着社交指示的重任。包含对听话者表示礼貌的句尾形式「です」「ます」,对听话者或话题中涉及的人物表示敬意的尊敬语、自谦语的使用。

日语是以说话者为中心的语言,日语中独特的授受动词「やる—あげる—さしあげる」「くれる—くださる」「もらう—いただく」及其相应的补助动词均以说话者为中心,表示授予、接受或恩惠的关系,在社交指示方面起着非常重要的作用。

在日语中,从说话者的角度来看,以动作主体为主语的表达方式可以分

① 由松任谷由实作曲作词。

为两种，即方向相反的「～てやる・～てあげる」和「～てくれる」。有这种区别的语言目前只有日语。

日本人会称自己的公司为「うちの会社」，称自己所在的大学为「うちの大学」，这些都是出于把公司和大学当作主体来认识的结果。牧野(1996)①还给出了这样的例子：

(58)花子は太郎にチョコレートをあげた。

(59)花子は太郎にチョコレートをくれた。

这两个句子的差异在于，在例(58)中，对于说话者来说太郎是「ソト」的人，而在例(59)中太郎是「ウチ」的人。对此，牧野(1996)解释说，「ウチ」的人也就意味着是「共感を抱ける相手」，所以可以使用「くれる/くださる」。相反，如果使用「(さし)あげる/やる」则表明说话者对动作的接受者不抱有共鸣。

中国的日语学习者对于授受动词表示授予等的用法比较容易掌握，但对其表示恩惠的用法的习得相对困难。

(60)前にも述べたが、自分を叱ってくれる上司や先輩を大切にし、いいことも悪いことも常に報告するといった姿勢であってこそ、いざというときの頼みになる。/我在前面已经提及，要尊重训斥过自己的上司和前辈，不管是好事还是坏事都要经常地向他们汇报。唯有持这样的态度，一旦有事的时候才能有所依靠。

(『心の危機管理術』)

像「叱ってくれる」这样的句子很能体现日语授受表达方式的特色，因为作者认为他人的批评其实是为自己好，所以使用了「叱ってくれる」。不用授受补助动词就显得不自然。因为第一人称“我”或是说话者一方的人成为动作或移动物的承受者，而且承受的是恩惠性的事情，所以必须用授受补助动

① 牧野成一.ウチとソトの言語文化学[M].東京：アルク，1996.

词来表示。但日语学习者往往忽略这一点，出现回避使用或不用的情况，造成语用失误。

「～てやる・～てあげる」表示说话者一方的人的有意识的行为使第三者或听话者受到恩惠的意思。因此，可以解释为是由于说话者一方的人的意志才造成了恩惠的状况，给人一种施恩于人的印象，即使换成「～てさしあげる」也是同样。如例(61)所示，日语中表示“老师，我送您去车站吧”时，要用自谦语来表示。

(61)△先生、駅まで送って差し上げましょうか。[①]

○先生、駅までお送りしましょうか。

利用授受补助动词所具有的方向性，在日语会话中即使省略了名词，也知道说话者指的是什么。

(62)先生 A：昨日、山田と進路のことを話したんでしょう？/老师 A：昨天，您和山田谈毕业后的发展问题了吧？

先生 B：何も{a.話さなかった/b.話してくれなかった}よ。/老师 B：a.什么都没说呀/b.山田什么都没对我说呀。

如果像例(62)a 那样不使用「～てくれる」的话，则主语就是前文所省略的主题。(62)a 表示“B 老师什么都没对山田说”。而如果像(62)b 那样使用了「～てくれる」的话，就表示对说话者进行的动作，意思是“山田对 B 老师什么都没说”。

日语中此类涉及社交指示的表达可谓繁多复杂，学习者脱离社交语境的误解误用情况也较多，注重话语的社交语境及社交指示信息的密切关联是准确理解话语的另一个不可忽视的环节。如上所述，日语指示语的用法在语篇及话语中是动态性的，其指示的信息随语境的变化而变化，因此，准

① 例句中的△表示画线部分的表达方式虽没有语法错误，但在语用方面欠贴切。○则表示画线部分的表达是正确的用法。

确掌握交际中的指示信息内容需关注具体语篇话语的上下文及变化场景。

以上我们讨论了日语中人称指示、地点指示、时间指示、话语指示/语篇指示和社交指示等在语境条件下的语用指示信息问题。可以看出，指示语不只是由人称代词、时间副词、地点副词等构成，也不能只依靠交际的时间和地点等线索去理解它们的指示信息。要获知说话者使用某一指示语希望传递的指示信息，必须进行以语境为基础的识别或推导。语法特征只能对指示语可能指代的对象或内容提供一定的制约，语言语境有助于明确指示语可能指代的信息。而客观环境等非语言语境则使指示语的信息指示情况更加复杂，并可产生指示信息的不确定性。但是，起决定作用的主要是说话者的交际意图或目的，该意图最终决定指示语的所指信息，听话者必须对说话者的信念与交际意图进行推测，才能有效地理解交际中指示语的指示信息。

研究思考题

1.分析一组日语母语使用者的对话，找出其中的指示语，并且分析其所具有的功能。

2.对比两组汉日会话中指示语的使用情况，分析汉日之间具有哪些共性和特性。

本章参考文献

[1]方经民.汉语空间方位参照的认知结构[J].世界汉语教学，1999(4)：32-38.

[2]胡壮麟.评语法隐喻的韩礼德模式[J].外语教学与研究，2020(2)：88-94.

[3]马兰英.コ、ソ、ア系列指示词的语篇功能[J]. 日语学习与研究，2001

(1):15-18.

[4]毛峰林,李素杰.日语指示词的语用作用[J].日语知识,2005,8:2-3.

[5]孟瑾.日语语用学研究[M].北京:高等教育出版社,2009.

[6]庞黔林.汉日指示词照应功能的对比研究:从直示到照应[J].日语学习与研究,2009(1):96-100.

[7]庞黔林.从话题出发看汉日语指示词照应功能之对比[J].广东外语外贸大学学报,2016(1):87-92.

[8]彭广陆.视点与会话中的主语隐现[J].日语研究,2011:88-89.

[9]徐曙,尹松.日本人的语言意识与称谓的文化自我观[M]//赵华敏.跨文化理解与日语教育. 北京:高等教育出版社,2015:232-269.

[10]俞东明.什么是语用学[M].上海:上海外语教育出版社,2011.

[11]余维.日汉人称指示的对比分析:对比语用学的尝试[J].修辞学习,1995(6):1-4,9.

[12]余维.时间指示的语用对比分析:汉外对比语用学的尝试[J].世界汉语教学,1997(2):406-417.

[13]余维.空间指示的语用对比分析:以日汉现场指示对比为中心[J].第六届国际汉语教学讨论会论文选,1998:277-285.

[14]王亚新.日汉指示语之间的语义与功能差异[C]//清华大学日本语言文化国际论坛论文提要集.北京:清华大学外语系日本语言文化研究中心,2006.

[15]韦燕.日汉第二人称代词的对比研究[J].文学界(理论版).2011(10):41-43.

[16]翟东娜. 日语语言学[M]. 北京:高等教育出版社,2006.

[17]庵功雄. 結束性の観点から見た文脈指示:文脈指示に対する一つの接近法[J]. 大阪大学日本学報,1994(13):31-42.

[18]庵功雄. 指示と代用:文脈指示における指示表現の機能の違い[J]. 現代日本語研究第 3 号,1996(3):73-91.

[19]庵功雄.「この」と「その」の文脈指示用法再考[J]. 一橋大学留学生センター紀要第 5 号,2002(5):5-16.

[20]大河内康憲.日本語と中国語の対照研究論文集[M].東京:くろし

お出版,1997.

[21]加藤重広.日本語語用論のしくみ[M].東京:研究社,2004.

[22]金雪花.自称詞用法の「自分」の許容度を上げる要因:「主語・主題」に位置する「自分」について[J]. 一橋大学国際教育センター紀要,2013(4):75-86.

[23]金水敏.日本語の指示詞における直示用法と非直示用法の関係について[J].自然言語処理,1999(4): 67-91.

[24]金水敏.指示詞:「直示」再考[M]//中村明.現代日本語必携.東京:学燈社,2001: 160-163.

[25]金水敏,田窪行則.指示詞[M].東京:ひつじ書房,1992.

[26]金田一春彦.日本語　新版(上)(下)[M].東京:岩波書店,1988.

[27]木村英樹.中国語文法と意味とかたち[M].東京:白帝社,2012.

[28]久野暲.談話の文法[M].東京:大修館書店,1978.

[29]小泉保.言外の言語学:日本語語用論[M].東京:三省堂,1990.

[30]小泉保. 入門語用論研究:理論と応用[M].東京:研究社,2001.

[31]近藤安月子,姫野伴子.日本語教科書に見る事態把握の傾向:中国で出版された教科書を例として[J].日本認知言語学会論文集,2008(8):299-306.

[32]佐久間鼎.現代日本語の表現と語法[M].東京:厚生閣,1967.

[33]澤田淳.指示と照応の語用論[M]//加藤重広,滝浦真人.語用論研究法ガイドブック.東京:ひつじ書房,2016:49-76.

[34]鈴木孝夫.ことばと文化[M].東京:岩波書店,1973.

[35]鈴木孝夫. 教養としての言語学[M].東京:岩波書店,1996.

[36]田窪行則.日本語の人称表現[M]//視点と言語行動.東京:くろしお出版,1997:13-44.

[37]田窪行則.日本語の構造[M].東京:くろしお出版,2010.

[38]滝浦真人.ポライトネス入門[M].東京:研究社,2008.

[39]堤良一.現代日本語指示詞の総合的研究[M].東京:ココ出版,2012.

[40]林四郎.代名詞が指すもの、その指し方[J].朝倉日本語講座,1999

(4):1-45

[41]牧野成一.ウチとソトの言語文化学[M].東京:アルク,1996.

[42]山梨正明.推論と照応[M].東京:くろしお出版,1992.

[43]油井恵.日本語及び英語における対称詞の機能:ポライトネスとの関連[J].駿河台大学論叢,2007(33):19-30.

[44]吉本啓.日本語の指示詞コソアの体系[M]//金水敏,田窪行則.指示詞.東京:ひつじ書房,2008(8): 105-122.

[45]劉驫.談話空間における文脈指示[M].京都:京都大学学術出版会,2015.

[46]LEVINSON S C. Pragmatics[M]. Cambridge: Cambridge University Press, 1983.

[47]YULE G.Pragmatics[M].London:Oxford University Press, 1996.

第三章　言语行为

作为语用学的重要课题之一，言语行为(speech act/言語行為)的研究始于20世纪30年代，是人们对逻辑实证主义(logical positivism/論理実証主義)及语言意义的实证研究做出的一种回应。依据逻辑实证主义，一个句子除非可以在理论上验证其真假，否则该语句就没有意义。针对这样的思潮，言语行为理论彻底推翻了真值条件(truth condition/真理条件)在语言意义理解中的中心地位。该理论指出，不是所有的话语(如疑问句和祈使句)都可以进行真值条件的核查。如：

(1)午後の会議は何時からですか。
(2)助けてください。

对类似语句的分析就不能按"是否有真值"来处理。但它们肯定具有意义，因此有必要从不同的角度进行研究。事实上，说话者总是在通过说话来做事，即实施言语行为。例(1)的说话者询问下午会议的时间，也许是在提醒听话者开会不要迟到。例(2)则可以理解为说话者在表达请求。换言之，当说话者说出以上两句话时，"提醒""请求"的言语行为就发生了。

言语行为理论(speech act theory/言語行為論)的核心思想为"说话就是做事"，说话者只要说出了有意义、可被听话者理解的话语，就可以被认为是实施了某个行为，这个行为被称为"言语行为"。言语行为理论从一个全新的视角研究语言，它不像结构主义语言学那样关注语言自身的语法结构，也不像系统功能语法那样关注语言的潜在系统，它关注的是人们如何以言行事，以及话语所产生的交际效果。

言语行为理论由语言哲学家约翰·奥斯汀 1955—1962 年在哈佛大学做系列讲座期间提出，由其学生约翰·塞尔进一步发展和完善，是从行为角度阐释人类言语交际的一种重要手段。

第一节　奥斯汀的言语行为理论

一、施为句

奥斯汀(Austin，1911—1960，英国哲学家，牛津大学教授)1955 年在哈佛大学做了题为《论言有所为》(“How to Do Things with Words”)的系列讲座，共 12 讲。言语行为是说话者通过话语表达意义的基本功能单位，也是研究语言使用的基本分析单位。奥斯汀指出，很多陈述句只不过是“伪陈述”，根本不以记述或传递有关事实的信息为目的，或仅是以此为部分目的。在此基础上，他区分了“施为句”(performatives/遂行文)和“描述句”(constatives/陳述文)，典型的施为句如下：

(3)この子をまゆみと命名します。

(4)あなたのご好意に心から感謝いたします。

上述例句中的「命名する」和「感謝する」并不是在做陈述或描述客观世界，而是在实施某一行为：宣告和许诺。除此之外，人们在日常生活中还常常使用「断る」「謝る」「警告する」来实施拒绝、道歉、警告等言语行为。

(5)門のわきには「阿美寮・関係者以外の立ち入りはお断りします」というさっきと同じ看板がかかっていた。

(6)もしあなたにとって、私の書いたことの何かが迷惑に感じられとしたら謝ります。

(7)警告しておくけど、今私の中にはね、一ヵ月分くらいの何やかやが絡みあって貯ってもやもやしてるのよ。すごおく。だからそれ以上ひどいことを言わないで。

(『ノルウェーの森』)

典型的施为句无法区分真或假，只关涉适当与否，要受一定的适切条件(felicity conditions/適切性条件)的制约。首先，对于施为句而言，必须要有产生相应效率的一套规约性程序，相应的环境和参与者必须是恰当的；其次，程序必须得到完整而准确的执行；最后，执行者必须具有相应的想法、情感和意图，相关人必须按照规定执行程序。

二、言语行为的三分法

奥斯汀的"施为假设"(performative hypothesis/遂行文の仮設)指出，典型的施为句的主语必须是第一人称单数，可以在施为句中添加 hereby(特此)，搭配"施为动词"(performative verb/遂行動詞)，如例(8)所示：

(8)I hereby declare you chairman of the communittee.

后来，奥斯汀发现"施为句"并非只是具有特殊的句法和语用特征的语句，而是具有普遍性，分为显性施为句和隐性施为句。例(9)使用了施为动词「命じる」，所以是"显性施为句"(explicit performative utterance/明示的な遂行的発話)。例(10)虽然没有使用施为动词，但也表达了命令的意义，所以是"隐性施为句"(primary performative utterance/基本的な遂行的発話)。

(9)転勤を命じる。(显性施为句)

(10)転勤しなさい！(隐性施为句)

后来，奥斯汀放弃了施为句和表述句的区分，认为所有的语句除表达自身的意义之外都是特定的行为，具有特定的语力(force/効力)。具体来说，一个人在说话的时候,同时实施三种行为,即"以言指事"(locutionary act/発話行為)、"以言行事"(illocutionary act/発話内行為)和"以言成事"(perlocutionary act/発話媒介行為)。先看下例:

(11)今日は暑いですね。

"以言指事"指的是话语的表述方面,即说话者说出一句有确定意义和指称的、能让人理解的话。上例中,听话者弄清楚「今日」所指的时间和地点、「暑い」的词义、整个语法结构的意义,就能明白该语句是如何以言指事的。"以言行事"指说话者通过话语实施某个交际目的或执行某个特定功能的行为,即"通过说 X,我在做 Y"。在特定的情况下,上例实施的行为是"请听话者打开窗户"。"以言成事"指的是某句话说出之后在听话者身上产生的效果或结果,即"通过说 X、做 Y,我做了 Z"。上例的听话者在听到并理解了话语之后把窗户打开了,这一行为就是该言语行为所产生的效果。"以言指事"可以联系语言的规约意义来理解,"以言成事"并非直接产生于语言的规约意义,而是和很多社会、心理因素有关,具有不确定性。对奥斯汀来说,"以言行事"是分析的重心,"言语行为"这一术语也逐渐用来专指"以言行事"。可以简单归纳如下:

言语行为
- X 以言指事(locutionary act/発話行為)
- Y 以言行事(illocutionary act/発話内行為)
- Z 以言成事(perlocutionary act/発話媒介行為)

我们再通过例子对它们进行区分。

(12)A:タバコをやめたほうがいい。

① A 对 B 说「タバコをやめたほうがいい」。　　(以言指事)

② A 劝说 B 戒烟。　　(以言行事)

③ B 成功戒了烟。/B 拒绝戒烟。　　(以言成事)

需要注意的是，言语行为的三个部分实际上是一个整体，不是三个不同的行为。

三、言语行为的分类

奥斯汀早期的观点是依据施为动词来区分施为行为，他把英语的施为动词分成了五大类。具体参见下表。

表 3-1　奥斯汀对英语施为动词的五种分类

类别	特征	代表性动词
裁决类（verdictives/判定宣告型）	表达裁决或评价，如法官或裁判的判决	颁布（decree/布告する）、判断（judge/判断する）、诊断（diagnose/診断する）等
行使类（exercitives/権限行使型）	表达权力的实施	命令（order/命令する）、任命（appoint/任命する）、免职（dismiss/免職する）等
承诺类（commissives/行為拘束型）	表达承诺或者宣布意图	答应（promise/約束する）、保证（guarantee/保証する）、发誓（swear/誓う）等
阐述类（expositives/言明解説型）	用于解释、阐述、论证	确认（affirm/肯定する）、声明（state/陳述する）、描写（describe/記述する）等
表态类（behabitives/態度表明型）	表明态度，多与社交行为或者对社交行为的反应有关	道歉（apologize/謝罪する）、感谢（thank/感謝する）、祝贺（congratulate/祝う）等

奥斯汀的功绩是开辟了一条从行为角度研究语言使用的新道路。尽管他的言语行为理论还有不完备之处，需要后续的修正、补充，但他作为言语行为理论的开创者，在语言学上占有重要的一席之地。

第二节　塞尔的言语行为理论

塞尔（Searle，1932—）是美国当代语言哲学家，加利福利亚大学伯克利分校教授，美国人文科学院院士。塞尔的言语行为理论是对奥斯汀言语行为理论的继承、修正和发展。

一、修正奥斯汀的言语行为理论

塞尔认为不应该将施为动词当作分类的标准，因为该标准不能贯穿始

终,会导致各种类别之间重复过多。他确定了用来区分不同言语行为的12个要素,其中最主要的三个要素是:

施事行为目的(illocutionary point/発話内目的)
适从向(direction of fit/適合方向)
所表达的心理状态(expressed psychological state/表現される心理状態)

"施事行为目的"是指一类言语行为所具有的目的;"适从向"是指言语和客观世界之间的关系;"所表达的心理状态"指说话者对话语所含的命题内容表现出的自己的态度和心理状态。在此基础上,塞尔(1976)对以言行事行为重新做了分类。

表3-2 塞尔对言语行为的五种分类

类别	特征	代表性动词
断言类(assertives/断言型)	指说话者对话语表达的命题内容做出或真或假的判断。	断言(asserting)、声称(claiming)、通知(informing)等
指令类(directives/行為指示型)	指说话者对听话者做出的某种命令、指使、吩咐等使役性行为。	建议(suggesting)、命令(commanding)、请求(requesting)等
承诺类(commissives/行為拘束型)	指说话者对将来某个行为作出承诺的行为。	承诺(promising)、威胁(threatening)、宣誓(vowing)等
表达类(expressives/感情表現型)	指说话者在表达特定命题内容的同时还表达某种心态的行为。	道歉(apologizing)、感谢(thanking)、祝贺(congratulating)等
宣告类(declarations/宣告型)	指说话者通过话语直接改变事物状况或条件的行为。	任命(appointing)、宣告(declaring)、命名(naming)等

塞尔明确表示,是对施事行为分类,不是对施事动词分类。

(一)断言类

通过断言类言语行为,说话者对所表达的命题的真实性做出承诺,其适从向是从话语到客观世界,同时还表达了相信的心理状态。陈述、断言、声称、报告等都属于这一言外行为。例如:

(13)「そりゃ先生もそう認めていられるんだから、大丈夫です。御安心なさい、私が保証します。」

(『こころ』)

(14)月は地球の周りを回る衛星だ。

(『日本語表現活用辞典』)

(二)指令类

通过指令类言语行为,说话者试图使听话者去做某件事,其适从向是从客观世界到话语,同时还表达了一定的意愿,希望听话者去做某件事情。请求、忠告、建议、命令都属于这一类言外行为。例如:

(15)「先生、何とかできないでしょうか。……お願いします」と賢一郎は頭を下げて言った。

(『青春の蹉跌』)

(16)「ま、幸せになれよ。いろいろとありそうだけれど、お前も相当に頑固だからなんとかうまくやれると思うよ。ひとつ忠告していいかな、俺から。」

(『ノルウェーの森』)

(17)杏子は梶に言って、それから、「日本ホテルにまっすぐに行って下さい」と運転手に命じた。

(『あした来る人』)

(三)承诺类

通过承诺类言语行为,说话者对于自己将来的行为做出承诺,其适从向是从客观世界到话语,同时也表达了说话者意图去做某件事的态度。许诺、发誓、拒绝、威胁等都属于这一类言语行为。例如:

(18)「神さまに誓います、信じて下さい。」

(『斜陽』)

(19)「もうせまっては来たが、僕のことだから余裕があるよ。落第したって結婚にさまたげのある他は、別に困らないからね。そして落第したから来ないと云うような奴はこっちからお断りするからね。あははは。」

(『友情』)

(四)表达类

通过表达类言语行为,说话者表达了自己的心理状态,例如高兴、悲伤、喜爱、厌恶等。需要注意的是,这一类言语行为没有适从向。道歉、责备、祝贺、表扬、感谢等都属于表达类言外行为。例如:

(20)「学校の職員や生徒に過失のあるのは、みんな自分の寡徳の致すところで、何か事件がある度に、自分はよくこれで校長が勤まるとひそかに慚愧の念に堪えんが、不幸にして今回もまたかかる騒動を引き起したのは、深く諸君に向って謝罪しなければならん。」

(『坊ちゃん』)

(21)「ねえ、ワタナベ君。私今あまりうまく言えないんだけれど、今日のことすごく感謝してるのよ。ありがとう」と玄関のロビーで緑が僕に言った。

(『ノルウェイの森』)

(五)宣告类

通过宣告类言语行为,说话者可以在说出话语的同时使客观世界发生一定的变化,其适从向是双向的,既使客观世界符合了话语,又使话语符合了客观世界。这一类言外行为的特殊之处在于,其实施的成功与否往往涉及一些语言外的习俗或规则。命名、宣战、解雇、提名候选人等都是典型的宣告类言外行为。

(22)宣誓！我々選手一同はスポーツマンシップにのっとり、正々堂々と戦います！

塞尔(1976)的分类具有一定的科学性,也是影响较大、广为人们接受和应用的一种言语行为的分类,目前为止,有关言语行为的理论和实践研究多以塞尔的分类为依据。

二、实施言语行为的规则与条件

在语言交际中,成功地实施某一言语行为需要具备一定的条件。换言之,说话者必须遵守一定的规则才能施行自己想要实施的言语行为。塞尔区分了两种规则:调节性规则(regulative rule/統制的規則)和构成性规则(constitutive rule/構成的規則)。调节性规则调节独立于规则之外的行为或活动。例如交通规则就是一种典型的调节性规则,违反了它,可能会引发交通事故或受到处罚,但通常并不影响其他车辆的运行。构成性规则能创立或规定新的行为形式并对它们实施制约,体育运动和棋类游戏的规则一般都属于构成性规则。例如下棋规则,它一旦生成就同时制约了下棋活动。塞尔区分这两种规则的目的就在于说明言语交际必须遵守构成性规则,即实施一定的言语行为必须遵守一定的规则。例如你想通过说话来实施"请求"行为,你就必须遵守某些规则,否则就不是在实施"请求"行为,甚至有可能是在实施其他的言语行为。

塞尔(1969:57-61)以"许诺"言语行为为例,确定了九条充分必要条件:

条件一:具备正常的语言输入与输出条件。

条件二:说话者在话语中表达了一定的命题内容。

条件三:表达命题时,说话者就是在讲述他将实施的行为。

条件四:听话者希望说话者去做他要做的某件事,且说话者也相信自己的行为符合听话者的愿望。

条件五:说话者和听话者都清楚,在正常情况下说话者不会去做某事。

条件六:说话者希望做某事。

条件七:说话者希望通过说出某一话语,让自己承担做某事的责任。

条件八：说话者希望通过说出的话语，使听话者相信以上条件六与条件七，且通过该话语去领会他的意图或愿望。

条件九：当且仅当前面的八个条件得到满足时，说话者才能正确地、真诚地说出话语。

下例中，完治的「今度のまとめて休み取れる時に連れて行くから」就是一种"许诺"言语行为。他后来还使用了「約束」这样的施为动词来加强语力。

(23)【完治和莉香约好要带她回老家】

リカ：行ってみたいの。完治の生まれた町に行ってみたい。

完治：じゃね、今度のまとめて休み取れる時に連れて行くから。

リカ：本当？

完治：うん、本当。

リカ：約束。

完治：へえ、約束。

（『東京ラブストーリー』）

提出了实施"许诺"言语行为的条件后，塞尔还进一步探讨了实施言语行为的四大规则：

①命题内容规则（propositional content condition/命題内容条件）
对话语的命题内容进行限定

②预备规则（preparatory conditions/準備条件）
规定了言语行为的成功实施在现实世界中需要预先具备的条件

③真诚规则（sincerity condition/誠実性条件）
规定说话者在实施言语行为的过程中必须抱有诚意

④基本规则（essential condition/本質条件）
规定了说话者通过言语行为所要达到的目的

塞尔提出的这四类构成规则具有普遍意义。对于各种言语行为，都可以从这四个方面入手，去规定具体的条件。

三、提出间接言语行为理论

提出间接言语行为理论是塞尔对发展、完善言语行为理论做出的一个重要贡献。塞尔(1979)对间接言语行为(indirect speech act/間接発話行為)进行了详细的论述，并将其定义如下："间接言语行为是通过实施另一种施事行为的方式来间接地实施某一种施事行为。"

(一)规约性间接言语行为

间接言语行为虽然是非字面义言语行为的一种，但是在特殊场合，其使用的范围是固定的，而且具有规约性(conventional/慣習的)特征。塞尔(1979)还区分了两类间接言语行为：规约性间接言语行为和非规约性间接言语行为。前者指在特定的文化规约下，某些言语行为已经固化为另一种言语行为，可以通过特定的语言结构来识别，例如"能帮我开一下门吗"中的"能……吗？"已经固化为汉语的请求类言语行为程式。后者指的是间接言语行为没有固化为某一种言语行为，听话者无法从语言形式推断说话者想要表达的意义，只有借助语境才能确定。实施间接言语行为，说话者要考虑的因素很多，如说话者的愿望、听话者做某事的愿望和能力、听话者是否有做某一行为的理由等。

通过深入研究将规约性用于实施间接指令的一些句子，塞尔(1979)把"指令类"间接言语行为的惯用性表达总结为以下六个类型：

①询问对方能力的形式

Can you reach the salt?

②向对方表示愿望的形式

I would like you to go now.

③询问对方以后行动的形式

Would you kindly get off my foot?

④询问对方今后的需求和意志的形式

Would you mind not making so much noise?

⑤关系到听话者今后行动的形式

You ought to be more polite to your mother.

⑥嵌入上述内容的形式

I would appreciate it if you could make less noise.

上面列出的六类表示间接指令的句子都属于规约性间接言语行为，使用英语的人遇到这些句子，就会依据句子的语法形式由句子的“字面语力”习惯性地推导出它的“间接语力”来。

人们在言语交际中经常使用间接方式表达自己的想法或意图，例如人们很少用祈使句表示请求，而是经常使用疑问句或陈述句等间接方式提出要求。请看下例：

(24)ボールペンを貸してもらえますか。

(25)パソコンが安くなっています。

从句子的形式来看，上述两个例句的施为用意(illocutionary force/発話内の力)[①]分别为“询问”和“断言”，但实际上均可以表示“请求”(借笔和要求买电脑)。这两种请求分别是通过询问可能性和描述客观事实的言语行为来完成的，属于间接言语行为。塞尔将该类语句中的请求称为“首要言语行为”，将“询问”和“断言”称为“次要言语行为”，当以上疑问句被用来实施“询问”和“断言”行为时，语句结构和功能之间的关系是直接的，就是直接言语行为；被用来实施“请求”言语行为时，语句结构和功能之间的关系是间接的，就是间接言语行为。

(二)非规约性间接言语行为

非规约性间接言语行为较为复杂，且不稳定，因为非规约性间接言语行为要依靠语境和说话双方的共知语言信息来推导。塞尔(1979)举出如下例子进行说明。

---

① “illocutionary force”汉语有时候也译作“言外之力”，本书统一使用“施为用意”。

(26)Student X：Let’s go to the movies tonight.

（今晩一緒に映画を見に行きましょう。）

Student Y：I have to study for an exam.

（私は試験のために勉強しなければ。）

(Searle，1979：33-35)

塞尔认为，Y 的间接言语行为“拒绝”需要通过 10 个步骤才能推导出来：

步骤①：X 向 Y 提出建议，Y 进行陈述，说他要准备考试（关于会话的事实）。

步骤②：X 设想 Y 遵守合作原则，并且他说的话是“相关的”（会话合作原则）。

步骤③：Y 的应答必须表达任何一种言语行为：接受 、拒绝、建议等（言语行为理论）。

步骤④：但 Y 话语的字面用意并没有表达上述任何一种言语行为，因而可设想他是故意违反了合作原则中的关系准则[可根据步骤(1)和(3)推导出来]。

步骤⑤：因此 Y 大概要表达字面用意之外的用意，设想他还是遵守了合作原则中的关系准则，所以 Y 的应答必然具有非字面的言外之意[可根据步骤(2)和(4)推导出来]。

步骤⑥：X 知道，准备考试要花大量时间；同时也知道，去看电影要花时间（背景知识）。

步骤⑦：因此，Y 不能去看电影，而是要利用晚上的时间准备考试[可根据步骤(6)推导出来]。

步骤⑧：接受建议必须符合某些适切条件，其中的先决条件是在命题内容的条件下有能力实施预期行为（言语行为理论）。

步骤⑨：因此，X 知道 Y 说了表明他可能无法接受该建议的话语[由步骤(1)(7)(8)推导出来]。

步骤⑩：因此，Y 话语的非字面言外之意〈语用用意〉大概是“拒绝”X 的建议。

请注意，以上各步骤只表示理解间接言语行为的逻辑推断过程，并非人们理性思维的真实步骤。

塞尔指出，说话者和听话者表达或理解间接言语行为的依据可被归纳为以下四条：共同具有的背景知识(包括语言的和非语言的)；听话者的理解和推断能力；言语行为理论；会话合作的一般原则(参照第四章)。

间接言语行为理论表明语句结构和其施为用意之间并不存在一一对应的关系，无论是话语产出还是理解，语境都起着非常重要的作用，听话者要依据语境才能理解语句的施为用意。小泉举了下面的例子并进行了解释。

(27)いやになっちゃうよ。

(28)a.仕事がうまくいかないんだよ。[仕事に追われている場合]

b.体調がおもわしくないんだ。[体がすぐれない場合]

c.誰か何とかしてくれ。[自分の思う通りにならない時]

(小泉，2001:97)

上例中的话语，从字面意义看，例(27)的说话者实施的是吐露自己心理状态的表达型施事行为，同时在非字面意义上对应特定的语境，这是说话者受制于心理状态的缘故。可以像(28a)(28b)那样理解为说话者期望从郁闷的心理状态中解脱出来，也可以像(28c)那样理解为说话者向听话者或第三者寻求帮助的指示型施事行为。总之，如果脱离上下文语境，就不能将非字面义言语行为解释为唯一的意义。

关于间接言语行为的使用动因，托马斯(Thomas，1995:142-146)认为有以下几个方面的因素：增加或减少话语的趣味性；增加话语的信息力度，避免两个或多个目标相互冲突；出于礼貌和面子的考虑。

(29)A：ああ、肩が凝ったなあ。

B：揉んであげようか。

A：助かるよ。

上例中，A 的话语「ああ、肩が凝ったなあ」似乎是自言自语，但如果通过双方的人际关系和过去的经验，B 判断出 A 的话语实际上是在请求自己替他揉肩膀的话，那么 A 的话语「ああ、肩が凝ったなあ」就是在表达间接请求。

第三节　日语中的规约性间接言语行为与非规约性间接言语行为

一、日语中的规约性间接言语行为

日语中的部分句式在一般的场合下具有约定俗成的施为用意，可以将它们看作规约性的间接言语行为。下面以“请求”为例进行分析。在日语中，人们提出“请求”很少使用命令形式，而是倾向于使用间接请求的句子。以下各句在日语中均可以表示“请求”的间接言语行为：

(30)a.窓を開けてくださいますか。

b.窓を開けてくださいませんか。

c.窓を開けていただきたい。

d.窓を開けていただけませんか。

e.窓を開けていただければありがたいのですが。

上例中，a、b、d 三句的字面意义是“询问”，c 句的字面意义是“希望”，e 句的字面意义是“陈述”。但是它们都间接表达了“请求”开窗这一施为用意，作为日语中惯用的表达方式被固定下来，成为“请求”这一施为用意的不同程度的礼貌表达方式。

另外，小泉(2008:336)指出，在烟店前说「セブンスターありますか」时，并不是在问有无七星牌香烟，而是在说「セブンスターをください」，即提出购买七星牌香烟的请求。

同样，拜访者站在被拜访者家门口说「入ってもいいですか」，虽然采用的是疑问句式，但显然其用意不在字面的“疑问”，而是提出了入室的“请求”，被拜访者按习惯能推断出拜访者的施为用意，可以说「どうぞ、入ってください」做出“允许”的答复。

(31)なぜ学校へ行かないの？

(小泉，2008：337)

母亲质问拒绝上学的孩子时，与其说是在问不去上学的原因，不如说是在命令孩子去上学。小泉(2008：337)认为这是将质问和命令两种施为性行为结合为一体的例子。

(32)お醤油切れちゃったわ。

(小泉，2001：99)

可以推断上例发生的情境：说话者在做饭时发现酱油没有了，希望听话者去买一趟。日语母语的听话者能够领会说话者不仅仅是在陈述“酱油没有了”，还包含有“希望你去买一趟”的施为用意。这也是因为例(32)属于「～がない・切れた」这样表示间接请求的规约性表达方式。除此之外，日语中可以被解释为间接言语行为的规约性表达方式还有以下情况：

(33)「もう～でもないだろう」

もうキティちゃんでもないだろう。(叱咤)

(34)「もう～の季節だねえ」

もう鍋の季節だねえ。(誘い)

(小泉，2001：99)

很多时候，尽管说话者没有直接说，但是听话者也能明白说话者的意图，那是因为听话者理解了说话者的会话含意。

二、日语中的非规约性间接言语行为

日语中的非规约性间接言语行为情况比较复杂，语句结构上无规律可循，没有约定俗成性。其施为用意的推导依赖于言语行为实施者相互间的关系、双方共知的信息及所处的语境等。下面将以日本作家川上弘美的小说『センセイの鞄』为素材，列举一些非规约性间接言语行为的用例，并对其进行具体的分析。『センセイの鞄』这部小说主要描写了主人公"我"（月子）和"老师"的一段平淡而宁静的忘年之爱。

(35)「センセイ」

「はい」

「あの、サトルさんのお店に、います」

「はい」

センセイは「はい」しか言わない。いつものことだが、携帯電話だとそれが顕著になった。

「いらっしゃいますか」

「はい」

（『センセイの鞄』）

上例中"我"给"老师"打电话，只说了一句「あの、サトルさんのお店に、います」。这句话字面意义是一种陈述，告知对方自己的位置，而实际上是对"老师"发出了邀请。"老师"也领会了这一意图，以「はい」作答，表示接受邀请。

(36)「センセイ、いっしょにどこかに行きませんか」わたしは聞いた。

「行くって、どこにですか」

「鮎のおいしい宿とか」

「鮎はサトルさんの店でじゅうぶんです」センセイはわたしの頬から指を離した。

「それじゃ、山奥の温泉とか」

「山奥まで行かなくとも、そこの角の鶏の湯でじゅうぶんです」

（『センセイの鞄』）

上例中,“我”邀请“老师”去旅行,一起去有美味鲇鱼的饭店,“老师”的回答却是「鮎はサトルさんの店でじゅうぶんです」。这个句子也是一个陈述句,字面意思是“鲇鱼的话,在附近的饭店也能吃到”,而实质上是实施一个婉拒的言语行为。当“我”再次邀请“老师”去温泉的时候,“老师”也以同样的方式进行了婉拒。

(37)「大町はさ、まだ結婚していないの」
「十七回結婚して十七回離婚したけれども今は独身です」
「そりゃまた、非凡な人生だね」
「そうでもないです」
「俺はね、一回結婚して一回離婚しただけだよ」
「お互い大変だったなあ」
「ごめんなさいね。変な冗談言っちゃって」

(『センセイの鞄』)

这是在中学同学聚会时,一个记不起名字的老同学问“我”是否结婚了的时候双方进行的一段对话。“我”回答的「十七回結婚して十七回離婚したけれども今は独身です」是一个夸张的表达,一般来说不符合事实。“我”之所以这么说,可能是间接地在表达不满。当后来“我”想起来那个同学的名字以及两人曾经的交往后,“我”的道歉「ごめんなさいね。変な冗談言っちゃって」再次证明了她那句夸张的言语的含意。

(38)「まだ寒いね」
……
「寒い?」小島は聞きながら、上着を脱いでわたしに着せかけた。
「そういう意味じゃなくて」とわたしは反射的に言った。
「そういう意味って、なに」小島は笑っている。

(『センセイの鞄』)

上例是“我”和同学“小岛”在春天赏樱花时的一段对话,“我”纯粹是在感慨天气还有些冷。但“小岛”却理解为因为“我”感到冷，所以应该把自己的衣服脱下来给“我”穿上，说明在某些语境下，一句「寒い」可以表示“能把衣服借给我穿一下吗”这样的“请求”。但上例中，“我”并没有这样的意思，所以说了「そういう意味じゃなくて」加以否认。

总之，通过以上列举的日语中非规约性间接行为的用例，我们可以感受到上文提到过的特点：无约定俗成性，不是习惯的用法，没有程式化特征。其施为用意的推断必须要依靠语境，将时间、地点、会话参与者的状况、关系等因素结合起来进行考察。

第四节　“称赞”言语行为的汉、日、英对比

下面将以“称赞”言语行为为例，对汉语、日语、英语中的“称赞”言语行为做扼要的对比分析。

“称赞”作为一种存在于各文化中常见的言语行为，是维持人际关系和谐的语用手段。不同的语言由于受到不同文化的影响，其表达称赞的形式也有所不同。说话者在称赞别人的同时希望受称赞方给予积极的回应。本小节将这种围绕称赞的包含应答的会话形式称为称赞谈话，从语用学的角度，分称赞内容的选定、称赞表达的形式、称赞应答的模式三个方面对汉语、日语、英语中称赞谈话的特征进行考察和分析。

Wolfson 和 Manes（1981）通过对英语称赞言语行为进行研究指出，不能把称赞言语行为简单形式化，因为它涉及社会文化的诸多方面。

贾玉新（1998）对汉语中的称赞行为的内容、表达形式等方面进行了总结。何自然和冉永平（2009：261）指出：“汉语中在回应对方的恭维或赞扬时，人们多习惯于使用‘否认’或‘自贬’的方式，根据汉语的语用原则，这说明人们恪守了礼貌原则，因而常被认为是一种谦虚或礼貌的表现。”

关于日语的称赞言语行为及称赞表达，川口、蒲谷和坂本（1996）指出，大多数的日语学习者和部分日语教师通常都有这样一种看法，即日本人不擅长称赞他人，受到他人的称赞时，基本上采用否定应答的形式。

总体来说，目前对称赞语的教学和研究多集中在对称赞语的应答上，然

而称赞语本身亦值得重视，它是构成文化差异的基本要素之一。历来针对称赞这一言语行为的研究多以英语为研究对象，针对英语以外语种的研究相对较少。因此，笔者希望通过对汉语、日语和英语这三种语言中的称赞言语行为做一个初步的对比分析，找出其异同，来避免跨文化交际中的语用失误，从而提高语言学习者的交际能力（communicative competence/伝達能力）。

一、称赞内容的对比

从理论上讲，人们在交际时可以就双方都赞赏的任何品行称赞对方，称赞语的内容似乎是无限丰富的。然而在实际交往中，绝大多数称赞语却仅仅围绕有限的几个很宽泛的话题，如外表、能力、成绩、所有物和性格特点等展开。

（一）汉语

有调查显示，在汉语中，出现频率较高的称赞话题涉及被称赞人的品质或性格，其占所有话题的27%。例如：

（39）老张，你真爽快！

（40）你脾气真好，对孩子这么有耐心。

而英语和日语中却很少出现此类话题。究其原因可能是中国传统文化更加重视一个人的道德修养。此外，能力、人品是关乎对方本质的话题，英美国家比较重视个人的隐私，不会过多涉及。

就称赞对象而言，英美人常会向对方称赞自己的家庭成员或亲属，而中国父母及孩子虽然在家庭之内经常互相称赞，在公开场合却很少互相称赞。但中国人对他人的家庭成员尤其是孩子，并不吝啬使用称赞语，不过使用的频率还是不如英美人高。

此外，相比英美及日本，中国人赞美老年人的频率更高。中国人爱称赞老年人高寿，可在西方这是一个禁忌，西方很忌讳“old”一词，他们认为“old”有“useless”（不中用）的含义，所以一般称老年人都用senior citizen这样的委婉语（understatement/控えめな表現）；在这一点上，日本也是如此，近年日语中提到老年人多用外来语「シニア」(senior)一词。而中国人则不然,问老年人高寿是常有的事情,而且我们也常常听到“老当益壮”“老骥伏枥,志在千里”这样的赞美之词。这是因为在中国有尊老爱幼的传统,而且老年人的生活、工作经验都很丰富,所以他们总是格外受到尊敬。

在中国文化中,“胖”与“福”的概念经常相倚并存,人们常用“发福”这个词语来恭维对方长胖,而发胖常常被英美人看成是体质下降的一种迹象。再如中国人喜欢恭维别人肤色白,自古就有“一白遮百丑”之说。有学者指出这是因为在古代只有有钱人才不用下地干活,才能保持肤色白嫩,这是一种对有钱人的羡慕。最近的流行语当中,对女性的称赞还出现了“白富美”一词,可以说是沿袭了中国人对白肤色的喜爱。而在英美国家,同样是羡慕有钱人,被羡慕对象的肤色却变成了古铜色,因为只有有钱人才能去海边度假、晒日光浴,才能将原本雪白的皮肤晒成古铜色。所以在我们翻译称赞语时,有必要加入文化的诠释。

(二)日语

日本人通常谨慎地称赞对方,称赞内容尽量不涉及对方的本质,称赞时的语言也会表现出限制性。日本人对称赞对象十分挑剔,在他人面前几乎不称赞自己的配偶和子女,对家族内的成员则更多是批评,尤其在他人面前表现得淋漓尽致,多是说「親に似て頭が悪い」「しつけが行き届かなくて」之类的话进行一番自贬。相反地,日本人会对家族以外的人员进行称赞,比如大多数的外国人,即使他们只会说几句简单的日语,日本人也会称赞说「日本語がお上手ですね」。

甘能清(2003)根据先行研究总结指出,日本人在选定表达称赞的对象时要受很多限制,他们更注重说话者和听者之间的亲疏关系,这首先源于他们把人际关系分为两部分:血缘关系和自己所属集团者为「うち(内)」,除此之外的人际关系皆为「そと(外)」。称赞的基本原则是“对外不对内”,即对“外”部的人要考虑到上下级关系,原则上使用称赞;对“内”部的人无须考虑上下级关系,也无须使用称赞。

另外,根据金庚芬(2012)的考察结果,在称赞对象的选定上,“完成某件事情”和“行为”的出现比例最高,对于对方“所有物”的称赞比例也较高。但是对“才能”“性格”方面的称赞较少。另外,对方是女性时,对于外观以及外观的变化也多给予称赞。例如：

(41)【两位同事在参加完忘年会之后回家的路上】

我聞：大島さんもこっちなんだ。忘年会の幹事、お疲れ様。大島さんって髪きれいだよね。

凪　：いっ、いえ…あの、我聞さんのスピーチ素敵でした。いきなり話題振られたのに、あんなふうに堂々とできるなんて。

（『凪のお暇』）

(42)【面试时】

面接官：坂本龍子さん、まずは名前が素晴らしい。ご学歴も東大ご出身で、ご立派じゃないですか。

龍子　：ありがとうございます。

（『凪のお暇』）

以上两段对话都选自日剧『凪のお暇』，例(41)是忘年会结束后我闻和凪在巴士上偶遇时的对话，我闻称赞凪的头发很美，而凪回应对方夸奖我闻"演讲很精彩，明明是突然抛话给你，还能应付自如"。例(42)是面试时的对话，面试官称赞龙子"是东大毕业的，实在太优秀了"，龙子回应说"谢谢"。这些都是日常交际中经常出现的称赞场景。

(三)英语

在英语国家，称赞的内容多集中在人们的才智、技能、表现、业绩等优秀的品质以及仪表、衣饰、居室、家具、汽车等优质的所有物上。

在英美文化中，"个人奋斗"和"个性体现"是十分重要的理念，也是追求自我价值的表现，因此，关于个人外貌仪表的积极评论，尤其是对服饰和发型的评论，在称赞的内容中占据了最主要、最突出的地位。而且这类称赞的接受者多以女性为主。如女士经常受到男士的恭维："You look so sexy"，"You look different today"。而女士听到这样的赞美会欣然接受并非常高兴地说"Thank you"。

此外，英美人常会向对方称赞自己的家庭成员或亲属。人们时常会听到美国妇女谈论她们的丈夫工作如何努力、表现怎样出色等等。她们也会夸奖自己的子女多么聪明、在什么地方的音乐会上演出过等等。

但是在英美的文化背景下，宗教信仰、收入、年龄等是需要避讳的话题，如对此类话题进行称赞会使谈话陷入尴尬境地，影响双方的进一步交流。

总的来说，英美人使用称赞的频率要高于中国人和日本人。其原因之一是很多人以此启动谈话，他们听到称赞后会说“谢谢”，并补充几句，从而展开谈话。

称赞作为一种言语行为，其本身就是一种价值判断，是公开地对某个人或某件事做出积极的评论，表达赞扬、羡慕、钦佩之情。它不仅反射出一定的社会价值观念，而且还具有积极鼓励被称赞的人、事的功能。这种积极的社会意义决定了其内容的积极性。不同社会的价值观不同，引起社会评价的注意焦点也不同，人们所侧重的称赞内容也就有所不同。

二、称赞表达形式的对比

(一)汉语

贾玉新(1998)认为，汉语称赞语主要采用下列几种句法结构：

(43)a.(Your) NP (ADV) ADJ

你的发式真好看！

b. (You) V NP (ADV) ADJ

你教得真好！

c. PRO is (really) (a) ADJ NP

你很有音乐天分。

[N(noun)＝名词；P(pronoun)＝代词；ADV(adverb)＝副词；ADJ(adjective)＝形容词；V(verb)＝动词；PRO(pronoun)＝代词]

其中，(Your) NP (ADV) ADJ 结构是汉语称赞语的主导结构，占贾玉新所搜集的资料的67%。此外，汉语在称赞语中也使用形容词。汉语称赞语中的形容词总是与副词配对出现，这样才能表达称赞之意，如“真漂亮”“太好看了”。另外，汉语中动词用于称赞语的情况较少。中国人一般不用“喜欢”“爱”这样的词称赞对方，因为“喜欢”与“爱”只能表达一种个人的感情，并不带有价值判断的色彩，对方不会因为你的喜欢而感受到夸赞之意。当然，如果是上级对下级、地位高者对地位低者等情况就另当别论了，因为前者具有的地位、身份可以被看作评判的标准，他们的好恶对后者来说往往意味着称赞或批评。

（二）日语

熊取谷（1989）把日语的称赞语大体分为“对象物＋形容词”“形容词＋对象物”“对象物＋好み”三种形式。由此，我们不难看出，日语的称赞表达在句式选择上具有明显的倾向性，即多使用具有褒义意义的形容词（包括形容动词）。在日语中，说话者可以大量使用模糊性形容词、形容动词，如「美しい」「すばらしい」等，它们表达的都是一种没有具体的客观标准的评价，而且这种评价多是发话者的自身体验，其真实性同样没有客观检验标准。例如：

（44）a. Subject/Topic Prt Y Copula

（牧野さんは優等生だね）

b. Subject/Topic Prt ADJ

（そのセーター可愛い）

c. Topic（experiencer） Prt Y Prt Predicate

（田中さんはテニスが上手だ/上手ですね）

日语称赞表达的常用词汇数量有限，正面评价意义显著，表示感情或感觉的形容词相对较多，多可单独成句，也可与副词及终助词「ね」「よ」搭配使用。日语中有称赞意义的形容词有「すごい、すばらしい、いい、優しい、若い、面白い、可愛い、偉い、見事だ、立派だ、上品だ、まじめだ、積極的だ、熱心だ、きれいだ、大好きだ、魅力的だ」等。有称赞意义的动词有「頑張る、任せる、やる、信じる、期待する、できる、似合う、盛り上がる」等。有称赞意义的名词有「名人、恩師、看板娘、期待の星、豪邸、ごちそう、実力派、紳士、力作、天才」等。有称赞意义的副词有「さすがに、やっぱり、なるほど、よく、いつも」等。还有一些惯用语如「気が利く、思いやりがある、気を配っている、勇気がある」等也可以用于表示称赞的场合。例如：

(45)【丽和邻居凪在谈论自己的母亲】

うらら:(前略)ねえ、凪ちゃん、うちのお母さん、超カッコいいでしょ?だから、全然いろいろ平気なの。

凪　　:カッコいい! 自分の足で立ってるうららちゃんママも自分の意志でお友達選んでるうららちゃんとお友達も超、超カッコいい!

(『凪のお暇』)

例(45)中就使用了「副詞+形容詞」的形式来表示称赞。另外,日本人称赞他人,特别是下对上称赞时,多使用间接称赞表达。此时,他们往往采用"受到恩惠"和"表示感谢"等言语表达形式来间接地表达称赞之意。他们的这种表达习惯是受到日本文化中"恩惠意识"的影响。因此,学生对老师讲的课进行称赞时,「先生、今日の授業は大変勉強になりました」之类的表达才是恰当的。相比而言,中国人称赞他人,即使是下对上称赞时,也更习惯使用直接的表达形式。同样是学生对老师讲的课进行称赞,中国学生会直接表达称赞之意,如"老师,您的课上的真好""我真喜欢上您的课"等。

(三)英语

Wolfson Manes(1981)指出,英语称赞语在形式上有一个非常大的特点,那就是它们的格式相当固定。无论是从句中负载赞扬语义的词汇看,还是从整个句式的结构看,英语称赞语都是一种高度格式化了的客套语。英语的称赞语非常公式化,大部分是形容词与副词的表达组合,其中80%的称赞语都是靠形容词来表达积极的评价。使用频率最高的形容词有"nice, good, beautiful, pretty, great",它们占了整个称赞语词汇量的2 /3以上;使用率最高的副词是表示加强程度的,如"really, very";表示欣赏的动词是"like, love"。最常用的句型有三种:

(46)a. NP be/ look (really) ADJ (53. 6%)

Your blouse is very beautiful.

b.PRO (really) like / love NP (16. 1%)

I like your watch.

c. PRO be (really) (a)ADJ NP (14. 9%)

That's a good question.

需要注意的是,和中国人不一样,英美人常用"I like your watch""I love your shirt"等动词表达对人、事的称赞。因此我们在翻译的时候,一定要注意文化差异,避免文化冲突。"I like your watch"若直译成"我喜欢你的手表",会被中国人理解成一种间接的请求:请求把受到称赞的东西(watch)送给对方。这难免会造成误会。所以应该把这句话意译为"你的手表真不错",从而使交际顺利进行。

通过称赞表达形式的对比我们可以发现,不同文化社会对语言表达形式有不同的规约,英美国家一向崇尚个性自由,张扬个性,评价事物突出个人感受,且直截了当,坦率直白,所以英语称赞语常用代词"I(我)"开头。中国人非常注重个人与社会、个人与他人关系的和谐、融洽,往往从对方的立场出发考虑问题,因而称赞语多以"你/你的"起首。而日语表示称赞时句子中往往无需出现主语,多使用主观性形容词谓语句。日本社会生活中的称赞表达主要发生在下级之间,上级称赞下级的内容涉及内外在事物的诸多方面;下级评价上级的能力和业绩并不常见,而多采用间接方式,如对来自上级的恩惠、帮助、指导表示感谢来代替直接称赞。

三、称赞应答语的对比

受不同文化背景的影响,人们的价值观和习惯不同,因此中、英、日三国对称赞语的应答方式往往不尽相同。英美文化比较强调自由平等的一致准则(Agreement Maxim)①,中国和日本文化比较注重贬己尊人的谦逊准则(Modesty Maxim)②。例如,虽然准备了丰盛的饭菜请别人吃饭,但客人赞赏时,中国主人会说"没什么菜招待""不会烧菜"之类的客套话,把对自身的

---

① 一致准则是利奇提出的礼貌原则(Politness Principle)下的一条准则,包括"尽量减少双方的分歧"和"尽量增加双方的一致"这两条次则,详见第五章。

② 谦逊准则是利奇提出的礼貌原则(Politness Principle)下的一条准则,包括"尽量少赞誉自己"和"尽量多贬低自己"这两条次则,详见第五章。

贬损夸大到最大限度，以此来表示礼貌。日本主人也会说「何もございませんが」「お粗末さまでした」等客套话来表达谦虚。

（一）汉语

汉语中在回应对方的赞扬时，人们多习惯于使用“否认”或“自贬”的方式，根据汉语的语用原则，这说明人们恪守了礼貌原则，因而常被认为是一种谦虚或礼貌的表现。中国人对别人的称赞远不如英语国家那样频繁和直接，而且做起来更委婉含蓄、不露声色。受称赞方即便接受也不会正面接受。这是因为中国人一向以“谦虚”为美德，一旦受到称赞，受称赞方可能会说“这是大家的功劳”“是领导支持、重视的结果”等。其实，中国人同样爱听表扬的话，但在口头上，尤其是在人多的时候或在公共场合，多数人还是倾向于拒绝。例如：

（47）A：你文章写得真好！

　　B：别开玩笑了，好什么呀？我都不好意思拿出来。

（48）A：您老真是越来越硬朗啦。

　　B：天天锻炼的。

值得注意的是，随着社会的发展，尤其是中、西方文化的交流，中国传统的观念也在悄悄发生变化。不少人尤其是年轻人直接接受称赞的情形越来越多了，甚至还有人认为过分谦虚是一种虚伪、骄傲的表现。比如：

（49）A：你的裙子挺漂亮的。

　　B：谢谢，我也是这么认为的。

（二）日语

日本人在交际时注重含蓄的情感，因此十分忌讳大声说话或感情外露。过多的赞美会使日本人不自在，他们不喜欢鹤立鸡群。如果有人赞美，受称赞方多数是礼貌地加以否认，如「いいえ、とんでもない」「そんなことないです」等。

寺尾(1996)对日语称赞表达的应答进行了有效的考察,最后发现,日语中对称赞的应答其实是在“降低对方称赞程度”的基础上进行肯定或否定的回答。从日本文化的视角出发,这种回答既遵循了日本人的“谦逊意识”,又遵循了日本人的“和意识”。另外,根据平田(1999)的考察,日语中对称赞的应答主要有以下几种形式:

①否定

(50)A:電話の受け方うまいですね。

B:そんなことありませんよ。(否定)

(51)A:そんなに点とれたの。すごいね。

B:そんなことないよ。Aさんの方が頭いいじゃん。(否定+称赞对方)

②肯定

(52)A:先生、歌がお上手ですね。

B:そうですよ。僕の特技なんですよ。(同意)

(53)A:(Bが生けた花を見て)すごくいいじゃん。

B:ありがとう。(感谢)

③其他

(54)A:あら、すてき。よく似合ってる。

B:あるもんひっぱり出して着てるんです。(补充不利信息,降低对方称赞程度)

(55)A:Bさん、素敵なネックレスですね。

B:ああ、これ日本でデザインしてインドネシアで作らせたんですって。(继续会话,补充信息)

(56)A:趣味いいですね。

B:そう?(表示疑问)

(57)A:(ベビーカー内の孫を見て)かわいいですね。

B:(にっこり笑う)。(笑)

在日本文化中,谦虚的态度是特别显著的。日语的特点是要在谦虚领先和避免自吹自擂的情况下来接受对方的称赞。

(58)A:今度の旅行はいかがでしたか。

B:やあ、疲れましたね。

如例(58)所示,B即使旅游愉快,也无意识地采用了“转移视线”的策略来做应答,以此照顾A没去旅游的情绪,这种行为可以理解为是对对方的一种敬意。而在日本文化中,敬意的表达是称赞行为的核心。

(三)英语

英语国家的人对称赞语的一般回应规律是表示感谢。很显然,表示感谢意味着接受称赞,这遵循了交际原则中的一致准则(Agreement Maxim)。当然,英语母语者并不是100%的接受,也有拒绝称赞的时候。一般来说,英语母语者在回答别人称赞的时候会采用多种多样的方式,归纳起来可分为以下三种:

①接受式应答。说话者往往对对方的称赞表示感谢,或者表示同意对方的评价,或回赠称赞。例如:

(59)A: Your blouse is beautiful.

B: Thanks.

(60)A: That's really a great shirt.

B: See, it matches my shoes.

(61)A: You look great.

B: So do you.

②缓和式应答。说话者往往以各种途径来转移称赞目标,或降低对方的称赞程度,既不“自我表扬”,同时也不“否定他人”。例如:

(62)A: I like your sweater.

B: I bought it on sale.(否定自我表扬)

(63)A: Tom, you really did a good job.

B: Did I? Thanks to my father, he helped me a lot.(归功于第三者)

③拒绝式应答。说话者不同意对方的评价,在英语中这种应答模式使用较少。

(64)A: That's a nice outfit.

B: What? Are you kidding?

(65)A: That's a nice watch.

B: It's all scratched up and I'm getting a new one.

必须指出的是,英美人拒绝称赞,仅仅是出于观点不同的明确表达,并非是因为谦虚,即受称赞方并非是明明同意对方的观点却故意否定对方的称赞。

总之,称赞语是一种文化现象,从称赞语及其应答的差异中可以透视不同文化的思想、理念和价值体系。称赞语及应答语既受文化的制约,又体现着各自的文化。因此,我们在运用称赞语的过程中需要注意以下几点:①体会三种语言中相似表达的语用差别;②根据谈话双方社会地位的差异,使用不同礼貌程度的表达方式;③注意三种语言中的非自由话题[①]和不同的文化价值观念所使用的不同称赞语。

本章介绍了言语行为的基本思想——"说话就是做事",任何语言的使用都可以表达一定的行为。说话者可以选择直接言语行为或间接言语行为,间接言语行为又分为规约性间接言语行为和非规约性间接言语行为。直接言语行为和规约性间接行为容易被听话者理解,而理解非规约性间接言语行为往往需要听话者付出较多的认知努力。言语行为不是孤立的,它总是出现在一定的言语事件中,与其他言语行为相互作用。受相应的社会

① 在英美等西方国家,年龄、收入、婚姻、爱情、子女状况、体重、宗教信仰等属于非自由话题,涉及个人隐私,因此日常交际中人们都会自觉回避,不会故意询问或打听。

文化因素的制约，交际双方的社会关系和言语行为的施为力度等都会影响说话者的语言选择和言语行为的效果。

研究思考题

1.收集汉语和日语表示“邀请”和“拒绝”的会话各一组，分析其中表示邀请和表示拒绝的语用策略。

2.收集汉语和日语的语料，举例说明影响间接言语行为使用的语用因素。

本章参考文献

[1]陈新仁.汉语语用学教程[M].广州：暨南大学出版社，2017.

[2]甘能清.日语称赞表达的文化视点研究[J].日语学习与研究，2003(2)：24-29.

[3]甘能清.基于博弈论之日语称赞发话行为研究[M].广州：中山大学出版社，2013.

[4]顾曰国.礼貌、语用与文化[J].外语教学与研究，1992(4)：10-17，80.

[5]何兆熊.新编语用学概要[M].上海：上海外语教育出版社，2000.

[6]何自然，冉永平.新编语用学概论[M].北京：北京大学出版社，2009.

[7]贾玉新.跨文化交际学[M].上海：上海外语教育出版社，1997.

[8]姜占好.过渡语语用学视角下的语用能力研究[M].北京：北京大学出版社，2013.

[9]蒋冰清.英汉称赞语的语用特征分析[J].哈尔滨学院学报，2006(11)：130-133.

[10]李军，曹钦明.汉语邀请行为的话轮结构模式分析[J].语言文字应用，2011(4)：44-53.

[11]凌来芳.邀请言语行为的对比研究[J].重庆理工大学学报(社会科

学),2011(5): 116-120.

[12]刘珏.拒绝行为的语用学研究:中日文化中拒绝性话语的对比分析[M].天津:南开大学出版社,2013.

[13]孟瑾.日语语用学研究[M].北京:高等教育出版社,2009.

[14]任伟,李思萦.二语语用习得国际研究热点及趋势[J].外语教学,2018(4):18-23.

[15]单文垠.关于道歉的日汉对比研究:以“言语事件”为视角[M].北京:北京语言大学出版社,2012.

[16]王晓.日语“邀请”言语行为的表达形式及其汉译[J].日语学习与研究,2014(4):114-121.

[17]王晓.汉日“邀请”言语行为与日语教育[M]//赵华敏.跨文化理解与日语教育.北京:高等教育出版社,2015.

[18]王晓,杨宁.汉日英称赞谈话的语用特征分析[M]//邱鸣, 杨玲, 周洁.日语翻译教学理论与实践模式研究.北京:中国传媒大学出版社,2016.

[19]王晓.跨文化理解与言语行为的汉日对比研究:以“邀请”言语行为为中心[M].上海:上海译文出版社,2018.

[20]熊学亮.简明语用学教程[M].上海:复旦大学出版社,2008.

[21]赵华敏.跨文化理解与日语教育[M].北京:高等教育出版社,2015.

[22]井出祥子.わきまえの語用論[M].東京:大修館書店,2006.

[23]毋育新.依頼行動における中国人日本語学習者の問題点:ディスコース・ポライトネス理論の観点からの考察[M]//東京外国語大学.日本研究教育年報15.東京:東京外国語大学,2011: 41-56.

[24]宇佐美まゆみ.準自然場面における「誘い行動」の日韓比較:ディスコース・ポライトネス理論の観点から[J].日本研究,2006(28): 47-72.

[25]宇佐美まゆみ.ポライトネス理論研究のフロンティア:ポライトネス理論研究の課題とディスコース・ポライトネス理論[J].社会言語科学,2008(1): 4-22.

[26]王暁.「誘い」への応答に関する日中対照研究:「食事に誘う」場面を中心に[J].無差,2013(20): 45-66.

[27]王源.「詫び」と「理由説明」から見た断り行動:日中対照[J].日本

語教育研究,2011(57):83-93.

[28]川井章弘.日本語の発話対:勧誘とその応答[J].文体論研究，2002(3):73-84.

[29]川上恭子.勧誘表現「～シナイカ」の表現性[J].園田国文,1995(16):102-92.

[30]川口義一,蒲谷宏,坂本恵.待遇表現としてのほめ[J].日本語学,1996 (4):13-22.

[31]川口義一,蒲谷宏,坂本恵.待遇表現としての「誘い」[J].早稲田日本語教育研究，2002(1)：21-30.

[32]加藤重広.日本語語用論のしくみ[M].東京:研究社,2004.

[33]加藤重広,滝浦真人.語用論研究法ガイドブック[M]. 東京:ひつじ書房,2016.

[34]木山三佳.場面に応じた「誘い」の言語様式使用の指導のために:初級・中級教科書の分析からの提言[J].言語文化と日本語教育,1993(5):35-45.

[35]金鍾我.勧誘表現における日・韓対照[J]. 日本エドワード・サピア協会 研究年報,2004(18)：49-65.

[36]金庚芬.日本語と韓国語の「ほめ」に関する対照研究[M].東京:ひつじ書房,2012.

[37]熊取谷哲夫.日本語における誉めの表現形式と談話構造[J].言語習得及び異文化適応の理論的・実践的研究,1989 (2):97-108.

[38]小泉保. 言外の言語学:日本語語用論[M].東京:三省堂,1990.

[39]小泉保. 入門語用論研究:理論と応用[M].東京:研究社,2001.

[40]国立国語研究所.談話の研究と教育Ⅰ[M]. 東京:大蔵省印刷局,1983.

[41]国立国語研究所.伝えあうことば:日本語教育映像教材 中級編 関連教材[M]. 東京:大蔵省印刷局,1994.

[42]近藤安月子,姫野伴子.日本語文法の論点 43:「日本語らしさ」のナゾが氷解する[M].東京:研究社,2012.

[43]滝浦真人.ポライトネス入門[M]. 東京:研究社,2008.

[44]鄭在恩.日韓の勧誘ストラテジーについて[J].言葉と文化,2009(10): 113-132.

[45]鄭栄美.友人間で行われる「誘い」の日韓対照研究:「誘い」におけるストラテジーを中心に[M].東京:東京外国語大学大学院COE談話グループ研究会,2004.

[46]鄭栄美.「誘い」の日韓対照研究:「誘い展開」に焦点をおいて[J].東京外国語大学 日本研究教育年報,2007(11):35-55.

[47]寺尾留美.ほめ言葉への返答スタイル[J].日本語学,1996(15):81-88.

[48]姫野伴子.依頼と勧誘 受益者表現の日英対照を中心に[J].世界の日本語教育,1991(1):69-81.

[49]姫野伴子.勧誘表現の位置:「しよう」「しようか」「しないか」[J].日本語教育,1998(96):132-142.

[50]平田真美.ほめ言葉への返答[J].横浜国立大学留学生センター紀要,1999(6):38-47.

[51]丸山明代.男と女とほめ:大学キャンパスにおけるほめ行動の社会言語学的分析[J].日本語学,1996 (4):68-80.

[52]山岡政紀.発話機能論[M].東京:くろしお出版,2008.

[53]山岡政紀,牧原功,小野正樹.コミュニケーションと配慮表現:日本語語用論入門[M]. 東京:明治書院,2010.

[54]柳慧政.依頼談話の日韓対照研究:談話の構造・ストラテジーの観点から[M].東京:笠間書院,2015.

[55]LANGSHAW A J. How to do things with words[M]. Oxford: Clarendon Press, 1962.

[56]BROWN P, LEVINSON S C. Politeness: some universals in language usage[M]. Cambridge: Cambridge University Press, 1987.

[57]LEECH G N. Principles of pragmatics[M]. London: Longman Group Limited, 1983.

[58]LEVINSON S C. Pragmatics[M]. Cambridge: Cambridge University Press, 1983.

[59]SEARLE J R. Speech acts: an essay in the philosophy of language [M]. Cambridge:Cambridge University Press, 1969.

[60]THOMAS J. Meaning in interaction: an introduction to pragmatics[M].London:Longman Group Limited, 1995.

[61]WOLFSON N, MANES J. The compliment as a social strategy [J]. Papers in linguistics,1980(13):391-410.

第四章　会话含意

在日常的言语交际中，很多信息不是直接传递的。说话者通过某一话语传递的信息，不一定等同于该话语的字面意义或语义的组合，听话者有时需要根据相关语境进行推理，获取字面意义以外的交际信息。例如：

(1)母：ちょっとおつかいに行ってきてくれない？
　田中：今、外は大雨だよ。

例(1)中，田中的回答字面意思讲的是天气情况，其中隐含的非字面信息(间接地表达了拒绝)需要听话者通过推理去获取。在言语交际中，类似的字面意义或语义以外的隐含信息就是会话含意。

最早正式阐述会话含意(又称言外之意)的是美国语言哲学家格赖斯(Grice/グライス)。1967年格赖斯在哈佛大学做系列讲座时提出了会话含意学说(conversational implicature)，他在讲演中把"言外之意"称作"conversational implicature(会話的推意/会话含意)[①]"。1975年格赖斯发表了题为"Logic and Conversation(論理と会話/逻辑和会话)"的论文，该文讨论了会话含意理论的核心部分——合作原则(Cooperative Principle/協調の原則)，

① conversational implicature 汉语一般译成"会话含意"，日语则有「会話の含意」「会話の含み」等译词，小泉(2001)使用的是「会話的推意」，加藤(2004)使用的是「会話の推意」。本章沿用加藤(2004)的用法，统一使用「会話の推意」。

进一步阐述了会话含意的概念、特点和合作原则的四条准则，并区分了规约性意义和非规约性意义、特殊会话含意和一般会话含意，完成了会话含意理论的主要内容。之后，该论文被收入 *Studies in the Way of Words* [①]一书，于1989年出版。会话含意理论着重论述了合作原则的具体内容以及如何利用其来推导会话含意。

为了避免概念上的混淆，格赖斯引入术语"含意"（implicature/推意）。会话含意理论不是从语言系统内部（语音、语法、语义等角度）出发去研究语言形式本身所表达的意义，而是结合具体的语境来分析语言，解释话语的言下之意、弦外之音。例如：

(2)【瀬名邀请凉子】

瀬名：いいえ。今度さ、今度、会う約束していいかな。

凉子：はい。でも私、今月、ショパンコンクールがあるんです。

（『ロングバケーション』）

例(2)中瀬名与凉子的对话从字面意义上看是瀬名对凉子发出邀请，而凉子的答复仅仅是对自身情况的一个阐述，似乎与瀬名的邀请并不相干。实际上，凉子通过叙述个人的信息「今月、ショパンコンクールがあるんです」间接地表达了"拒绝"的言外之意。在这里，听话者需要透过话语的字面意义来理解说话者真正想表达的意思。

第一节　合作原则

语言使用是一种有目的的行为。为了达到某种目的，交际者本人会采用一定的策略，同时也会期待其交际对象理解该策略。这种对交际目标的共同追求就表现为交际者之间的相互合作，这种合作体现在四个方面，即格赖斯提出的合作原则（Cooperative Principle/協調の原則）的四个准则。

---

① 该书由清塚邦彦翻译成日文版，题目为『論理と会話』，1998年由勁草書房出版。

一、合作原则提出的背景

20世纪的分析哲学可以分为对理想语言(ideal language)和对日常语言(ordinary language)的研究。理想语言就是用逻辑符号和数学符号构成的人工语言,日常语言就是我们日常交流中使用的语言。把理想语言作为研究对象的哲学流派被称为逻辑实证主义,但其对日常生活中常用的一些表达情感、道德判断、信念等命题的意义有时无法提供合理的解释。在这一背景下,以奥斯汀为代表的哲学家倡导对日常语言进行哲学研究。奥斯汀的言语行为理论对语用学具有深远影响。他指出,语言并不只是用来描述世界的,语言还可以做很多事情,比如请求、邀请、许诺等,这些语言的行为意义都无法用逻辑实证主义的真值条件来解释。尽管奥斯汀把语言哲学研究的视角从理想语言转向了日常语言,但言语行为理论仍然未能区分语言的一般意义和语言在具体语境中的意义。在言语行为理论的基础上,格赖斯提出了一个可以解释二者间区别的机制,即含意理论及用来推导会话含意的合作原则。

二、合作原则的具体内容

"合作原则"是关于人类交际的一种理论假设,包括一个原则和四个准则,具体内容如下(格赖斯,1989:26-27):

> 合作原则(Cooperative Principle/協調の原則)
> Make your contribution such as is required, at the stage at which it occurs, by the accepted purpose or direction of the talk exchange in which you are engaged.(会話の段階で、あなたが行っているやりとりの共通の目的・方向という点から、要請されるだけの貢献をせよ。)

根据会话的目的或交流的方向,说话者可以使自己讲出的话是一定条件下的交际所需的。英文原文中的"contribution"指的就是"话语"。"合作原则"其实就是支配我们交际的默认的一般原则,就像遇到红灯停下来(=交通规则)、有人向我们打招呼要回应(=常识)那样,我们在言语交际中也会无意识地遵循某种原则,否则交际就无法进行下去。

格赖斯又把“合作原则”继续细分为“量”“质”“关系”“方式”四个准则。每个准则下面还包括一些次准则。

1.量的准则(maxim of quantity/量の公理)

①Make your contribution as informative as is required for the current purpose of the exchange.(あなたの貢献を、当のやりとりのその場の目的のために必要なだけの情報を与えるようにものにせよ。)

②Do not make your contribution more informative than is required.(あなたの貢献を余分な情報を与えるようなものにするな。)

量的准则与应提供的信息量有关,包括如下次准则:

①所说的话,应包含交谈目的所需的信息;

②所说的话,不应超出所需要的信息。

2.质的准则(maxim of quality/質の公理)

Try to make your contribution one that is true, specifically(あなたの貢献を真であるものにすべく努めよ、とりわけ):

①Do not say what you believe to be false.(偽りであると思っていることを言うな。)

②Do not say that for which you lack adequate evidence.(十分な根拠のないことを言うな。)

质的准则包括两个次准则:

①不要说自知是虚假的话;

②不要说缺乏足够证据的话。

3.关系准则(maxim of relation/関係の公理)

Make your contribution relevant.(あなたの貢献を関連のあるものにせよ。)

关系准则只有一个次准则,即所说的话应该是相关的。

4.方式准则(maxim of manner/様態の公理)

Be perspicuous(明快な言い方をせよ):

①avoid obscurity.(不明瞭な言い方を避けよう。)

②avoid ambiguity.(あいまいな言い方を避けよう。)

③be brief.(簡潔な言い方をせよ。)

④be orderly.(順序だった言い方をせよ。)

方式准则包括一个上位准则——“说话要清楚明白”与几个下位准则,如:

①避免晦涩;

②避免歧义;

③简练;

④有条理。

需要指出的是,格赖斯提出的“合作原则”中的“合作”并不是指交际者人与人之间善意的迎合,而是在语言使用层面上都遵循同样的规范,即使谈话双方充满了敌意,他们的谈话在语言使用或交际互动层面上依然是“合作”的。正是因为交际者信守同样的交际规范,语言交际才可能顺利进行,人与人之间才能够相互理解。

三、合作原则与会话含意

在我们的现实交际中,一部分言语交流在语言使用的表层就体现了语言使用层面的“合作”,或者说体现了交际双方对交际规范的遵循。例如:

(3)「お庭の木は何ですか」と聞くと、

「桜ばっかりですよ」と答えた。

(『センセイの鞄』)

上例中「センセイ」的话语针对「ツキコ」的提问给出了适量的信息,是真实的,又是与「ツキコ」的话语相关联的,回答的方式也很容易理解,可以说完全遵守了合作原则及四个准则。

需要注意的是,有的时候合作四准则是不能同时遵守的,人们往往为了遵守其中的一个准则而放弃另一个准则。

(4)先生:誰がガラスを壊したのですか。……

学生A：ぼくではありません。（事实上学生B打碎了玻璃）

例(4)中，学生A的回答遵守了质的准则，没有说谎。而且从“不是我”这个回答中，听话者还可以推导出说话者的隐含意义是“老师，您别怀疑我”。

格赖斯认为言语交际者在一般情况下是遵守“合作原则”及各项准则的，但是，在实际交际中，人们并不都是严格遵守“合作原则”的，有时也会故意违反，即说话者出于某种原因，故意说出并让对方觉察到自己有意违反“合作原则”，让对方通过说话者的字面意义去领会话语中所隐含的意义。而会话含意即说话者的言外之意往往由此产生。

(一)量的准则与含意

违反量的准则的典型例子是同义反复（tautology/同語反復）的使用。如「ぼくはぼくだ」「親も親なら息子も息子だ」「戦争は戦争だ」等。同义反复的表达方式在语义学的句子层面上信息量为零，而在语用学的会话含意层面却拥有一定的信息量，间接地道出说话者的态度或观点。说话者认真地想传达某种信息时，「戦争は戦争だ」这种表达就能一针见血地道出战争的本质，即「戦争は戦争で、どうにもならない。戦争の悲惨さはいかんともしがたい」这种“不满”的态度。

(5)A：いるはずです。隠さずに出してください。

B：いないよ。分からない人だな。

A：います。ちゃんと知って来たのだから。

B：いないものはいない。

（『眼の壁』）

(6)「市って、何の市ですか」わたしは自分の杯に酒をつぎながら聞いた。

「市は市ですよ。市といえば、生活のものあれこれです。むろん」

（『センセイの鞄』）

从逻辑语义的角度而言,「いないものはいない」没有任何交际价值。但会话绝不是无意义或无逻辑的。当类似话语在会话中出现时,听话者会认为说话者仍是合作的,且希望传递话语表面意义以外的一定信息,即语境条件下的含意。比如,例(5)的说话者可能有意想表达「存在しないものは出せない。帰ってくれ」这个特殊含意。例(6)中「センセイ」的回答「市は市ですよ」也隐含了对提问内容不太满意的含意。

(7)百年前の葬式の翌日、ある男が岡のほとりを通りかかると、まぎれもない張柏端がぽくぽく白い騾馬に乗って行くのを見た。おどろいて声をかけるとちょっとそこまでという返事である。

(『張柏端』)

上例中的「ちょっとそこまで」也是违反量的准则的话语。因为包含的信息量很少,所以显示出主人公张柏端不想详细说明的心理。

(8)「どなた」と、声がする。しゃがれた声だ。
「わたしです」
「わたし、じゃわかりませんよ。ツキコさん」
「わかってるじゃないですか」

(『センセイの鞄』)

上例中,「センセイ」指出对于自己的提问,「ツキコ」仅用「わたしです」回答是不够的,可以将其视作违反量的准则的话语,因为二人关系比较亲密,所以根据声音也能听出对方是谁来。

(二)质的准则与含意

我们生活中所说的"美丽的谎言"就是最具普遍意义的违背质的准则的例子。例如:

(9)「ツキコさん、ワタクシはいったいあと、どのくらい生きられるでしょう」

突然、センセイが聞いた。センセイと、目が合った。静かな目の色。

「ずっと、ずっとです」わたしは反射的に叫んだ。

(『センセイの鞄』)

例(9)中，对于「センセイ」问自己还能活多久的问题，「ツキコ」给出的回答是「ずっとです」(永远)。但我们都知道人不可能永远都活着，所以这也是一个违反质的准则的话语。从「ツキコ」的回答，可以看出她对「センセイ」真挚的感情。

(10)A：昨日は競馬で負けたらしいね。いくら損したの？

B：一万円。

(加藤，2004：58)

加藤指出，例(10)中如果B输掉的正好是10000日元的话，那与事实是相符的。但如果是10020日元的话，虽然不能说百分百真实，但似乎也很难认为B是违背了质的原则在说谎。事实上我们无法把认知的事情全部都如实信息化。例如，在日记里我们一般会记录成「昨夜六時に京都駅に到着した」，但很少会记录成「昨夜五時五四分三三秒京都駅に到着した」。这是因为信息越精确就越难处理。这种情况可以运用“语言的粗略性”(言語の粗略性)原则进行解释，即很难只将信息分为真或假两类进行数字化处理。

格赖斯(1989：34)举了个“反话”的例子，是说话者被X出卖后说的：

(11)Xはいい友達だ。

从语境来看，说反话当然是假。但在上例中，说话者通过故意破坏“质的准则”想要传达的其实是相反的意思——“X是仇家”。

(三)关系准则与含意

在会话中，如果说话者的话语与之前的话语不相关，听话者一般不会认为说话者是不合作,而是会把表面的不合作看作深层合作,并会推导话语所表达的含意,来发现说话者的真正意图。

(12)A:明日、海に泳ぎに行かないか。

B:悪いけど、僕、今忙しいんだ。

(加藤,2004:61)

上例中针对A的邀请,B只是对无法回答的理由进行了解释,无论是从形式上还是实质上都没有给出明确回答。但也不能说像B这样的回答是完全没有关联的。即使B的回答是「僕はうどんよりそばが好きなんだ」,字面上看似乎是毫无关系的,但如果理解成是无视A的邀请的话,仍然可以说是有关联的。

(四)方式准则与含意

人们参与言语交际都期望能够顺利达到交际目的,所以一般都会通过简单明了、符合逻辑、没有歧义的话语来直接表达自己的交际意图。

(13)A:12月に横浜アリーナにミスチルのコンサートを聞きに行かないか。

B:うん、行こう。

(14)A:12月に横浜アリーナにミスチルのコンサートを聞きに行かないか。

B:うん、12月に横浜アリーナにミスチルのコンサートを聞きに行こう。

(加藤,2004:63)

上面两个例子中,A的话语完全一样,B的话语主旨是相同的,需要注意的是(14)B的话语看似信息更加完整,却过于冗长,有鹦鹉学舌之嫌。除了跟对方开玩笑的场合,日常会话中是不会出现像(14)B那样的回答的。

(15)【教师对学生宣布成绩】

今回の試験は、二名を除いて全員合格とします。

(16)【教师对学生宣布成绩】

今回の試験は、全員合格とします。ただし、二名は例外です。

(加藤,2004:65)

同样是教师向学生宣布成绩的情况,上例中哪种说法更好呢？从学生的立场看,毋庸置疑是(15)更好。因为,例(15)的话是先说了例外的情况才说的"所有人都通过了",听话者容易接受。但如果像例(16)那样,听话者在安心之后很快又会陷入不安之中,从合作原则的角度看,其在方法准则的条理性方面有所欠缺。

言语交际中,有时说话者会故意使用意义模糊、顺序颠倒、不简洁的话语来引导听话者去推导会话含意,使听话者识别其交际用途。

(17)A:子供たちに何かやりましょうよ。

B:いいよ、だけどI-C-E C-R-E-A-M-Sはだめだよ。

例(17)是故意违反方式准则的例子。B使用I-C-E C-R-E-A-M-S代替"icecreams"是担心孩子们听到后吵着要吃,所以使用一个个说出字母的方式故意让孩子们听不懂。

格赖斯的"合作原则"为人们推导言外之意提供了方法论上的帮助,至于为什么会出现这种情况,深层次的原因分析可参见第五章"礼貌原则"的部分。

(18)A:さっきの件、どうなった?

B:ああ、予約しておいたよ。切符。

A:切符？さっきの件って、○○の話じゃなくて?

上例中,B的回答从字面上看满足"合作原则"所有的准则,但实质上与A所理解的共有信息之间产生了误差,所以A才会再次进行确认。日常会话中也存在满足了"合作原则"但会话无法顺利进行下去的情况。

第二节　含意与蕴涵

“语境”在言语交流中扮演着重要角色。谈话是在特定的场合以特定的人为对象进行的言语行为，谈话的目的和方向性是双方共有的。一般认为语用学的研究对象是以共有目的和方向为基础而产生的“言外之意”。

利奇（1983：6）指出动词“mean”的意思有两种：

① What does X mean？/X 是什么意思？（语义学）

② What did you mean by X？/你对某人说 X 是什么意思？（语用学）

利奇指出，在处理“意思”时，语义学处理的是如①（X＝what）两者的关系；语用学处理的是②（X、what、you）三者的关系（you＝说话者）。

（19）【瀬名和南在谈论南和摄影师杉崎的关系】

瀬名：だいたいさ、話しうますぎるって。そんな売れっ子のカメラマンがさ、ハルオに「一目ぼれ」なんかするなんて。

南　：ちょっと、ちょっと。どういう意味？

瀬名：言った通りの意味ですよ。ああいうさ、かっこいいカメラマンなんてさ、もう、ばりばり女の人と遊んでるって、あなたもその他大勢の一人なんじゃないの？

南　：信じられない。

（『ロングバケーション』）

例（19）中，南与瀬名在谈论南新认识的男性友人「杉崎さん」，即对话中的「カメラマン」。南问的「どういう意味？」是想知道瀬名所说的话是否有言外之意，但瀬名强调了「言った通りの意味ですよ」，表明自己只是在陈述事实而已，并无言外之意。

会话含意指在交际中说话者间接传达的话语意义，即言下之意或弦外之音。逻辑上的“蕴涵”(entailment/含意)概念与含意不同,它主要被用来分析词语之间的意义关系,这种应用有时被称作“语义蕴涵”。当语句P在语义学上蕴涵语句Q时,语句P所传递的信息就包含着语句Q所传递的信息。例如:

(20)田中議員は反社会的勢力に暗殺された。…句P
(21)田中議員は死んだ。…句Q

如果(20)是真,那么在逻辑上(21)必定为真,(20)和(21)是同一命题。(20)的命题依靠词义(“死”是“被暗杀”的推衍),不依靠语境。所以(21)是(20)的蕴涵。

(22)優子は今ヨーロッパを旅行している。…句P
(23)優子は今ヨーロッパにいる。…句Q

(加藤,2004:71-72)

一个句子的意义相当于一个命题的集合,其中有些命题是离开语境、从该语句推出来的命题,即该语句的语义蕴涵命题:句P语义蕴涵句Q,当且仅当,根据句子成分之间的意义关系,从P能逻辑地推出Q,即不会P真而Q假。

需要注意的是,当一方是蕴涵另一方的关系时,两者的关系是有方向性的。上例中,句P语义蕴涵句Q,但这是单方向的,相反的关系是不成立的,也就是说当句Q为真时句P不一定为真。上例如果是「優子はヨーロッパのどこかの国に居住している」的情况,那么句Q成立而句P不成立。同样,「死んだ」也不意味着一定是「暗殺された」。

蕴涵很多时候都是单方向的语义关系,但也有表示双方向的时候,即“句P为真,句Q则真;句Q为真,句P也为真”,这也是通常所说的同义关系。例如:

(24)太郎には配偶者がいる。

(25)太郎は結婚している。

「配偶者がいる」「配偶者を有する」与「結婚している」「既婚である」虽然说法不一致,但表达的实质意思是一致的。

此外,日语中「健一は里美に子猫をあげた」与「里美は健一から子猫をもらった」是相互蕴含的关系,「高広は次郎に自転車を売った」与「次郎は高広から自転車を買った」也是如此。日语中的「あげる」与「もらう」、「売る」与「買う」经常被视作反义词,处于一方成立则另一方也成立的关系当中,可以说是对同义现象从对称的视角进行认知的结果。

关于蕴涵还需要注意的一点是其不受语境的影响。例如,句P和句Q即使加上「優子はヨーロッパが大好きなのだ」「優子は実はフランス語が少し話せるだけで、ほかの外国語はほとんどできない」「ゆくゆくは永住するつもりだ」等信息,也不会改变句P蕴涵句Q的关系。

一个语句的所有蕴涵命题的集合表达了该语句的意义。利用蕴涵概念可以定义句子之间的许多语义关系,比如同义关系、对立关系等。两个句子是同义的,当且仅当它们具有完全相同的一组蕴涵命题;或者说,它们两者相互蕴涵,即一个为真,另一个必真,例如,在任何时候都不可能句P真、句Q假,反之亦然,它们两者相互蕴涵,因此是同义句。蕴涵是句子表达的基本信息,在言语交际中起重要作用。

第三节　会话含意的类别

格赖斯把含意分为两种,即“规约含意”(conventional implicature/慣習的含意)和“会话含意”(conversational implicature/会話の含意)。

格赖斯认为非规约性含意(non-conventional implicature/非慣習的含意)就是会话含意,或者更确切地说,会话含意属于非规约性含意。

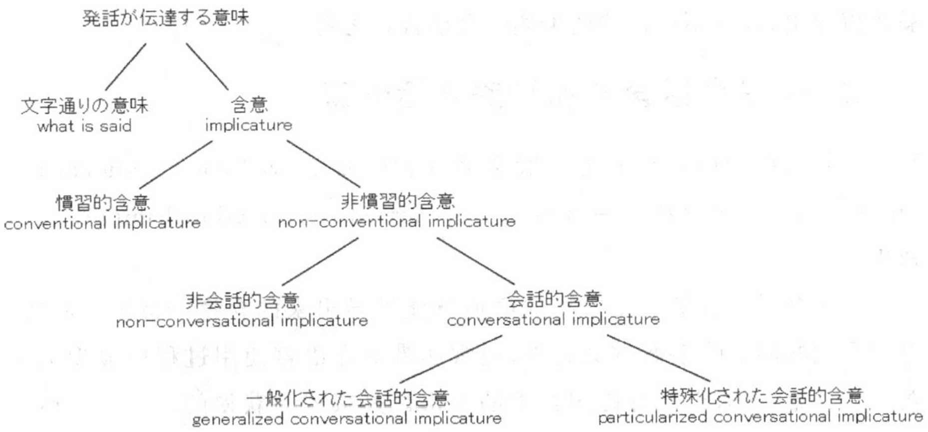

图 4-1　话语意义的分类[①]

一、规约含意

规约指的是约定俗成的常规、惯用表达或人们日常生活中普遍认同的常识。规约性意义(conventional meaning/慣習的意味)是语句的字面意义，仅凭语言知识而无须语境知识就可以知道。词语的规约性意义除了帮助确定语句“所言(what is said)”，在有些情况下也会帮助确定其“所隐含(what is meant)”。比如：

(26)A：玲子はまだ来ないのか。

B：玲子はまだですけど。

这个对话中，A 的本意不是询问玲子来了没有，而是提议「夕食をしようか」。B 的回答「玲子はまだですけど」的重点不是她来没来，而是「玲子がまだですから、もう少し待ったらどうでしょう」。这种对话是以「夕食は玲子と一緒に食べる」为前提(presupposition/前提)的，如果没有这个前提，谈话就很难进行下去。可见话语的隐含意义可以通过有据可依的逻辑推理来

① 引自春木茂宏.会話における推論[M]//中島信夫.語用論.東京：朝倉書店，2012：45.

获得。格赖斯称这种含意为规约含意。规约含意由于借助前提和逻辑知识就可以导出，因此不在格赖斯论述的会话含意之列。

二、一般会话含意和特殊会话含意

格赖斯将会话含意分为一般会话含意（generalized conversational implicature，GCI）和特殊会话含意（particularized conversational implicature，PCI）。

一般会话含意指不需要特殊语境就能推导出来的含意。言语交际时，某种形式的词语除字面意义之外，通常还带着在语言使用过程中显现的某类隐含含意，这对于具有语用常识的人来说是很容易获得的。一般会话含意和规约性含意的相同点在于两者都和语句本身有关，都是上下文中的含意，人们只要依据一般常识就可悟出。而两者的差异在于，前者和语言使用常识相关（具体涉及不定指名词在特定的上下文中的指称），而后者却要通过逻辑常识来识别。

特殊会话含意指需要依赖特殊语境才能推导出来的含意。下面我们分析一般会话含意与特殊会话含意的区别。

(27)A：ここはどこですか。

B：ここは図書館です。（ここは本がたくさん置いてあり、本を閲読したり借りたりすることができるところです。）

(28)【在图书馆看到有人吸烟】

ここは図書館です。（ここでたばこを吸ってはいけない。）

例(27)中B是对A的回答，通过字面意义提示"这里存放有很多书并且可以借阅"，这是一般会话含意。但下面的例(28)虽然在字面上与(27)一样，由于"看到有人在吸烟"的语境制约，"这里是图书馆"便产生了另外一个意思——"这里禁止吸烟"。这种字面意义以外的意思（言外之意）就是格赖斯所说的"特殊会话含意"。再看下面的例子：

(29)A：何時ですか。

B：もう帰ったお客さんがいます。

下線部のGCI：すべてのお客さんが帰ったわけではない。

下線部のPCI：遅い時刻に違いない。

(30)A：ジョンはどこですか。

B：もう帰ったお客さんがいます。

下線部のGCI：すべてのお客さんが帰ったわけではない。

下線部のPCI：たぶんジョンは帰っただろう。

由此看来，语境是使字面意义（显性表达）产生言外之意（隐形表达）的关键，是区别一般会话含意和特殊会话含意的标准。

第四节　会话含意的特征

会话含意是可以被推测到的，但也可以被取消，得到加强。在格莱斯看来，会话含意具有以下五个特征：可取消性（cancellability/取り消し可能性）、不可分离性（non-detachability/分離不可能性）、可推导性（calculability/計算可能性）、非规约性（non-conventionality/非慣習性）、不确定性（indeterminary/不確定性）（列文森，1983：114-118）。

一、可取消性

列文森（1983）说过，格赖斯会话含意的特征中最重要的是会话含意的"可取消性"。可取消性一般由两个因素引起：一是说话者在原先的话语上附加了一个分句、词语或结构来表明（或暗示）自己要取消原来话语的会话含意；二是在特定语境中用话语表明（或暗示）说话者意欲取消它的会话含意。例如：

(31)A：コーヒーでも飲まない？

B1：私、コーヒーは苦手なんだ。

B2：私、コーヒーは苦手なんだ。でも、今日は飲んでみようかな。

（加藤，2004:75）

上述例句中，针对 A 的邀请，B1 的回答可以被理解为「コーヒーは飲まない」，表示拒绝。但如果像 B2 那样附加一个分句「でも、今日は飲んでみようかな」，先前的含意「コーヒーは飲まない」就被取消，变成接受邀请的含意。

会话含意不是话语的规约意义，而是结合合作原则中的各项准则、话语的字面意义以及语境推导出来的。字面意义在话语中是不变的，会话含意则随着语境的不同而变化。上述话语「私、コーヒーは苦手なんだ」若在其他语境中则可能产生其他的会话含意。例如：

（32）A：お客様に何を出しましょうか。紅茶かコーヒーか日本茶か…

B：紅茶なら上手に入れられるけど、私、コーヒーは苦手なんだ。

（加藤，2004:76）

上例中的「私、コーヒーは苦手なんだ」表示的是「コーヒーをいれるのはいやだ」这样的会话含意。

（33）あっ、窓が開いてる！

（加藤，2004:76）

假如有人突然这样说，该如何理解呢？如果后续有「せっかく暖房いれているのにもったいないよ」这样的话语，则可以理解为「窓を閉めるべきだ」；如果后续是「涼しい風が入ってきて気持ちいいね」的话，则是「窓は開けておいてよい」的意思。可如果没有后续的话语，该如何推导会话的含意呢？一般可以通过室温的高低等状况来判断。如果外面突然下起了倾盆大雨，那么我们可以推导出「雨が入らないように窓をしめるべきだ」这样的含意。

（34）【庭野和同事在看一个流行的节目，宅间也很喜欢那个主持人】

庭野：今朝の「モニモニモーニング」です。

宅間:見たよ…でもまた見ちゃお!

(『家を売る女』)

上例中,得知庭野他们在看那个节目之后,宅间先表明自己看过了,一般来说他的会话含意是不会再看了,但紧接着他又说了句「でもまた見ちゃお!」,可以说是取消了前面的会话含意。

由此可以看出两点:一、推导会话含意需要考虑话语的语义并运用一般常识;二、推导会话含意就是推导交际双方在遵守合作原则的前提下说出的话语的种种解释,而这些解释随语境不同又可以有无数个,因而会话含意是不确定的。

(34)A:ガソリンを切らしてしまった。

B:すぐそこにスタンドがある。

(格赖斯,1989:32)

「すぐそこにスタンドがある」一句带有这样的含意:你也许可以从那里买到汽油。但若在该句之后加上"不过它这时已经关门了",先前的含意("你可以从那里买到汽油")就被取消了。

(35)A:今何時?

B:牛乳配達はもう来たよ。

(列文森,1983:98)

上例中,表面上看B的回答没有准确地回答"现在几点",没有遵守"关系准则"。但是假如A和B都知道送牛奶的人每天都准时来送牛奶的话,B的回答就有了前提,所回答的内容就可以得到A的理解——「今の時刻は牛乳配達の人が来る時間より遅い」。所以,在某种意义上,遵守关系准则不是字面意义上的关联,而是会话含意上的关联。

(36)【在高雅的茶会上】

A:X 夫人はあばずれ女だな。

B:この夏は好天に恵まれましたね。

例(36)的会话含意可能是「Aの発言が失礼で取り合うべきではない」,也有可能是B发现X夫人的家人站在A的后面而A并没有注意到,所以B认为不应该再继续说对X夫人不利的评价而故意转换了话题,或者以此给A一个暗示。

二、不可分离性

会话含意是运用合作原则中的各项准则,尤其是对准则的违反,根据话语的语义内容,再结合语境推导出来的,因此它依附于特定的语境信息,而不仅是话语形式及语义内容的直接再现。我们不可能通过同义互换将依附于话语内容的语用含意(pragamatic force/語用論的効力)从话语中分离出来。如果话语在特定语境中产生了语用含意,则无论使用何种同义结构或形式,含意都将始终存在。

例如,太郎考试得了零分,大家嘲笑他说「太郎は天才だ」,这当然是讽刺,而改说下面任何一个话语,其含意依然存在。

(37)a.太郎は頭がいい。

b.太郎は反応が早い。

c.太郎はノーベル賞が取れる。

三、可推导性

会话含意的特征之一是可推导性,而含意推导离不开对话双方都遵守合作原则这一假定前提。格赖斯在*Logic and Conversation*(逻辑与会话)一文中明确给出了会话含意的推导步骤:

说话者说了P;听话者没有理由认为说话者没有遵守会话准则,或者至少认为说话者是遵守合作原则的;在这一前提下,说话者说P的意图肯定是传达Q;说话者知道(而且知道听话者知道他知道)听话者明白说话者要求听话者识别 Q；而且说话者没有做任何事情来阻止听话者这么认为；所以说话者有让听话者识别他的这一意图，至少有让听话者这么认为的意愿；因此听话者可推导说话者通过说 P 暗含了 Q(Grice，1989：31)。

四、非规约性

会话含意是根据合作原则中的各条准则，分析话语的字面意义并结合语境推导出来的。它具有语境条件下的特殊性，受制于语境，并随语境的变化而变化，因此不可能具有恒定的、规约性的意义。

(38)ここ、ちょっと寒いね。

上例在某一特定语境中可表示"关窗"或"关门"的含意；但在另一语境中，也可表示"请开暖气"的含意，或隐含"为什么不在我回家之前提前打开空调使房间变得暖和"这样的信息。可见会话含意是非规约性的。

五、不确定性

不确定性是指同一话语或结构在不同的语境条件下可能隐含不同的语用信息，因为特定会话含意的产生受制于特定的语境条件，并随语境条件的变化而变化。

(39)どちらのご出身ですか。

a.純粋な情報要求の質問（役所のカウンターなどで）

b.驚きを伴っての質問（どうみても日本人なのに、日本生まれじゃないと聞いて）

c.ある推測を確かめるための質問（言葉のなまりから関西地方出身だと予測して）

d.あなたがどこの出身地か考えでもみてよ、関西人なのだからこんなこと知っていて当然ですよ、というような意味での質問

e.変な言葉遣いをした人に、冗談半分で、それは一体どこの地方の言葉ですか、というような意味での質問

（福田，2004：37）

如上例所示，在不同语境中，该话语传递的含意可以是多样的。只有根据具体的语境，才能确定话语具有哪一种或哪几种含意。

本章首先介绍了会话含意的定义、类别及主要特征。接着介绍了“合作原则”及准则的内容，表明并不是所有违反会话准则的情况都是为了产生会话含意。最后介绍了会话含意的推导过程，揭示了格赖斯的会话含意理论的特征。

研究思考题

1.观察周围朋友的对话，看看会话者有哪些遵守或违反“合作原则”的情况，并思考原因。

2.收集汉语和日语的语料，举例说明会话含意的种类与特征。

本章参考文献

[1]陈新仁.汉语语用学教程[M].广州：暨南大学出版社，2017.

[2]何自然，冉永平.新编语用学概论[M].北京：北京大学出版社，2009.

[3]孟瑾.日语语用学研究[M].北京：高等教育出版社，2009.

[4]俞东明.什么是语用学[M].上海：上海外语教育出版社，2011.

[5]加藤重広.日本語語用論のしくみ[M].東京：研究社，2004.

[6]小泉保. 言外の言語学：日本語語用論[M].東京：三省堂，1990.

[7]小泉保. 入門語用論研究：理論と応用[M].東京：研究社，2001.

[8]ジェニー・トマス.語用論入門：話し手と聞き手の相互交渉が生み出す意味[M].浅羽亮一，監修.田中典子，訳.東京：研究社，1998.

[9]春木茂宏.会話における推論[M]//中島信夫.語用論.東京：朝倉書店，2012：33-52.

[10]福田一雄.コンテクストの多次元性と会話意の生成:いわゆる「間接発話行為」再考[J].「理解」の成立のプロセスに関する学際的研究，2004(3):13-37.

[11] GRICE H P. Logic and conversation[M]//COLE P, MORGAN J L. Syntax and semantics: speech acts. New York: Academic, 1967.

[12] GRICE H P. Studies in the way of words[M]. Cambridge, MA: Harvard University Press, 1989.

[13] LEECH G N. Principles of pragmatics[M]. London: Longman Group Limited, 1983.

[14] LEVINSON S C. Pragmatics[M]. Cambridge: Cambridge University Press, 1983.

第五章　礼貌原则与礼貌策略

格赖斯的“合作原则”作为传达信息的手段，是一条非常有效的交际原则(communicative principle/伝達原則)，但在日常的言语行为中，既有遵循“合作原则”的时候，也有故意违反此原则的时候。例如，在拒绝言语行为中，各种心理要素混杂在一起从而产生了一定的复杂性，只遵守“合作原则”很难达到良好的沟通效果，这个时候就会发生脱离、违背合作原则的现象。

20 世纪 80 年代初期，英国语言学家利奇(Leech/リーチ)在基本支持格赖斯理论的前提下，又进一步提出“礼貌原则”(Politeness Principles/ポライトネスの原理)。“礼貌原则”是对“合作原则”的补充和完善，在理解“合作原则”为何是必需的，以及解释字面意义和言外之意的关系方面具有更强的说服力。例如：

(1)a.さあ、入って。

b.もしよろしければどうぞお入り下さい。

(小泉，2001:124)

分析这两句话，一般会认为与(1)a 相比，(1)b 的话语更加“礼貌”。学者们认为这不是单纯的表达问题，而是背后有某些原理起着作用，这是我们研究“礼貌”(politeness/ポライトネス)的目的。

第一节　礼貌原则

利奇(1983)[①]认为，交际中人们之所以能有效地使用语言，是因为交际双方共同遵循了人际言语交往的一系列语用原则(pragmatic principle/語用論的原則)。"礼貌原则"就是其中一条重要的语用原则。它约束着人们的语言活动，帮助减少交际双方的摩擦和矛盾，促使交际者得体地使用语言，从而取得交际的成功。利奇将"礼貌原则"划分为六类，每类包括一条准则和两条次则。

①得体准则(Tact Maxim/気配りの原則)：减少表达有损于他人的观点。

a.尽量让别人少吃亏(他者の負担を最小限にせよ)

b.尽量让别人多受益(他者の利益を最大限にせよ)

得体准则主要用于指令和承诺。在日常会话中，如何把握好得体准则是十分重要的。比如，在日语中，寻求对方帮助时一般要用「ちょっと」(稍微)，如果用「おおいに」(多多地)就失礼了。例如：

(2)A：ご迷惑でしょうが、ちょっと手伝っていただけませんか。

B：たいしたことはできませんが、手伝わせていただきます。

面对对方的请求，回答一方一般要表明自己出力微薄，采用认可对方恩惠的形式才符合谦逊准则。

②慷慨准则(Generosity Maxim/寛大性の原則)：减少表达利己的观点。

a.自己の利益を最小限にせよ(尽量让自己少受益)

b.自己の負担を最大限にせよ(尽量让自己多吃亏)

---

① LEECH G N. Principles of pragmatics[M]. London：Longman Group Limited，1983.

慷慨准则要求我们从对方的立场出发，考虑对方的背景、困难与愿望，尽量满足对方的要求，扩大对方的利益。

日本人在向客人敬茶点时常说「おひとつ、どうぞ」(请尝一个)，这似乎是违反了"慷慨准则"，但是利奇分析说实际上并非如此。他认为「おひとつ、どうぞ」虽然可以理解为小气，但是"推荐超过一个的话，就等于是暗示了该食物有品尝的价值"，所以少量劝食反而遵循了"谦逊准则"的结果。

虽然日语中也有「たくさん召し上がってください」(请多吃点)的说法，但「おひとつ、どうぞ」是掺杂着让步的含意、以不值得吃为前提的谦逊表达。意思是「(お口に合わないと思いますが)おひとつ、どうぞ」。

(3)「こんなもの、お一ついかがです。祝いものでございますから、お慰みに一口召上ってみたら。」

(『雪国』)

(4)白石：土鍋丸ごと茶わん蒸しです。暖かいうちにどうぞ。お口に合うといいんですけど。

凪　：おいしいです！卵がふるふるで。

(『凪のお暇』)

像例(3)、例(4)那样，主动为对方提供便利就是符合礼貌原则的，因为从说话者的角度来说，他们受益少、受损多。该准则是以说话者为出发点进行礼貌判断的。

③赞誉准则(Approbation Maxim/是認の原則)：减少对他人的贬损

a.他者への非難を最小限にせよ(尽量少贬低别人)

b.他者への賞賛を最大限にせよ(尽量多赞誉别人)

在日常生活中，真诚合适的赞誉在满足对方心理的同时，还有利于缩短双方的距离、让气氛更融洽。

(5)A：まあ、ご立派なお庭でございますわねえ。芝生が広々としていて、結構でございますわね。

B：いいえ、何ですか、ちっとも手入れが行き届きませんものでございますから、もう、なかなか、いつもきれいにしておくわけにはまいりませんのでございますよ。

这是两位贵夫人 A 和 B 的一段寒暄话语，利奇解释说，这里支撑 A 夫人的说恭维话的"赞誉准则"与维护 B 夫人的自谦说法的"谦逊准则"发生了冲突。但"赞誉准则"和"谦逊准则"并不直接限制语言表达，而是跟我们所属的文化社会的类型和思考方式的定向有关。

④谦逊准则(Modesty Maxim/謙遜の原則)：减少对自己的表扬

a.自己への賞賛を最小限にせよ(尽量少赞誉自己)

b.自己への非難を最大限にせよ(尽量多贬低自己)

日本人在邀请对方品尝自己手艺时或给对方送礼物时经常使用贬低自己的表达方式，例如：

(6)「そんなに立派な食事作ることなかったのにさ。」と僕は言った。

「ぜんぜん立派じゃないわよ。」と緑は振り向かずに言った。「昨日は私忙しくてろくに買い物できなかったし、冷蔵庫のありあわせのものを使ってさっと作っただけ。だから全然気にしないで。本当よ。」

(『ノルウェーの森』)

给别人东西就是施恩惠于他人，为了不给对方造成心理负担，需要采取贬低自己所赠之物的方式达到让对方轻松接受的目的。日语中类似的表达还有「つまらないものですが」等。但需要注意的是，不同文化背景下人们可接受的谦虚度是不同的。过度的谦逊有可能会降低说话者的可信度，被对方视为一种比较虚伪的表现。所以需要注意把握尺度。

⑤一致准则(Agreement Maxim/合意の原則):减少自己与别人在观点上的不一致。

a.自己と他者の意見相違を最小限にせよ(尽量减少双方的分歧)

b.自己と他者の合意を最大限にせよ(尽量增加双方的一致)

“一致准则”的具体内容是:减少自己与别人观点不一致的表达,尽量增加双方的一致。在日常生活中,意见或分歧总是存在的,需要尽可能求同存异。

(7)【ゴン邀请凪一起开车去兜风】

ゴン:たまに来るんだ～。ベンチもあって、まったりできるし、凪ちゃん好きかなって。

凪　:好きです。

(『凪のお暇』)

上例中,「ゴン」借了朋友的摩托车带「凪」去了海边,因为想着「凪」应该会喜欢。「凪」的回答与「ゴン」的想法一致,遵循了“一致准则”。

(8)【杉崎邀请南来自己的事务所工作】

杉崎:南ちゃん。あのさ、もしなんだけど、よかったら、うちの事務所来ない? 俺のアシスタントみたいなことやらないかな、ちょうど人ほしいと思ってたんだ。

南　:アシスタントなんて、とんでもないですよ。私、写真のこと全然わからないですから。

杉崎:大丈夫、すぐ慣れるよ。

南　:とりあえず、ちょっと考えさせて下さい。

(『ロングバケーション』)

如上例所示,日本人在拒绝对方时,一般较少直接拒绝,可以使用「よく考えておきます」(我考虑一下)等表达方式来礼貌地拒绝。

⑥同情准则(Sympathy Maxim/共感の原则):减少自己与他人在感情上的对立。

a.自己と他者との反感を最小限にせよ(尽量减少双方的反感)

b.自己と他者との共感を最大限にせよ(尽量增加双方的同情)

"同情准则"的具体内容是:减少自己与他人在感情上的对立,尽量求得互相同情。在日常会话中,关键是要显示出自己与对方共同的心情。例如:

(9)A:来週数学の試験があるが、教科書をなくしました。

B1:本屋は日曜日は閉店しないそうです。

B2:お気の毒に。

B3:だめだよ。数学は難しそうです。

B4:さあ、先輩の知り合いに借りてあげますよ。

上面的例子中,从 B1 到 B4 的应答的同情程度是依次递增的。

概括地说,利奇的"礼貌原则"的六项准则就是在其他条件相同的情况下,尽量缩小不礼貌的表达,尽量扩大礼貌的表达。把一些对听话者或第三者来说是不礼貌的话语略去不说,或是委婉地、间接地表达出来。

在交际过程中,各准则之间可能会产生冲突。一方面,遵守其中某个准则的同时可能会违背另一个准则,这是"礼貌原则"的准则之间的冲突;另一方面,"礼貌原则"的准则可能会与"合作原则"的准则产生冲突。一般情况下,当冲突发生时,说话者应该优先考虑"礼貌原则"。因为会话中的"合作原则"在会话中起着调节说话者说话内容的作用,使说话者能够假设在对方乐于合作的前提下进行交际。但"礼貌原则"能维护交谈双方的均等地位和他们之间的友好关系,具有更高一层的调节作用,是有效交际的大前提,所以可以牺牲"合作原则"下的准则而维护"礼貌原则"。而只有在某些交际双方把信息的交流视为最高目标的合作性交际活动中,"礼貌原则"才可以让位于"合作原则"的各项准则。

利奇还指出,"礼貌原则"具有维持社会平衡和友好关系的作用,违背"合作原则"的根源在于礼貌。例如,说话者想要礼貌地拒绝他人的邀请时,直接地回答“不去”并不是唯一的方法，也可以假装还有其他的约会要去，使用这种方法也算是一种遵循“礼貌原则”的言语行为。

第二节 礼貌策略

一、礼貌策略理论

继利奇的“礼貌原则”之后，布朗和列文森(1987)又提出了新的礼貌模式：礼貌策略理论(Universal Theory of Politeness/ポライトネス理論)。面子(face/フェイス)是他们理论中的核心概念，包括积极面子(positive face/ポジティブ・フェイス)与消极面子(negative face/ネガティブ・フェイス)①。所谓“积极面子”是指希望被他人接受或被对方认同的愿望。所谓“消极面子”是指不想被打扰、被冒犯的愿望。因此他们有关礼貌问题的论述也相应地分为积极礼貌(positive 礼貌策略/ポジティブポライトネス)与消极礼貌(negative 礼貌策略/ネガティブポライトネス)。“积极礼貌”是考虑到对方的积极面子的言语表达行为；而“消极礼貌”是考虑到对方的消极面子的言语表达行为。

布朗和列文森的“礼貌策略理论”认为，礼貌是减轻某些交际行为给面子带来威胁的意图的表达，即为听话者和自己面子的需要所做的努力，因此称礼貌为“策略”。这种礼貌策略就是表明没有威胁面子意图的策略。

布朗与列文森的“礼貌策略理论”的一大特点在于推动了跨文化间礼貌原则的比较研究。特别是他们提出的“面子威胁行为”(Face Threatening Acts/フェイス侵害行為，以下均略为 FTA)，使得不同语言之间的礼貌程度及倾向具备了可比性。

布朗与列文森认为，人们话语中的有些言语行为在本质上是威胁面子的。换言之，在话语等言语交际中，有些言语行为使交际双方的积极面子和消极面子或多或少地受到威胁。因此人们在交际中要采取一定的礼貌策略

① positive face 汉语也译作“正面面子”，negative face 汉语也译作“负面面子”。

来减缓对面子的威胁。如下图所示：

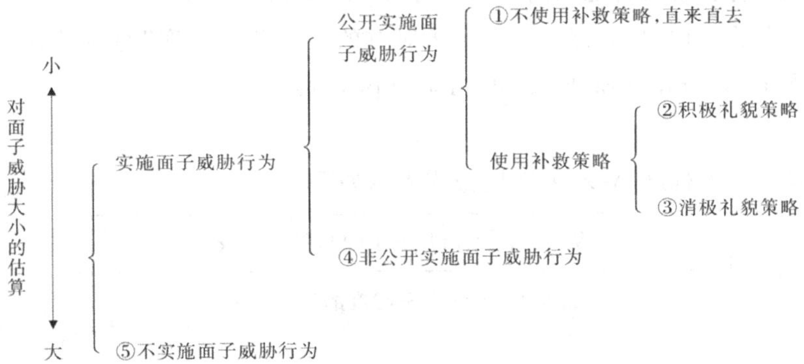

图 5-1　礼貌策略选择状况①

如图 5-1 所示，越是选择数字小的策略，丢（使丢）面子的危险就越低。相反，越是选择数字大的策略，危险性就越高。以从左向右分支的顺序来看，首先要通过判断决定是否行使 FTA。如果威胁面子的危险性太大的话，就不实施 FTA（什么都不做）。如果决定行使 FTA 的话，就要进一步选择是使用“公开实施 FTA”（on record/オン・レコードで）还是“非公开实施 FTA”（off record/オフ・レコードで）。使用“公开实施 FTA”策略的时候，要选择是否使用补救策略（redressive action/補償行為）。丢（使丢）面子危险性最低的时候（例如紧急的、语力关系清楚的情况），可以不使用补救，果断地实施 FTA。例如危及生命的情况，即使向陌生人喊叫「助けて！」也不会被认为是无礼的。使用补救策略时，可以采用两方面的策略。与积极面子相适应的方法是采取合作、不拘形式、亲密等形式的积极礼貌策略。相反，与消极面子相适应的方法是使用克制、拘谨、敬而远之等形式的消极礼貌策略。

既然许多言语行为都威胁了面子，那么如何估算威胁面子行为的程度呢？布朗和列文森认为，威胁面子的程度主要取决于以下三个因素：

---

① 引自毋育新.话语礼貌理论在中国的研究现状及展望[J].汉日语言对比研究论丛，2020(11)：91-111.

说话者和听话者之间的社会距离(social distance, D);
说话者和听话者之间的相对权势(relative power, P);
特定的文化中,某行为(x)“给予对方的心理负担程度”的绝对意义上的顺序(absolute ranking of imposition, Rx)。

威胁面子程度(Wx)可以用公式表示如下:

$$Wx=D[S,H]+P[H,S]+Rx$$

图 5-2 威胁面子程度的计算公式

Wx 是指威胁面子行为的大小,D[S,H]是指说话者和听话者之间的阶层的距离,P[H,S]是指说话者对听话者所拥有的权势,Rx 指的是言语行为 X 的“给对方的心理负担程度”,也可以称之为“负荷度”。强加等级是指说话者将自己的意志想法强加于听话者之上,在不同文化背景下同一行为的强加程度可能会不同。三种变量之间的关系为:说话者和听话者之间的社会距离越大,或者听话者对于说话者来说所拥有的权势越大,那么说话者的言语行为对于听话者来说强加程度就越大,这时说话者的言语行为威胁面子的程度就越大。因此交际者需要依据这三个变量之间的关系,选择适宜的礼貌策略来保全面子。

不过,在很多学者看来,布朗和列文森(1987)的面子理论,尤其是其关于消极面子及其面子威胁行为的界定,是建立在西方英语文化的基础之上的,忽视了东方文化的特性,无法对特定文化中面子和礼貌的关系以及面子的属性作出完全合理的解释。但不得不说的是,以各个变量的值为基础可以综合地计算出威胁面子的程度,这使得不同语言之间的礼貌程度及倾向具备了可比性。

另外,布朗和列文森还具体给出了策略(2)“使用积极礼貌策略”的 15 个子策略,策略(3)“使用消极礼貌策略”的 10 个子策略,以及策略(4)“非公开实施面子威胁行为”的 15 个子策略,这也是该理论的一大亮点。

二、积极礼貌策略

布朗和列文森的“礼貌策略理论”中的“积极礼貌策略”是比较难理解的

部分，原因在于该策略包含的众多子策略与日常生活中汉语所说的“礼貌”或是日语所说的「丁寧さ」不尽相同，甚至相去甚远。布朗和列文森的积极礼貌策略主要可以被概括为以下三点：

①积极礼貌策略是顾及听话者的积极面子、减轻 FTA 的行为。说话者通过表明自己与听话者之间存在某些共同点来满足对方的积极面子。例如：

(10)【凪与龙子第一次在职业介绍所见面时】

凪　：すごいです、坂本さん。前向きでまぶしい！

龍子：いやいやいや、とか言っちゃって、面接落ちまくってるんですけど。でも、それも捨てたもんじゃなかったかも。こうして職探してたから、大島さんと会えたんですもんね。…とか言っちゃったりして。

凪　：私もです。勇気出して声かけてよかった。こんなふうにお話できて。

龍子：あの…もし、よかったら、お茶でも…大島さんともっとお話ししたいです。

凪　：もちろんです。

(『凪のお暇』)

例(10)是两位二十多岁的年轻女性凪与龙子在“职业介绍所”相遇后的对话，凪通过对龙子的称赞、对龙子的话语表示赞成和表明同感等方式，满足了对方的积极面子。

②积极礼貌策略的表达方式类似于与关系亲密者(intimates)说话时所使用的表达方式。二者的区别在于积极礼貌策略往往通过夸张地使用强调亲密感的表达方式，达到满足对方积极面子的目的。

(11)【桃子在街上偶遇南】

桃子：先輩！

南　：あれ！桃ちゃん。

桃子：あれ！どうしたんですか？そのかっこう。
南　：あ、これ？面接、だけど、ダメ。今日も全然手ごたえなし。桃ちゃん、何やってるの？
桃子：お供ですよ、あいつの。先輩仕事やめちゃったから、私が代わりについてきたんです。

（『ロングバケーション』）

上例中，桃子与南在街上偶遇，她们曾经在同一家事务所当模特，关系很亲密。这一点从她们对对方的称呼语可以看出来，尤其南称呼桃子为「桃ちゃん」属于使用“集团身份标志语”的积极礼貌策略。桃子注意到南的衣着与平时不一样，问的「どうしたんですか？そのかっこう」也是表示说话者注意到听话者（的兴趣、欲求、需要、所有物）的积极礼貌策略。此外，桃子最后一句话中的「あいつ」（对话题中第三者的不太礼貌的称呼语）指的是之前直接导致南丢掉工作的新人模特，也可以被视作以共同立场为前提展开话题的积极礼貌策略。

③积极礼貌策略不仅有减轻 FTA 的功能，从总体上来说，它还是一种“社会润滑剂”（social accelerator）。说话者通过使用积极礼貌策略可以向对方传递想拉近双方距离的愿望。

从上述三点可以看出，积极礼貌策略的核心内容是：关心、理解对方的个性，以双方拥有共同的需求和背景知识为前提，强化和对方的亲密关系。

三、消极礼貌策略

消极礼貌是以回避为基础的策略，说话者通过承认并迎合对方的消极面子需要，以不干涉对方的行动自由来满足对方的消极面子。例如使用婉转迂回、模棱两可的表达方式。布朗和列文森的消极礼貌策略主要可以被概括为以下三点：

①消极礼貌策略是表达敬意的核心，消极礼貌策略相当于迪尔凯姆

(1999)所言的消极礼仪[①],也就是回避的礼仪。

②消极礼貌策略能减轻 FTA 给对方带来的负担。消极礼貌策略常见于西欧文化中,是西欧文化中减轻 FTA 最有效的方法之一。

③消极礼貌策略是拉开社会距离的最有效方法,想与听话者保持距离时使用该策略。

从上述三点可以看出,消极礼貌策略的核心内容是“顾及距离、表达敬意”。日语敬语的功能正是如此。布朗和列文森考虑到了日语、韩语等语言中的敬语,在消极礼貌策略的子策略中提到了这点,其中的第 5 条子策略就是“表达敬意”。

第三节　日语的礼貌策略

一、日语的积极礼貌策略

下面将参照滝浦真人(2008:34-36)的解释,结合具体用例对布朗和列文森所提出的 15 种积极礼貌策略分别进行说明。

(一)策略①表示说话者注意到听话者(的兴趣、欲求、需要、所有物)[Notice, attend to H(his interests, wants, needs, goods)]

说话者注意听话者的情况,采取预先肯定听话者的欲求或关心的表达方式。

(12)【我闻注意到凪穿了不同风格的衣服】

我聞:どうしたの、その服?

凪　:エリィさんとこで買った。変?

---

① 迪尔凯姆(1999)认为,对神圣物的态度可用礼仪(rites)来表示,礼仪可分为为了使圣洁性不受玷污而将其与俗物隔离开的“消极礼仪”,和在保持圣洁性的前提下满足一定条件后可以接近神圣物的“积极礼仪”。

我聞：いや、似合ってる。

（『凪のお暇』）

例如，上例中的「どうしたの、その服」就是关注到了对方衣着的变化而说出的话语。

（二）策略②夸张（自己对听话者的兴趣、赞同、同情）[Exaggerate (interest, approval, sympathy with H)]

（13）【悦子收到心仪的出版社的录取通知，向大家汇报】

悦子　：受かった！景凡社受かった！

みんな：わぁ、本当？悦ちゃん、すごーい！おめでとう！

（『地味にすごい！校閲ガール・河野悦子』）

（14）「ワタナベ君、あなたってすごいわねえ」と緑は感心して言った。「あの人ものを食べなくてそれでみんなすごく苦労してるのに、キウリまで食べさせちゃうんだもの。信じられないわね、もう」

（『ノルウェイの森』）

上例都是通过对听话者夸张的赞扬显示出自己对听话者的兴趣。

（三）策略③提高听话者的兴趣（Intensify interest to H）

让对方产生身临其境的感觉（“描写出来的现在”）。例如：

（15）朝起きて時計見たら9時過ぎてんの。やべっ！って超ダッシュで家出て駅ついたら、「本日は休日運転のため…」とか言ってて。それって祝日じゃん、まじしんじらね～！

（滝浦，2008：35）

(四)策略④使用"集团身份标志语"(Use in-group identity markers)

(16)A:かおりん、おはよ～! 2限なに?

B:チャイ語の読解。

A:だれ?

B:ヨッシー。

A:あー、がんばってね～

(滝浦,2008:35)

上例中的「かおりん」「ヨッシー」属于只有小集团内部的人才会用的昵称,「チャイ語」是「中国語」的俗称,这些"集团身份标志语"的使用显示出说话者与听话者的亲密关系。

(五)策略⑤寻找共同点(Seek agreement)

最常用的方法是会话时谈论一些"安全的话题",如天气如何、院子多么漂亮,等等。即谈论容易取得一致的、稳妥的话题。例如:

(17)「ええ、どうぞ、どうぞ、ええ天気ですもんな。谷沿いの道はこないだの雨で崩れとるんで危いですが、それ以外なら大丈夫、問題ないです」と門番は言った。レイコさんは外出者リストのような用紙に直子と自分の名前と外出日時を記入した。

(『ノルウェイの森』)

(六)策略⑥避免不一致(Avoid disagreement)

说话者和听话者之间实际上存在不一致或双方没有共同的背景时,为了回避语言上的不一致,需要找到一些表面上的、虚拟性的一致点。除此之外,"善意的谎言"也是回避不一致的一个方法。

(18)【河野悦子与公司前台的女孩子们闲聊】

河野：で、わたしのこと陰でなんて呼んでるの？
後輩 1：オシャかわです。
河野：オシャかわ、どういう意味？
後輩 1：…（気まずい顔をしている）
後輩 2：え、オシャレでかわいいって意味ですよ。
河野：えっ、何それ、やだ、もう～！ 本当のことばっかり！
後輩たち：（笑い）
河野：じゃあ、今日もいい一日しようね～。

（『地味にすごい！ 校閲ガール・河野悦子』）

上例中，河野悦子和前台的两位年轻女孩聊天，问对方平时是如何称呼自己的。结果一个后辈不小心说出了她的绰号「オシャかわ」，通过剧情可以知道其真实含意是「校閲部のような地味な部署でオシャレしても無駄でかわいそう」，但显然不适合对河野和盘托出。所以她只好沉默。这个时候另外一个后辈将其解释为「オシャレでかわいいって意味ですよ」。河野听后心情大好，可见有时为了保全对方的面子，善意的谎言也是有必要的。

（七）策略⑦预设共同立场，或以此为前提展开话题（Presuppose/raise/assert common ground）

(19)【南和濑名在公寓聊天】
南　：こういうことだ。
瀬名：何が？
南　：ほら、私って自分がうれしいと夢中になっちゃって。人がとまどってるの。目に入らないとこあるじゃない!? ほら、この間、瀬名君も言われたじゃない？「人の気持ちや状況が見えない」って。
瀬名：いや、あれは…

（『ロングバケーション』）

上例中，南的话语中出现了两次「～じゃない？」，这个表达形式就是以双

方处于共同立场为前提展开话题的一种形式。

(八)策略⑧开玩笑(Joke)

说话者和听话者可以通过开玩笑这一行为确认双方是“可以一起玩儿的关系”。也就是说,互相开玩笑这一行为可以证明双方之间存在信赖关系。例如:

(20)【打算购买电视的客人与店员在交涉】

客　:そのテレビの台もつけといてえな。

店員:そんなことしたら台無しでんがな。

(滝浦,2008:35)

(九)策略⑨以说话者知道听话者的兴趣、爱好等为前提进行发言(Assert or presuppose S's knowledge of and concern for H's wants)

(21)「あなた関西の人だからそういう味つけ好きでしょ?」

「僕のためにわざわざ薄味でつくったの?」

(『ノルウェイの森』)

上例中,绿子请渡边到家里来吃饭。渡边夸她做的饭好吃,于是她说了句「あなた関西の人だからそういう味つけ好きでしょ?」,说明绿子是知道听话者的口味的。

(十)策略⑩提供、承诺(Offer, promise)

说话者声明他将来会为听话者做一些有利于听话者的事情,这是一种“行为拘束型(约束自己的行为)”的言语行为。即使该行为没被实现,说话者“声明”这一行为也可构成积极礼貌策略。例如:

(22)龍子:大島さん、恋しちゃってるんですね。任せてください。私が素晴らしい恋の参考書お貸しします。

(『凪のお暇』)

(23)「じゃあ十二時にここに来ない? ノート返してお昼、ごちそうするから。べつにひとりでごはん食べないと消化不良おこすとか、そういうんじゃないでしょう?」 (『ノルウェイの森』)

(十一)策略⑪表示乐观(Be optimistic)

说话者设想他所需要的事物听话者应该也需要。说话者认为即使说出一些不太礼貌的话,他和听话者之间的关系也不会因此破裂。例如:

(24)借りた本、忘れちゃった。今度会ったとき返せば平気だよね。

(滝浦,2008:36)

(十二)策略⑫将说话者和听话者都包括到正在进行的活动中(Include both S and H in the activity)

在说话者为了找出他与听话者之间的共同点所采取的策略中,使用较为广泛的可能是劝说形式。例如,将某件事说成与双方有关的共同行为。

(25)【医生对患者说】

じゃあお薬出しますので、それでしばらく様子を見ましょうね。

(滝浦,2008:36)

(26)【上司指出河野在工作上的失误】

上司:くれぐれもこの景凡社の一員であることを忘れずに行動しましょうね。

河野:はい!

(『地味にすごい! 校閲ガール・河野悦子』)

(十三)策略⑬给出理由(或询问)(Give or ask for reasons)

(27)【瀬名邀请南和自己一起去波士顿】

瀬名:ボストンへ行こう。今よりぜんぜん楽しいと思うから。だから、一緒にボストンへ行こう。

(『ロングバケーション』)

上例是瀬名劝说南和自己一起去波士顿,「今よりぜんぜん楽しいと思うから」是给出的理由。

(十四)策略⑭假设或主张互惠性(Assume or assert reciprocity)

(28)【南提出请瀬名吃饭】

南　:やっぱりね。サンキュー。ね、この間のお詫びにいいお店、招待する。

瀬名:なに、お詫びって?

南　:ほら、ラーメン屋のお詫び、すごくいいお店見つけちゃった。涼子ちゃんにもこの間のこと謝りたいし、ね、一緒においでよ、涼子ちゃんと二人で。

(『ロングバケーション』)

如上例所示,南所说的「この間のお詫びにいいお店、招待する」就是建立在“主张互惠性”的基础上的话语。

(十五)策略⑮给听话者礼物(物品、同情、理解、合作)[Give gifts to H (goods, sympathy ,understanding, cooperation)]

(29)【我闻与凪是恋人,婚前两家的父母第一次见面】

我聞の母:凪さんのお父様はご病気でっておっしゃいましたよね。
凪の母　:ええ、あの、この子がまだ小さいときになくなりまして。
我聞の父:女手一つで娘さんを育てるのは大変でしたでしょう。
凪の母 :親の務めですから、ありがとう。

(『凪のお暇』)

上例中,听说女方的母亲因为丈夫去世而独自抚养女儿长大,男方的父亲说的「女手一つで娘さんを育てるのは大変でしたでしょう」就是对对方表示同情的话语。

二、日语的消极礼貌策略

下面将参照滝浦真人(2008:40-41)的解释,结合具体用例对布朗和列文森提出的十种消极礼貌策略分别进行说明。

(一)策略① 使用惯用的间接表达方式(Be conventionally indirect)

比如,要请求对方做某事时不使用请求的表达方式,而只说请求的前提。

(30)日程が決まり次第、ご連絡をいただければと思います。

使用惯用的间接表达方式来实施言语行为在日语中是很常见的。

(二)策略② 使用询问、缓冲的表达方式(Question, hedge)

使用客气、委婉的表达方式。

(31)【南希望瀬名能弹一下钢琴】
南　:そうだ、せっかくこんな立派なピアノあるんだから、なんか弾いてみて。
瀬名:いや、人前じゃちょっと。
南　:いいじゃん。

(『ロングバケーション』)

消极礼貌是以回避为基础的策略，上例中，瀬名没有直接说出拒绝的话语，而是使用了「人前じゃちょっと」这样缓冲的表达方式。

(三)策略③ 悲观表达方式(Be pessimistic)

(32)【莉香告诉完治自己希望和他一起去爱媛】
リカ：明日行くことにしたからね。
完治：何それ？
リカ：愛媛にきまってんジャン。明日から休み取ってさ。うん。
完治：今からじゃ無理だよ。

(『東京ラブストーリー』)

上例中，对于莉香提出的想一起去爱媛的要求，完治没有直接拒绝，而是通过悲观表达方式「今からじゃ無理だよ」间接表示了拒绝，以减少对对方消极面子的侵害。

(四)策略④ 将施加给听话者的心理负担减少到最低限度(Minimize the imposition, Rx)

(33)南　：いや、ちょっと、ね！出だしだけ目通してくれない？

(『ロングバケーション』)

上例中，南想请瀬名替自己读信，为了使请求顺利达成，南只让对方替自己读信的开头，即将施加给听话者的心理负担减少到最低限度。

(五)策略⑤ 表达敬意(Give Deference)

(34)【我闻与凪是恋人,我闻第二次见到凪的母亲时】

我聞　:お母さん、北海道からありがとうございます。

凪の母:慎二さん、いえいえ、本日はよろしくお願いいたします。

我聞　:ご案内いたします。これ、お持ちします。

(『凪のお暇』)

上例中,我闻与未来的丈母娘第二次见面,彼此谈不上熟悉,因此互相说话都很客气,都使用了敬语来维护人际关系上的微妙距离。

(六)策略⑥ 谢罪(Apologize)

用道歉的表达方式表示谢意。例如:

(35)【杉崎帮助南组装家具】

杉崎:こんなもんかな。

南　:はい、すいません。私は一生組み立てられない。ありがとう。

(『ロングバケーション』)

上例是日剧『ロングバケーション』中的一个场景,杉崎帮助南安装家具,南使用了「すいません」这样道歉的表达方式来表示感谢之意。

(七)策略⑦ 说话者和听话者的非人称化(Impersonalize S and H)

运用"非人称化、非人格化、非个人化"和"视点的转移"等手段。将说话者和听话者"非人称化、非人格化、非个人化"。

(36)【市川迂回地询问我闻对自己的看法】

市川:あのう、どこに行っても、八方美人って言われる人のことって、どう思われますか。

我聞：八方ブスよりよくねえ？

（『凪のお暇』）

上例中，市川被同事们戏称为「八方美人」。她知道后有些难过，于是去问了自己比较信任的同事我闻的意见，但她并没有直接问对方对自己怎么看，而是使用了「どこに行っても、八方美人って言われる人のことって」这样"非个人化"的问话方式。

(八)策略⑧ 将威胁面子行为说成一般性原则(State the FTA as a general rule)

(37)【森尾告知河野，自己和折原有事要离开了】
森尾：先輩、そろそろ打ち合わせに行く流れなんで…
河野：どうぞ。

（『地味にすごい！ 校閲ガール・河野悦子』）

上例中，河野与折原聊得火热，而森尾与折原要去忙下一个工作了，作为后辈，森尾不好直接说自己想走了，于是使用了「そろそろ打ち合わせに行く流れなんで」这样的形式，将威胁面子行为说成一般性原则，从而维护了对方的消极面子。

(九)策略⑨ 运用"名词化"(Nominalize)

(38)この意味で、それぞれ異なる立場で、さまざまな問題をかかえている読者の思考に何らかのヒントや刺激を与えたり、日常生活で遭遇するさまざまな社会現象の理解の助けになることができるかもしれない。また、もしそうであったら、著者としては<u>望外の喜び</u>とするところである。

（『タテ社会の人間関係』）

上例是『タテ社会の人間関係』这本书的后记中的一段话，作者将「とてもうれしい」写成「望外の喜び」就属于运用“名词化”的例子。

（十）策略⑩ 让自己心理上负债，或者不让听话者心理负债（Go on record as incurring a debt, or as not indebting H）

（39）重くて本当に申し訳ないですが、お持ち帰りいただけたら幸いです。

（滝浦 2008：41）

“让自己心理上负债，或者不让听话者心理负债”的最典型的例子就是“给予恩惠的一方道歉”，上例中，明明是自己赠予对方礼物，说话者却使用了「重くて本当に申し訳ないですが」这样道歉的形式。

三、非公开实施面子威胁行为

非公开实施面子威胁行为属于纠正程度较强的策略，说话者通过使用暗示等间接表达方式来避免威胁对方的面子。滝浦真人（2008：42-44）对布朗和列文森提出的15种非公开实施面子威胁行为的策略分别加以说明。此处将援用滝浦真人的例句。

（一）策略① 暗示（动机或条件）（Give hints）

今日は暑かったから喉が渇くね。（→ビールでも飲みに行きたいな）

（二）策略② 给予辅助线索（Give association clues）

うち、この近くなんだ。（→ちょっと寄って行かない？）

(三)策略③ 预先假定(Presuppose)

ああ、今日もまた皿洗い当番だ!(→やらずに楽してる人がいる!)

(四)策略④ 少说(Understate)

親:おう、最近どうだ?
子:べつに、普通、かな。(→別に話したいことないんだけど)

(五)策略⑤ 多说(Overstate)

A:来々軒ってどこですか。
B:そこの角曲がったとこだけど、この辺の人はあまり行かないね。
(→まずいからやめとけ)

(六)策略⑥ 使用同义反复 (Use tautologies)

A:それ、おいしい?
B:カップ麺はカップ麺だよ。(→しょせんカップ麺、たかが知れてる)

(七)策略⑦ 说矛盾的话(Use contradictions)

A:あの人、好き?
B:好きなような、嫌いなような。(→何ともいわく言い難い)

(八)策略⑧ 说讽刺的话(Be ironic)

家にこもるしかない最高の天気の連休だった!

（→こんな最低の連休、どうしてくれるんだ！）

（九）策略⑨ 使用比喻（Use metaphors）

王子様さがすのも大変だからねえ。（→結婚相手に高望みしすぎだ）

（十）策略⑩ 使用修辞疑问句（Use rhetorical questions）

わたしが悪いかな？（→悪いのはそっちじゃないの?）

（十一）策略⑪ 使用多义词（Be ambiguous）

あの人、AB型だから。（→天才肌か変わり者のどちらかだ）

（十二）策略⑫ 说暧昧的话（Be vague）

どこかで誰かさんと会ってるんじゃないの？

（→どうせまたデートだろう）

（十三）策略⑬ 过于一般化（Over-generalize）

安物買いの銭失いって言うね。

（→小さなケチをするから結局損したでしょ！）

（十四）策略⑭ 将听话者置换成他人（Displace H）

【多人聚餐时，有年长者在场，不方便直接拜托其为我办事】
誰かそこの醤油とれる人いる？（→近くにいるあなた、醤油とって！）

(十五)策略⑮ 使用句末省略表达、省略(Be incomplete, use ellipsis)

「あ、社会の窓……」(→"……"が開いていますよ!)

滝浦还指出,积极礼貌策略具有使双方心理距离接近的潜在效果,消极礼貌策略具有拉开双方心理距离的潜在效果,非公开实施面子威胁行为(off record)策略对于双方心理距离不具有潜在影响效果,但有时从结果上看又具有积极或消极礼貌策略的作用。

例如,当听话者连续多次失败之后,说话者对听话者说"天才!",这本是"反讽"(irony/アイロニー),但也可被解释为"玩笑"或"责难"。如果说话者意在开玩笑,那么应该是对双方心理距离接近有预期,这句话起到的是积极礼貌的作用;但如果说话者意在"责难",那么应该是对双方心理距离疏远有预期,这句话起到的是消极礼貌的作用。

(40)【凪与朋友龙子、白石一起玩人生游戏】

凪　:そんな……あの、私、さっきから本当に1しか出ないんですけど……

龍子:気づいてました。

白石:私も。

凪　:約束手形がすでにこんなに。

龍子:元気を出してください。大島さん、それだけ借金できるのも一つの才能です。

凪　:励まし、ありがとうございます。これ、壊れてません?

(『凪のお暇』)

上例中,凪、龙子、白石三人成为朋友后一起玩"人生游戏"。当凪吐槽说"我从刚才开始真的一直只摇到1"时,龙子安慰她说"大岛小姐,你要振作起来,能欠下这么多钱,也算是你的一大天赋了"。这种安慰也带有开玩笑的色彩,说明她们之间的友情日益深厚,已经到了可以开玩笑的地步。

所以,当某一种礼貌策略常被使用时,一般可能有下面两种情形。一种情况是这种礼貌策略与非明示礼貌相一致。另一种情况就是，说话者所预测的双方面子的实现预期与说话者通过实施礼貌策略希望引起的双方心理距离变化的效果相一致。

本章介绍了利奇提出的“礼貌原则”及其准则。利奇的“礼貌原则”对说明日语会话含意比较有帮助。因为日本社会是一个非常注重人与人之间的协调关系、注意给对方留面子的集体社会，体现在言语表达上，就是多暧昧语、多委婉语。

此外，本章还阐释了布朗和列文森的“礼貌策略理论”，在先行研究的基础上进一步说明了礼貌策略理论在日语中是如何体现的。语言本身就是一种文化，不同的文化决定了不同的语言有其自身的语用原则和礼貌原则。

研究思考题

1.试分析为什么在日常交际中会经常出现有关天气的话题。

2.分别观察一部中国的电视剧和日本的电视剧，看看它们在礼貌策略的使用上有何不同。

本章参考文献

[1]陈融.面子・留面子・丢面子：介绍 Brown 和 Levinson 的礼貌原则[J].外国语(上海外国语学院学报)，1986(4)：19-23.

[2]陈新仁.汉语语用学教程[M].广州：暨南大学出版社，2017.

[3]顾曰国.礼貌、语用与文化[J].外语教学与研究，1992(4)：10-17，80.

[4]何自然，冉永平.新编语用学概论[M].北京：北京大学出版社，2009.

[5]孟瑾.日语语用学研究[M].北京：高等教育出版社，2009.

[6]曲卫国，陈流芳.论传统的中国礼貌原则[J].学术月刊，1999(7)：33-41.

[7]冉永平.人际语用学视角下人际关系管理的人情原则[J].外国学，2018(4):44-53.

[8]冉永平，黄旭.人际关系的语用学研究[J].外语教学，2019(2):19-25.

[9]时晓阳.话语礼貌理论视角下的日语拒绝行为研究[J].日语学习与研究，2014(3):43-49.

[10]毋育新.日汉礼貌策略对比研究[M].北京：中国社会科学出版社，2008.

[11]毋育新.依頼行動における中国人日本語学習者の問題点：ディスコース・ポライトネス理論の観点からの考察[M]//東京外国語大学.日本研究教育年報 15.東京：東京外国語大学，2011:41-56.

[12]毋育新.现代日语礼貌现象研究[M].杭州：浙江工商大学出版社，2014.

[13]毋育新.语用学新理论视域下的汉日对比研究方法论[J].日语学习与研究，2019(5):13-22.

[14]毋育新.话语礼貌理论在中国的研究现状及展望[M]//汉日对比语言学研究(协作)会，西安外国语大学日本文化经济学院.汉日语言对比研究论丛(第 11 辑).杭州：浙江工商大学出版社，2020:91-111.

[15]徐盛桓.礼貌原则新拟[J].外语学刊(黑龙江大学学报)，1992(2):1-7.

[16]俞东明.什么是语用学[M].上海：上海外语教育出版社，2011.

[17]赵华敏.礼貌与日语的反驳言语行为[M]//日语研究编委会.日语研究第 2 辑.北京：商务印书馆，2004.

[18]赵华敏.跨文化理解与日语教育[M].北京：高等教育出版社，2015.

[19]井出祥子，荻野綱男，川﨑晶子，等.日本人とアメリカ人の敬語行動：大学生の場合[M].東京：南雲堂，1986.

[20]井出祥子，彭国躍.言語類型論の現在：敬語表現のタイポロジー[J].言語，1994(9):43-50.

[21]宇佐美まゆみ.談話のポライトネス：ポライトネスの談話理論構想[M]//国立国語研究所.談話のポライトネス.東京：凡人社.2001:9-58.

[22]宇佐美まゆみ.ポライトネス理論の展開 1～12[J].月刊言語，2002

(31):1-5,7-13.

[23]宇佐美まゆみ.異文化接触とポライトネス:ディスコース・ポライトネス理論の観点から[J].国語学,2003,54(3):117-132.

[24]宇佐美まゆみ.準自然場面における「誘い行動」の日韓比較:ディスコース・ポライトネス理論の観点から[J].日本研究,2006(28):47-72.

[25]宇佐美まゆみ.自然会話の教材化とディスコース・ポライトネス理論1:対人コミュケーションとしてのディスコース・ポライトネス理論の考え方[M]//ルーマニア日本語教師会.東京:日本語教育・日本語学シンポジウム報告書. 東京:Avrin Press,2007.

[26]宇佐美まゆみ.改訂版:基本的な文字化の原則(Basic Transcription System for Japanese:BTSJ)[EB/OL].(2007-03-01)[2024-12-13].http://ninjal-usamilab.info/pdf/btsj/btsj070 33.pdf.

[27]宇佐美まゆみ.相互作用と学習:ディスコース・ポライトネス理論の観点から[M]//西原鈴子,西郡仁朗.講座社会言語科学(4)教育・学習.東京:ひつじ書房,2008:150-181.

[28]宇佐美まゆみ.ポライトネス理論研究のフロンティア:ポライトネス理論研究の課題とディスコース・ポライトネス理論[J].社会言語科学,2008,11(1):4-22.

[29]宇佐美まゆみ.ディスコース・ポライトネス理論の新展開:「時間」「フェイス充足度」「フェイス均衡原理」という概念を中心に[M]//漢日対比語言学研究会.漢日語言対比研究論叢第8号.上海:華東理工大学出版社,2017:125-139.

[30]宇佐美まゆみ.21世纪礼貌现象研究的可能性:话语礼貌理论的新发展[J].李瑶,译.日语学习与研究,2019,5:23-34.

[31]加藤重広.日本語語用論のしくみ[M].東京:研究社,2004.

[32]菊地康人.敬語[M].東京:講談社学術文庫,1997.

[33]木村英樹.対象研究の諸側面 依頼表現の日中対照[J].日本語学,1987,6(10):58-66.

[34]小泉保. 言外の言語学:日本語語用論[M].東京:三省堂,1990.

[35]小泉保. 入門語用論研究:理論と応用[M].東京:研究社,2001.

[36]国語審議会答申.現代社会における敬意表現[M].東京:国語審議会,2000.

[37]ジェニー・トマス.語用論入門:話し手と聞き手の相互交渉が生み出す意味[M].浅羽亮一,監修.田中典子,訳.東京:研究社, 1998.

[38]柴田武,楊慧珠.中国語社会における敬語表現[J].言語,1984(6):90-100 .

[39]滝浦真人.日本の敬語論:ポライトネス理論からの再検討[M].東京:大修館書店,2005.

[40]滝浦真人.ポライトネス入門[M].東京:研究社,2008.

[41]三牧陽子.ポライトネスの談話分析 初対面コミュニケーションの姿としくみ[M].東京:くろしお出版,2013.

[42]三橋要也.皇典講習所講演 71・72 号[M]//北原保雄.論究日本語研究 9 敬語.東京:有精堂,1978.

[43]宮地裕.現代敬語の一考察[J].国語学,1968(72):92-98.

[44]山田孝雄.敬語法の研究[M].東京:宝文館出版,1924.

[45]GRICE H P. Logic and conversation[M]//COLE P, MORGAN J L. Syntax and semantics: speech acts. New York: Academic, 1967(3):41-58.

[46]GRICE H P. Studies in the way of words[M]. Cambridge, MA: Harvard University Press, 1989.

[47]LEECH G N. Principles of pragmatics[M]. London: Longman Group Limited, 1983.

[48]LEVINSON S C. Pragmatics[M]. Cambridge: Cambridge University Press, 1983.

第六章　会话结构及其语用研究

列文森(1983:284)明确指出,“语用结构的各个方面都是以运用中的会话为中心组织起来的”,因此语用学也有必要研究会话结构(conversational structure/会話構造)。会话是人类最基本的交际形式。通过对会话结构的分析,可以揭示会话构成的规律、解释自然会话的连贯性,有益于准确理解话语意义。

以往的研究多以书面语的句子、篇章为研究对象,以会话为研究对象的科学、系统的研究始于20世纪60年代末70年代初,其标志性成果是美国著名语言学家萨克斯(Sacks/サックス)、谢格洛夫(Schegolff/シェグロフ)和杰弗逊(Jefferson/ジェファーソン)于1974年在*Language*期刊上发表的*A simplest systematics for the organization of turn-taking for conversation*一文。经过半个多世纪的发展,会话分析(Conversation Analysis/会話分析)已经成为一个比较成熟的学科,在研究对象、研究方法、分析视角等方面形成了自己的特色,并成为跨学科研究的热点之一。

本章主要内容包括会话的局部结构、会话的整体结构及会话结构的语用分析。

第一节　会话分析的方法

作为语言学的术语,话语(discourse/談話)是指大于句子的一段连续的语言，包括口语和书面语。通过研究话语来发现语言学规律的研究方法被称为话语分析(discourse analysis/談話分析)。

在日本，早期主要以书面语为主的话语分析研究有时枝诚记(1950)、市川孝(1957、1963、1978)、永野贤(1959、1972、1986)等。近年来，有关话语分析的研究成果不断涌现，从语用学的角度进行探讨的代表性论述有泉子(1993、1997)、桥内武(1999)、佐久间まゆみ(2002)、田窪行则(2002)等。国内有关会话分析的主要研究有李悦娥、范宏雅(2002)，刘虹(2004)，于国栋(2008)，赵刚、贾琦(2013)等。

泉子谈到话语分析与日语教育的问题；而桥内武提到话语分析对教材、词典的编写具有促进作用；佐久间まゆみ对日语中承担话语展开功能的接续词、指示词进行了详细的探讨与论证。另外，从对比语言学的角度进行话语分析研究也具有重要的现实意义。

会话分析是话语分析领域中的主要研究方向之一。它探讨会话的序列结构及其连贯的方法，包括会话的起始部分(opening/開始)与结束部分(closing/終結)、话轮转换(turn-taking/話者交替)、会话反馈(backchannel/あいづち)、毗邻语对(adjacency pair/隣接ペア)、修正(repair/修復)等。

赵刚、贾琦对会话分析和话语分析的差异进行了归纳，具体如下：

表 6-1　会话分析与话语分析的对比①

	会话分析(CA)	话语分析(DA)
研究背景	社会学	语言学
目的与方法	通过观察实际的数据，分析会话的结构等特征	利用语法学的方法，论述、解释话语的规则
代表性研究学者	Sacks, Schegloff, Jefferson 等	Beaugrande, Van Dijk, Halliday, Hasan 等
研究方法论	归纳法	演绎法
研究的步骤	从庞大的自然会话语料库中归纳出现频率高的模式与特征，探讨其普遍性。	根据有限的数据建立假说，通过研究者的内省进行语言学方面的解释。
主要概念	局部结构(话轮转换、毗邻语对)、整体结构(会话开始、会话结束)、会话管理(话语标记、发话权)	衔接性(指示、接续、反复、省略)、凸显性(信息结构、主题、视点)
研究对象	口头语	书面语、口头语

① 引自赵刚、贾琦(2013:23)表 2-1。

会话分析的研究方法是，从经验主义出发，用归纳的方法从自然的会话中找出可以分析的范畴和语言特征。会话分析研究很多时候需要把会话的录音详细记录下来，结合会话的语境探讨该话语所表现的意义和功能。在转写收录的语料时，需要将每个会话参与者所说的话用文字转写下来。本书参考列文森(1983)和ザトラウスキー(1993)的会话语料转写方法，将转写标记归纳如下：

//表示话语重叠。
(0.0)表示以秒为单位计时的停顿或沉默。
＝接在一个话轮的结尾和另一个话轮的开头之间，表示两个会话参与者的话语间没有间隔。
一表示该符号前的语音延长，每增加一个符号就表示多延长一拍。
? 表示升调，不同于问号。
，表示短暂的沉默或者有可能继续讲话的场合。
。用下降的升调表示会话结束。
{} 表示非言语行为，如{笑}等。
()表示没有听清的话语部分。
→ 表示注意提醒的话轮。
〉〈表示〉〈中的话语为小声说的话语部分。

第二节 会话的局部结构

会话是一个有序的过程：两个或两个以上的会话参与者在没有事先安排的情况下，一个接着一个轮番说话；在一般情况下，同一时间内一次只有一个人讲话；虽然一个人一次说的话可长可短，不能预知何时结束，但是会话中很少出现重叠和沉默的现象。会话的这种衔接有序的特点说明在会话过程中一定存在某种规则来控制会话的进行。而所有的会话参与者均了解并遵守这些规则，共同协调行动，决定谁说以及什么时候开始说。

Sacks、Schegolff 和 Jefferson(1974)根据对自然会话的研究，提出了会话中话轮转换的结构系统，同时指出日常会话具有一定的结构性特征。其中，有些特征可以在一个话轮内进行分析，有的则涉及两个或多个话轮。

一、话轮

日常会话看似杂乱无章，其实有着严格的组织规则，其中最基本的概念是话语权（floor/発話権）。所谓话语权，是指说话者在某一时间内被赋予的说话的权力。会话参与者在会话过程中利用会话规则所赋予的话语权在单位时间内连续产出的话语被称为话轮（turn/ターン）；话语权在不同的会话参与者之间轮换，话轮也随之转换，这就是话轮转换（turn-taking/話者交替）。

(1)【高年级同学 Y 与低年级同学 S、A、X 在研究室闲谈】
01Y：すごい困るよね、上の人に話をふるのって。
02S：そうなんですよ。
03Y：へたな敬語を使っちゃったりしてね。
04S：そうなんですよ。
05Y：(Sに向かって)でも、すごい上手に敬語を使うよ。
06S：いや、そんなことないですよ。
07Y：(Aに向かって)ねえ、覚えといてね。
08A：はい、教えてください。
09Y：教えてくださいって…
10X：A 君って、面白いですよね。(一同大笑い)
11A：面白いってどんな意味ですか。Funnyっていう意味ですよね。
12Y：そうそう、いろいろあるよね。面白いにはねえ。
13Y：どっちだか聞いといたほうがいいよ。
14S：ねらってるところもあるし。
15Y：え、ねらってんの?
16A：全然。いつねらったんですか。
17Y：わかった。あったね。
18X：面白いこと言ってましたね。

（林，2008：109）

例(1)中,Y 率先提出了敬语的话题。然后,在 S 与 Y 的会话中,Y 也起着主导作用,所以可以认为一直到 09 句为止,话语权都在 Y。从第 10 句 X 说的「A 君って、面白いですよね」开始,话题转变成「Aの面白さ」。也就是说,X 通过提供别的话题要求转换话语权,其他会话参与者通过提问、发表意见等方式给予了支持。

在话轮转换过程中,有可能会存在两位或多位说话者同时说话的情况,这种情况叫话语重叠(over-lap/発話の重複)。日常会话中还存在一种与之相反的情况,即会话过程中交际双方都没有产出话语的情况,这就是话语沉默(silence/切れ目)。

(2)【二十多岁的女性 V 与四十出头的前上司 X 在电话中会话的起始部分】

01V:お疲れさま//です。//[①]

02X://お疲れ//さまです。

03V:この前はどうもお世話になりま//した。//{笑}

04X:　　　　　　　　　　　　　　　　//いえいえ。//

05V:お忙しいですか。

06X:ん、いいですよ。もう帰ったん?

07V:あ、あー、もう帰ってます。

08X:ほんま?

09V:うん。いっつも早いんです。

10X:食事の用意を//これ//から?

11V:　　　　　　　//そ//そうです。

(林,2008:105)

例(2)是一位二十多岁的女性与跟自己关系比较好的前上司在电话中的会话,在话轮转换时,出现了一些话语重叠。观察前 4 句会话中话语重叠的位置,我们发现 X 总是在 V 的话语末尾的助动词(「です」「ます」)的部分

---

① 如本章第 2 小节所示,//表示话语重叠。

开始说话。可以推测因为这些都是打招呼的套话，所以从传递信息的角度看，X没有必要听到最后。第10句中，X本来要说「作るところ」之类包含动词的话语，但从会话的语境来看，这个内容也属于不用听到最后就能明白的，因此V就立即予以回答，出现了话语重叠。虽然例(2)中出现了一些话语重叠，但会话整体并不是无序进行的，会话参与者V和X依然是在遵循语境信息及话轮转换的规则上展开会话的。

实际上，日常会话中的话语重叠和话语沉默并非总是出现，大部分会话都会很自然地实现话轮之间的转换，其主要原因在于合格的语言使用者都能根据直觉判断自己何时应该接过话轮，其依据便是话轮构成单位(turn conversational unit，简称TCU/ターン構成単位)。简单来说，话轮构成单位指任何可以独立构成话轮的语言结构形式，可以是一个单词(如"嗯""好""噢"等)，也可以是一个完整的句子(如"我想去北京上大学")。话轮构成单位必须在语调上提示说话者已经产出了一个相对完整的信息结构(如陈述句的末尾用降调就具备完备性；如果用升调则往往提示说话者还想继续说)；其次，话轮构成单位必须是一个句法结构上完整的成分(如"我喜"不具备完整性，而"我喜欢"就很完整)；最后，话轮构成单位还必须在语义上具备完整性(例如说话者说"我这么做有三个原因"，那么直到说话者把这三个原因解释完才算语义结构完整)。话轮构成单位的末尾通常被称作话轮转换关联位置(transition-relevance place，简称TRP/話者交替適確箇所)。转换关联位置即当前说话者可以结束自己的话轮、听话者可以取得话语权从而接取话轮的位置，是某一话轮的(潜在)结束位置。如：

(3)【打电话邀请对方参加茶会】

01S：7月3日にね?

02H：うん。

03S：お、お茶会があるんだけど、

04H：7月3日?

05S：行かない? うん。

06H：お茶会?

07S：うん。

08H：　わたしが。
09S：　うん。
10H：　どこで？
11S：　護国寺。
12H：　護国寺。{笑い}遠くなっちゃったもんねー！

（ザトラウスキー＜別冊資料—談話資料集＞1993:18）①

在上例中，04H和06H为一个词构成一个话轮。08H和10H为一个内容词和功能词构成的词素，也构成了一个话轮。03S和12H则为常见的一个句子构成的一个话轮。

在会话过程中，只有正确判断话轮的终止位置，即正确判断话轮的转换关联位置，才能使话轮交接顺利进行，下一个说话者才能在恰当的时候开始说话，从而避免或减少重复和沉默。

对转换关联位置的判断要依赖话轮终止线索即放弃话轮信号。说话者在话轮结束时会采用言语和非言语手段，如语调、副语言（拉长最后一个音节等）、身体动作（停止做手势）、某种固定套语、句法、放慢语速等，向听话者暗示自己的话已经说完，对方可按此线索接过话轮。

二、毗邻语对

毗邻语对（adjacency pair/隣接ペア）是指由两名会话参与者构筑的一前一后相邻的会话结构形式，一般由前件（first pair part/第一成分）和后件（second pair part/第二成分）组成。这一概念对揭示会话结构有重要作用。

Schegloff和Sacks(1973)指出，毗邻语对具有以下几个基本特征：

①由两段话语构成；
②这两段话语相邻；
③这两段话语由不同说话者产出；

---

① 本章的例句格式沿用原书的格式，ザトラウスキー＜別冊資料—談話資料集＞的例句有特殊的会话语料转写方法。

④这两段话语有相对固定的次序，不能颠倒；

⑤这两段话语类型固定，第一段话语决定了第二段话语的内容。

上面的前三个特征很容易理解，第四个特征则是指毗邻语对的前件和后件次序不能互换，否则就不符合人类的交际常规。最后一个特征与话语的语义内容有关，如果毗邻语对的前件内容是关于问候的，则后件也须是问候类话语；如果毗邻语对的前件内容是请求类话语，则其后件应属于应允/拒绝类话语。也就是说，毗邻语对中前件的语义内容类型决定了其后件的语义内容类型，这种关系不可违反。

典型的毗邻语对有问—答、招呼—应答、提议—认可或否定、责备—认错或否认、请求、邀请—接受或拒绝等。主要有以下类型：

A.问候—问候

瀬名：おはようございます。

南：　おはようございます。

B.提问—回答

南　：学校って大学？

瀬名：いや、大学院です。

C.请求—承诺

瀬名：　ですから、推薦のほうなんですけど。よろしくお願いします。

佐々木：もちろん。それは責任もってきちんとやります。

D.请求—拒绝

南　：そうだ、せっかくこんな立派なピアノあるんだから、なんか弾いてみて。

瀬名：いや、人前じゃちょっと。

E.邀请—接受

杉崎：うーん。また誘っていいかな。

南　：もちろん。

F.邀请—拒绝

佐々木：来月大学院の定期演奏会があるんですよ。練習、のぞいて行きませんか？

瀬名：いや、遠慮しときます。

G.建议—同意

瀬名：あのさ、日曜日めし食わない？

涼子：いいですよ。

H.建议—拒绝

真二：姉ちゃん、少しは本くらい読めよ。これ全部、服ばっかりだろう。ほとんど。

南　：よけいなお世話だい。

I.感谢—接受

瀬名：伝言、どうもありがとうございました。

南　：いや、どういたしまして。

J.道歉—抚慰

瀬名：うるさかった？ ごめん。

南　：いや、全然。

K.确认—回答

客　：ちょっとあててみてもいいかしら。

瀬名：あ、どうぞ。

L.不满—道歉

涼子：いい加減にして下さい。

真二：ごめん。

M.不满—辩解

涼子：ふざけないで下さい。

真二：すみません。ねえ！でも、俺ふざけてないよ。

（『ロングバケーション』）

由此看来，毗邻语对是会话结构的一种基本单位。但是，前面列出的毗邻语对的几条特征却不是无可挑剔的。“相邻”这个条件过严，因为经常出现“插入语列”（insertion sequence/挿入連続）的情形，例如，在一问一答之间插入另一个一问一答：

(4)【凉子和瀬名去拉面馆就餐】
店員：いらっしゃい！何しましょう？
涼子：先輩は？
瀬名：チャーシューメン。
涼子：じゃ、私も。

(『ロングバケーション』)

对于店员的提问，凉子没有立刻回答，而是先问了濑名想吃什么，待濑名回答之后，凉子才对店员的提问作答。

此外，像“邀请—接受或拒绝”这样的毗邻语对存在优选性(preference/選好傾向)问题。如果是符合对方期待的应答，即肯定答复，那就属于优选应答(preference responses/選好される応答形式)。如果是否定答复，则属于非优选应答(dispreferred responses/選好されない応答形式)。对“道歉”的应答也是如此，如果用“宽慰”则是优选应答(如例 5)，用“责备”则是非优选应答(如例 6)。

(5)【アンナ迟到了】
パク　：あ、アンナさん。遅かったね。
アンナ：ごめん。アルバイトがあったから。
パク　：そっか。大変だったね。

(『できる日本語 1』第 11 課)

(6)【因为工作上的失误受到上司批评】
上司：こういうミス、いい加減にしてくれないかな。
凪　：申し訳ありません。
上司：見直せばいいだけの話じゃない。仕事、雑すぎ！勘弁してよ、大島さん。
凪　：申し訳ありませんでした。

(『凪のお暇』)

例(5)中的划线部分就属于优选应答。优选应答结构比较简单，是无标记的(unmarked/無標)，而非优选应答是有标记的(marked/有標)，结构形式相对复杂。因为它是否定性的应答，违反了对方的期待，所以为了不伤及对方的面子，在应答时会采取一些委婉的表达方式，如说明理由、表达歉意或遗憾的心情以及表示谢意等。

(7)【凉子拒绝和濑名交往】

濑名：その、話しってなに？どうしたの？こっち向いて。

凉子：ごめん、ごめんなさい。私、他に好きな人がいる。

濑名：好きな人って??好きな人ってだれ？話しってそういうことだったんだ。

凉子：だから、私、先輩とは付き合えない。

濑名：そうか。わかった。何泣いてるの？じゃ、お休み。

(『ロングバケーション』)

(8)【凉子没有接受濑名的邀请】

凉子：今日はどうもありがとうございました。

濑名：いいえ。今度さ、今度、会う約束していいかな。

凉子：はい。でも私、今月ショパンコンンクールがあるんです。

濑名：あ、やっぱりあれ受けるんだ。じゃ、練習とか大変だよね。ごめん。

凉子：だから、暇になったら電話します。

濑名：待ってます。

凉子：じゃー

(『ロングバケーション』)

上面两个例子都是表示拒绝。例(7)是拒绝请求的例子，凉子不仅说明了拒绝的理由，还使用了「ごめん、ごめんなさい」两处表示歉意的话语。例(8)是拒绝邀请的例子，凉子除了通过说明理由表示拒绝之外，还提出了弥补的方案「暇になったら電話します」，整个会话结构都相对复杂一些。

关于毗邻语对的分析研究主要是考察其在引发、维持、结束会话的过程中所起的作用。例如通过考察分析，可以进一步弄清日语在打招呼、邀请、告辞、提议或转移话题等方面的习惯用法及表达形式特点等。

三、语列

上面提到的毗邻语对也可以被称为一个语列（sequence/連続），即语义内容相关、有先后顺序、由不同说话者产出的两段相邻的话语。

（一）预示语列

预示语列（pre-sequences/前置き連鎖）是一种常见的语列形式，指说话者在实施某一行为之前，通过话语的形式试探实施该行为的可能性，例如：

（9）【绿子希望邀请渡边后天中午一起吃饭】

「ありがとう。ねえ、ワタナベ君、あさって学校に来る?」

「来るよ。」

「じゃあ12時に来ない? ノート返してお昼ごちそうするから。」

（『ノルウェイの森』）

在上例中，绿子说这段话语的真实意图是邀请渡边一起吃饭，但在说出相关话语前，绿子首先询问了渡边后天是否来学校，以决定自己是否说出第3行的邀请核心话语。因此第1～2行是准备，起辅助性作用，属于邀请预示语列。其他常见的预示语列还有请求预示语列、宣告预示语列等。

（10）【绿子希望向渡边借上课的笔记】

「ねえ、わたなべ君、あなた講義のノートとってる? 演劇史Ⅱの?」

「とってるよ」と僕は言った。

「悪いんだけど貸してもらえないかしら? 私二回休んじゃってるのよ。あのクラスに私、知ってる人いないし」

「もちろん、いいよ」

（『ノルウェーの森』）

上例中，绿子在说出表示请求的话语「悪いんだけど貸してもらえないかしら?」之前都是在确认渡边是否具备实施请求的可能性，所以可以将其视作请求预示语列。

(11)【南和濑名在公寓里边喝葡萄酒边聊天】

南　：へー、まあ、いいか。知ってる? 1965年ってね、私が生まれた年なんだよ。結婚式の夜にね、朝倉が「二人であけようね」って言ってたの。「君と同じだけこの世にいる」とか言っちゃって… 27の誕生日にね、私一人だったの、男と別れて。「今年は誕生日一人かぁ… なんて思っていたら」夜中の12時に朝倉から電話がかかってきたの。

瀬名：夜中の12時!?

（『ロングバケーション』）

(12)【坂本告诉凪自己找到了工作】

坂本：私も大島さんにご報告があって、決まったんです。就職。合同企業説明会で大学の先輩に偶然再会して、面接に行ったらとんとん拍子に働き方改革で副業を考えている人向けにセミナーを開催している企業なんです。人の夢を支援する仕事ってやりがいがあると思って。

凪　：よかったですね、坂本さん。頑張ってましたもん。

（『凪のお暇』）

上例中，南通过「知ってる?」、凪通过「ご報告があって」来预示宣告。宣告预示序列中一般要有一个未知项，因为要宣告的内容与这个未知项有关。

(二)插入语列

实际会话中，在一个毗邻语对内部插入的另外一个毗邻语对被称为“插入语列”。例如，在日常会话当中经常会遇到问—答结构的内部存在另一个问—答插入序列的情况。

(13)【幸人询问森尾，是否能将自己在森尾家借住的情况告知给悦子】

01 幸人：森尾さん、ここで間借りしていることさ、悦ちゃんには話していいかな?

02 森尾：好きなんだ、先輩のこと。

03 幸人：うん。

04 森尾：うん、いいよ。私もね、先輩には話さなきゃって思ってたんだよね。

（『地味にすごい！ 校閲ガール・河野悦子』）

上面的例子中，在 01 幸人的提问和 04 森尾的回答中插入了 02 和 03 这个表示确认的语列。

(14)【弹完一首曲子之后，濑名询问钢琴老师自己弹奏得如何】

01 濑名：どうですかね。

02 先生：君はどう思う?

03 濑名：思うようには弾けませんでした。

04 先生：だったら思うように弾けるようになってから、僕のところに来て下さい。練習に付き合うほどヒマじゃないんだよ。

（『ロングバケーション』）

上例中，对于 01 濑名的提问，02 钢琴老师没有直接予以回答，而是反问濑名自己是什么感受。当 03 濑名回答自己感觉不理想后，04 老师才表明了对濑名的弹奏不满意的态度。可见，插入语列是一个缓答、求证或思考的过程，其结果可以作为应答语的依据。

(15)【濑名和南在谈论南的职业】

01 濑名：あ、モデルなんですか?

02 南　：え?

03 濑名：仕事。

04 南　：ああ、まあ、ちょっとしたモデル。

(『ロングバケーション』)

从上例可以看出,插入语列是一个疑惑/解惑的过程,它可用于应答者不明白说话者的话语意义或用意的情况,或应答者需要进一步确认对方的用意的情况。

除了以上会话中的单一内嵌插入语列,在会话中,多重内嵌插入语列也较常见。例如:

(16)【南劝说濑名不要去凉子家】

南　:行くの、やめな?

瀬名:どうして?

南　:もうすぐ、プロ野球ニュース始まるし。

瀬名:じゃー、ビデオ撮っといて。

南　:なんか、いい話しの気がしないな。

瀬名:なんで?

南　:だって、明日デートの約束してるのに、なんで今、急に呼び出すの? 今日会わないほうがいいんじゃない?

瀬名:泣いてたみたいだし、ほっとけないじゃん。

(『ロングバケーション』)

多重插入语列的内嵌数量及其所体现的交际功能较为复杂。不过它们都是说话者在第一次询问以后附加展开的,对方在获取了希望知道或明确的信息之后,才会针对第一次提问进行回应。

四、会话重复

日常会话中的会话重复(conversational repetition/会話の重複)是一种比较常见的现象,可以分为自我重复和他人重复两种类型。自我重复指说话者在会话过程中出于种种原因(如紧张、思考等)而重复自己话语的会话现象。如:

(17)【南和杉崎谈到对自己的称呼问题】

南　：杉崎さんいつも、私のこと「南ちゃん」て言うじゃないですか。

杉崎：ああ。

南　：女の子んなったみたいで、ホットします。(♯)いつも先輩やって、年上の女やって、いろいろやって疲れます。(♯♯)疲れます。(♯)疲れます。30過ぎてひとりで強がりばかり言って、やること、おやじみたいになってきちゃって。(♯♯)あたしもやっぱり、疲れます。(♯♯)こんな、おやじの私でいいんですか。

杉崎：もう黙って。

(『ロングバケーション』)

上例中，女主人公南对于杉崎称呼自己为「南ちゃん」感到很欣慰，重复说了4次「疲れます」来抒发自己的情感。

(18)【柊二和杏子在交谈】

柊二：下にさ、車あったからさ。

杏子：うん。

柊二：あれ？何か作ってんの、いい匂いする。

杏子：シチュー。ショーでお昼食べられないと思って。勝手にごめんね。

柊二：くうくうくうくう。くうくうくうくう。

杏子：ほんと？

柊二：うん。

杏子：ちょっと待ってて。今あっためる。

柊二：わ、すげえ、ラッキーだよ。超腹減ったからさ。

杏子：ほんと？

(『ビューティフルライフ』)

例(18)中，柊二说了8个「くう」来表示自己喜悦的心情。可见，会话中通过会话的重复也可以表现说话者的情感和言外之意。

他人重复指当听话者接取话轮时重复原说话者(部分)话语的现象。例如：

(19)【老师和月子通电话,月子劝说老师能够持有手机】

「何かあったときに、安心だから」わたしは理由をつけた。とたんにセンセイは目を大きく見開き。

「何か、とは」と聞き返したものだった。

「何か、です」

「だから、何ですか」

「その、たとえば両手に荷物をいっぱい持っているときに突然雨が降ってきて、近くには公衆電話はないし、借りている店の軒先には溢れてくるし、早く家に帰らなくてはならないし、なんていうときとか」

(『センセイの鞄』)

上例中,老师和月子对话时一直在重复「何か」,希望通过重复「何か」促使月子说清楚「何か」指代的内容。

五、会话打断

会话打断(conversational interruption/遮り行為)是指当前说话者的话轮尚未结束、另一说话者就开始讲话的现象,这样会导致两位或多位话语参与者争抢话轮的情况。如：

(20)【公司的同事们在谈论便当的话题】

01S： でご飯は……ご飯はこのぐらいの　大きさで　うん

02H：　ふーん　えーーー

03S：　[四百二十円と]　いうのはそう　うん

04H：　[おいしいですか?]　ふん

(生駒,1996:189)

在例(20)中,S说了「ご飯はこのぐらいの大きさで」之后,双方的对话来到了一个话轮转换关键位置(TRP),因此 H 问「おいしいですか」,但同时 S 并没有结束自己的话轮,而是继续自己的话轮,由此导致了会话打断的出现。

(21)【幸人准备向悦子表白】

幸人:悦ちゃん、今更改まって言うことじゃないかもしれないけど、こういうことはちゃんと言っておきたいから言うね。悦ちゃん、俺と…

悦子:待って!

幸人:えっ?

悦子:待って待って。ちょ…ちょっと、あの、ごめんなさい。あの、ちょっとちょっと、ちょっとだけ時間がほしいの。ちょっとだけ時間をください。あの、ほんとごめんなさい。ごめんなさい。

(『地味にすごい! 校閲ガール・河野悦子』)

上例中悦子在幸人向自己表白的中途插话,阻止对方继续说下去,提出了希望给自己一些时间的新话题,出现了会话打断。

六、会话修正

会话中另一种比较常见的现象是会话修正(conversational repair/修復)。会话修正的实施是因为交际者认为会话过程中的某些内容存在这样或那样的问题,这些问题"可能由交际者没有听清对方的话语造成,也可能是由交际者没有理解对方的话语造成,也可能是由交际者在自己构建话轮的过程中发现了可以被修正的内容造成"(于国栋,2008:126)。

根据其执行者和发行者的不同,会话修正可以分为不同的类型。根据其执行者的不同,会话修正可以分为自我修正(self-repair)和他人修正(other-repair);根据其发起者的不同,会话修正可以分为自我引发修正(self-initiated repair)和他人引发修正(other-initiated repair)。不同类型互相作用,就形成了我们日常生活中常见的自我引发—自我修正(self-initiated self-repair)、他人引发—自我修正(other-initiated self-repair)、自我引发—他人修正(self-initiated other repair)和他人引发—他人修正(other-initiated other-repair)四种类型。

自我引发—自我修正指说话者自己发现了阻碍源(trouble source/トラブル源),并紧接着对存在问题的话语进行了修正。如:

(22)【贝冢向森尾表白】

貝塚:ね、森尾ちゃん、あの、俺と付き合ってください。彼女になってください。

森尾:え、あの、冗談ですよね。

貝塚:冗談じゃない。結構本気。いや、結構じゃなくて[①]、かなり本気です。

(『地味にすごい! 校閲ガール・河野悦子』)

上例中,说话者贝塚在发现自己所表述的「結構本気」不足以表达自己对森尾的爱慕程度之后,使用自我引发—自我修正的表述「結構じゃなくて」,并用程度相对更高的程度副词「かなり」进行了替换,在同一话轮中对阻碍源做了自我修正。

(23)【真二给凉子打电话】

涼子:はい。もしもし。

真二:あ、俺、いや、僕、じゃなくて。俺、俺。

(『ロングバケーション』)

上例中,真二给凉子打电话,对于自称词的选择,真二进行了两次自我修正。第一次是一开始真二用了「俺」,觉得不合适,改成了「僕」。第二次是在同一句话语中,可能还是觉得自称自己为「僕」不习惯,真二又接着将「僕」改为「俺」。

另一种自我修正是他人引发—自我修正。在这种修正中,阻碍源由听话者发现并指出,说话者知道自己话语有问题后进行修正,即他人引发—自

① 本章例句中的虚线部分表示该部分为修正的阻碍源。

我修正。如：

(24)【完治和莉香道别】

完治：じゃ、また明日。

リカ：もう今日だよ。

完治：あ、そうか。

リカ：そう。

完治：じゃ、また後で。

リカ：寝坊しないように。

(『東京ラブストーリー』)

上例中，对于完治的「じゃ、また明日」，莉香指出「もう今日だよ」引发修正，于是完治说了「じゃ、また後で」来完成自我修正。「あ、そうか」这样的会话反馈是修正中听话者主导修正的标记。

(25)【科长鼓励部下庭野尽快卖出房子】

課長：今度こそ必ず売れよ。

庭野：はい、頑張ります。

課長：「頑張ります」ではなく「必ず売ります」と言え。

庭野：必ず売ります。

(『家を売る女』)

上例中科长鼓励庭野努力卖出房子，对于庭野所说的会努力的话语，科长觉得干劲不够足，就通过说出「『頑張ります』ではなく『必ず売ります』と言え」来引发庭野的修正，庭野最终说出了科长期待的回答「必ず売ります」。

以此类推，他人修正也可分为自我引发—他人修正和他人引发—他人修正。例：

(26)01S：今、椎名さん、連載は「週刊文春」と「週刊現代」と……

02H：「週刊金曜日」の3本ですけど、今度、北海道新聞の日曜版をやるんで、週4本になってしまうんです。

（インタビュー105.林真理子×椎名誠『週刊朝日』）

在上例中，说话者S对H在杂志上的连载情况不是特别了解，所以在说话的途中停顿，以此来示意由听话者H加以确认或补充，这便是一种自我引发。在S的引发下，H在后续话轮中对S的话语做了修正。

(27)【完治和莉香在街上偶遇】

完治：リカ！

リカ：や、永尾君じゃない?

完治：あ……

リカ：里美ちゃんも、久しぶり。へえ、<u>もしかして、二人は……</u>

完治：ああ、結婚したんだから。

リカ：やっぱり。

（『東京ラブストーリー』）

上例是日剧『東京ラブストーリー』结尾部分的一个场景，完治和莉香多年后在街上偶遇，莉香看到完治和里美在一起，就推测他们可能结婚了，完治捕捉到了莉香的问题后主动进行了确认。这也属于自我引发—他人修正的情况。还有一种是他人引发—他人修正，例如：

(28)【瀬名和南在谈论南的职业】

01 瀬名：あ、モデルなんですか?

02 南　：え?

03 瀬名：仕事。

04 南　：ああ、まあ、ちょっとしたモデル！「アンアン」とか見ないか?

05 瀬名：はい?「アンアン」? そういうのわからないから。

06 南　：別にモデルやりたかったわけじゃないんだけど、短大ん時にね、ミス日本の3位になっちゃって、スカウトの人が来ちゃって、自慢話しみたいか。

07 瀬名：みたいじゃなくて、そうでしょう。

（『ロングバケーション』）

对于 06 南的「自慢話しみたいか」的话语，瀬名在 07 中通过否定对方的说法，用「みたいじゃなくて」提示了修正引发，之后通过「そうでしょう」对南的话语加以修正，属于他人引发—他人修正的例子。

从上述分析可以看出，会话修正不仅是对话语中的错误进行修正，也包含对于话语适切性的修正。换言之，在使用了不合适的表达方式之后，将其换作更加合适的话语，就是对适切性的修正。总的来说，会话修正倾向于自我修正，因为交际应该遵循礼貌原则，给说话者留面子。

第三节　会话的整体结构

一、会话的起始部分

对会话起始部分的研究源于会话分析大师 Schegloff 所做的电话会话研究。通过调查五百多次电话会话，Schegloff 发现电话会话中总是接电话的一方先说话，于是他提出了电话会话中的“召唤—回答”语列的概念，即电话铃声起到了召唤的作用，相当于一个话轮，而接电话的人所说的话，等于是对这一召唤的回应。

ザトラウスキー（1993：26）对日语的电话邀请会话进行了分析，总结出日语电话会话的整体结构由以下四个部分组成：

①开始部分＝呼唤→对呼唤的应答
②第一话题位置
③话题序列
④结束部分

例如，例(29)中的「もしもし」就是一种典型的呼唤。

(29)【A与B在通电话】

01A:もしもし。

02B:もしもし?

03A:おう。

04B:A?

05A:はい。

06B:やっほ。

07A:やっほ。

(ザトラウスキー,1993:01)

会话起始部分是指会话开始的部分。对会话起始部分的研究主要是分析人们在交际开始时如何形成交际渠道、建立交际场景、为了实现交际目的如何组织会话等。通常由“开始语列”和“前置语列”构成。

(一)开始语列

开始语列(opening sequence/開始連鎖)主要指创建会话场景的部分,其功能是引起对方的注意,将听话者引入会话场景。大致有以下几种类型:

①招呼型

通过称呼对方的名字或者职务来引起对方注意。下例中的「南ちゃん」「先輩」都是用来招呼的。

(30)【杉崎给南送去钥匙】

杉崎:南ちゃん、ほら。カギ忘れて。

南　:杉崎さん。

杉崎:部屋、入れないんじゃないかと思って。

(『ロングバケーション』)

(31)【桃子在街上偶然碰到南】

桃子:先輩!

南　:あれ!桃ちゃん。

桃子:あれ!どうしたんですか?そのかっこう。

南　：あ、これ？面接、だけど、ダメ。今日も全然手ごたえなし。桃ちゃん、何やってるの？

（『ロングバケーション』）

②问候型

通过「こんにちは」「はじめまして」等问候语，使对方进入参与会话的状态，以便导入话题。

(32)【南回到借住的公寓，与瀬名的会话】

南　：ただいま！

瀬名：お帰り。お隣さん、ちゃんとカメラマン届けました。

南　：はい。けっこういい男でしょう。

（『ロングバケーション』）

③致歉型

通过「すみません」等客套用语来唤起对方注意，从而开始会话。

(33)【南在瀬名的公寓向瀬名提出请求】

南　：すみません、南ですけれど。

瀬名：あのう、トイレだったら今かわりますか。

南　：いえ、あのう、そうじゃなくて。私ちょっと思いついたんですけれど、あんたひげ剃ってシャワー浴びてキレイにできると思うし、ですからここはひとつ。

瀬名：ここはひとつなんですか？

南　：私と結婚して下さい。

（『ロングバケーション』）

④要求注视型

通过「あっ」「よお」「ねえ」「あのう」等词语向听话者发出有话要说的信号，从而引起对方注意并开始会话。可以单独使用，也可以和称呼语一起使用。

(34)【凪与朋友坂本打招呼，准备开始聊天】

凪　：あのう、おはようございます。

坂本：大島さん、おはようございます。この間は楽しかったです。

（『凪のお暇』）

(二)前置语列

前置语列(prefacing/前置き)主要是为进入整体做准备的部分。说话者在涉及要谈论的话题之前，先表明开始一个话题的意图，以便听话者有充分的准备来应对。主要有以下几种类型：

①顾及型

涉及正式的话题内容之前顾及对方的话语。

(35)【A与B在通电话】

01S：どうも、こんばんは。

02H：あ、こんばんは。

03S：あのう、ちょっと、いいですか。

04H：ええ、はい。

05S：あの、Yさんのことでちょっと、お話ししたいんですけどね。

06H：えー、えー、えい。

（ザトラウスキー，1993：25）

②话题提示型

暗示要开始一个话题的话语。比如「～のことなんですけど」等。

(36)【杉崎与南谈及自己曾经的感情经历】

杉崎：南ちゃん。そういえばさ、この間の話しもう少しちゃんとしとこうかと思うんだ。

南　：この間の話し？

杉崎：うん、別れた女房と子供の話し。27のころ結婚して武ができて。

（『ロングバケーション』）

③愿望表明型

通过说话者表达要陈述的理由和愿望等来提示话题内容的话语。

(37)【学生向老师借书】

01S：あのう、先生。折り入って頼みたいことがあるんですけど、あのう、先生が『21世紀の日本』という本を持っているというふうに聞きしたいんですけれども、

02T：うんうん。

（柳慧政，2012：128）

(38)【A与B在通电话】

01A：あのー、わたくし、Xと申しまして、

02B：はい。

03A：女性の体型補正の下着を研究しているメーカーなんですけれども、

04B：はい。

05A：下着のことについて、2、3、お伺いしたいんですけど、お時間の方はよろしいでしょうか。

06B：あ、かまいませんよ。

（ザトラウスキー，1993：39）

综上所述，会话起始部分通常由开始语列和前置语列两个部分组成，但这并不意味着所有的会话都一定具有这两个序列。其是否出现往往由说话者和听话者的亲疏关系以及话题的负荷度来决定。如果说话者和听话者关系很亲密，多数情况就会省略前置序列，直接进入话题。但当话题的负荷度较高，如表示请求、邀请时，会话的起始部分往往会出现前置序列。

二、会话的结束部分

会话的结束部分(closing section/終結部)是指从叙述会话主体内容结束到会话最终结束的话段,即会话参与者通过一定的话轮转换的过程协同进入会话终结状态的部分。

日常会话的结束亦遵循一定的规则或者结构特征。按照发生顺序,会话的结束部分通常包含以下前置结束语列和结束语列。

(一)前置结束语列

前置结束语列(preclosing sequence/前終結連鎖)是预告会话结束的部分。会话参与者会采取表达感谢、总结会话内容、再一次提示和确认约定事项等方式来预告会话即将结束。

①感谢致歉型

在结束话题时表示致谢或致歉的话语。

(39)【A与B在通电话】

01A:ごめんね。夜遅くにー。

02B:あーぜんぜん遅くないじゃん。

03A:うーん、わかりました。また電話するねー。

04B:あー、うーん、ほいじゃまたー。

05A:うーん、じゃあバイバイ。

06B:バイバイ。

(堀口,1993:29)

上例中,01对于晚上较晚时间段通话表示歉意,然后以此为契机将会话引向结束。像「お電話ありがとうございました」「お忙しいところすみませんでした」「引き止めちゃってごめん」等惯用表达都可以释放出会话即将结束的信号。

②要点归纳型

总结要点和归纳结论的话语。

(40)【老师与学生的对话】

01 教師:研究計画書を見て言えるのはだいたい以上のようなことです。

02 学生:ありがとうございました。

03 教師:いいえ。じゃ、いいですか。

04 学生:はい。ありがとうございました。

05 教師:いいえ。

06 学生:失礼します。

07 教師:失礼します。

(堀口,1997:28)

(41)【科长在早会上的发言】

三軒屋:最後になりましたが、私は三軒家万智、屋代課長の下で売買仲介営業課チーフを務めます。よろしくお願いいたします。

課長　:では、朝のミーティングはこれまで！ということで、今日から課を挙げて、目白の坂の上のマンションを売ろう！みんなで頑張ろう！

(『家を売る女』)

例(40)中01的「以上のようなことです」、例(41)中科长所说的「朝のミーティングはこれまで」都是通过表示总结的表达方式来表明没有必要继续进行会话,意味着会话结束部分的开始。「じゃ、そういうことで」「そんなわけで」「じゃ、今日はこんなところで」「こんなところでいいでしょうか」等表示总结的表达方式也可以暗示会话即将结束。

③约定提示型

再次确认或提示约定事项的话语,常用的表达方式为“「じゃあ」+约定事项”。

(42)【A与B在通电话】

01A:じゃあ、Gさんに電話してみる。

02B:うん。
03A:ごめんね。わざわざ。
04B:いえ、いえ。はい。

(ザトラウスキー,1993:31)

上例中,01 句的「電話してみる」对迄今为止的会话内容所要产生的行为进行确认,然后表明会话不再进行下去,即将终止。

④话题结束型

通过结束话题标记的提示来预示会话终结的话语。如下例中的「というわけで」就可以预示对方会话即将终结。

(43)【A 与 B 在通电话】
01S:というわけで。
02H:はい。わかりました。
03S:申し訳ありませんが。
04H:どうもすいませんでした。

(ザトラウスキー,1993:40)

⑤祝愿型

通过祝愿等表达方式预示会话终结的话语。经常使用"「じゃあ」+祝愿"等表达方式。

(44)【瀬名与南初次见面后,分别时】
瀬名:あのう、お金、持ってます?
南　:うーん。
瀬名:タクシー代。
南　:式場すぐ近くだから来る時も走ってきた。
瀬名:でも、人に見られますよ、これだもん。
南　:サンキュー。きっと返すから。

瀬名：いいです。いいです。

南　：じゃーね。コンクール、コンクール頑張ってね。

（『ロングバケーション』）

例(44)选自日剧『ロングバケーション』，南第一次在瀬名的公寓见到瀬名，得知当天他要参加钢琴比赛，临走时采取祝对方比赛加油的方式来结束会话。

(二)结束语列

结束语列(closing sequence/終結連鎖)是会话最终的对话。大致有以下几种类型：

①致歉感谢型

在结束会话时表示致谢或致歉的话语。通常使用「すみません」「どうもありがとう」「恐れ入りました」「お疲れのところごめんなさい」等表达方式。

(45)【我闻和客户道别】

我聞：ぼくら撤収完了しましたんで、これで失礼します。

客　：またよろしくお願いします。

我聞：お世話になりました。

客　：ありがとうございました。　　（『凪のお暇』）

上例是我闻和部下去客户那里进行售后服务、处理完业务之后告别的场景。双方通过「お世話になりました」「ありがとうございました」等致谢的表达方式结束了会话。

②寒暄型

在结束会话时表示寒暄的话语。通常使用「じゃあ」「それじゃ」「さようなら」「失礼します」「おやすみなさい」等。

(46)【南与杉崎约会后告别】

南　：今日本当にいろいろどうもありがとう。

杉崎：うーん。また誘っていいかな。

南　：もちろん。

杉崎：じゃ、お休み。

南　：お休みなさい。

（『ロングバケーション』）

(47)【南与濑名在公寓里聊天】

瀬名：どころで、あなたは何をやってるわけ?

南　：え?

瀬名：その、懐中電灯。

南　：あ、私、大変なことしちゃったの。杉崎さんの大事なフィルムなくしちゃってこんなことしてられない。徹夜で捜索活動。じゃね、行ってきます。

（『ロングバケーション』）

③应答型

表明已充分理解了对方意图的话语。通常使用「はい」「わかった」等表达方式。

(48)【部长让莉香指导完治工作】

部長：赤名!

リカ：はい。

部長：お前春のキャンペーンの担当だったよな。

リカ：はい。

部長：うちの新戦力に事業の仕事をおおまか教えてやってくれないかな。

リカ：はい、分かりました。

（『東京ラブストーリー』）

会话的结束部分是会话的重要部分，刘虹（2004：168）指出，合适的结尾可以使在会话中已经建立起来或得到维持的人际关系得到巩固或进一步发展;不合适的结尾会引起误解,损坏已经建立起来的关系。由此可见,合适的结尾有益于交际任务的顺利完成。

会话的总体结构比较复杂,到目前为止,国内外对这个问题研究得还不够深入。以上主要是对会话的开始部分及结束部分的分析,没有涉及会话的主要部分。有关日常会话主要部分的分析是一个十分重要和今后有待深入开展的研究课题。

第四节　会话结构的语用分析

交际中的词语、结构或话语等的功能都是通过特定语境体现出来的。通过对会话要素的分析,我们可以观察到它们在传递信息时的语用功能及对其产生影响的语境因素,从而帮助我们有效地使用语言和理解语言。

日语会话的特点之一在于会话中存在着大量的会话反馈和填充语,下面分别进行论述。

一、会话反馈

(一)会话反馈的定义及其特征

会话反馈(conversational backchanneling/あいづち)指会话过程中听话者发出的简短的言语反馈形式,一般具有以下三个主要特征:(1)简短,一般仅包含一个或几个单词;(2)辅助性,产出此类话语的目的不在于接取或者开始新的话轮;(3)无新信息内容,即会话反馈不提供新信息,仅仅是表达听话者在认真参与会话而已。

与日语的「あいづち」一词相对应,汉语也会使用"随声附和词"等说法,本书中统一使用"会话反馈"。日语会话中的反馈使用频繁,种类丰富。关于会话反馈的研究对理解日语会话结构及其特点具有重要的参考价值。常用的反馈词有「はい」「ええ」「うん」「そう」「ほんと」「なるほど」「そうですね」等。

(49)【杏子和柊二在谈论将来准备开的美容院的情景】

杏子：そいでね、そのちっちゃい町の女の子が、はじめて美容院来んの。

柊二：はじめてなんだ。

杏子：うん。あたし、今でも覚えているよ。小学校5年くらいの時かな、それまで床屋さん行ってたけど、はじめて美容院行ったの。も、すっごいドキドキして、アイドルの切り抜きなんか握りしめちゃって。

柊二：あ、こういうふうにしてください、とか。

杏子：そう、そう、そう、そう。誰だっかけな。

柊二：誰、持ってったの、誰？

杏子：キョンキョンとかかな。

柊二：キョンキョン持ってったの？

杏子：ほいでね、そういうとこ柊二がいて、髪の毛を切ってくれたら、女の子うれしいだろうなあっと思って。

柊二：うん。やっぱ、そういう女の子ってさ、

杏子：うん。

柊二：家の人には内緒だったりすんだよね。

杏子：そう、そう、そう、そう。

（『ビューティフルライフ』）

例(49)中，柊二和杏子是恋人，两人在会话中互相使用了很多会话反馈，使会话在相互作用中顺利进行。并且通过适时使用会话反馈这一点能看出二者的亲密关系。

会话反馈是指听话者在会话中的反应及应答，具有令话语持续展开的功能。例如日语会话中听话者常用的「はい」这一会话反馈，与表示“同意”的字面意义不同，它不过是表达了「あなたの言っていることを聞いていますよ」的意思，表示听话者对说话者讲述的内容感兴趣，使说话者受到鼓励，有信心继续说下去。相反，如果听话者在会话中不适当使用反馈词的话，日语母语的说话者会感到不安，不知道对方是否在听，所以有时候会使用「聞

いていますか」来确认。因此，在日语会话中，适当使用会话反馈是十分必要的。

(50)01A：Jリーグの試合の券があるんだけど…

02B：うん。

03A：行かない?

04B：Jリーグ?

05A：うん。

(堀口，1997：41)

上例中，02B的「うん」只是表示自己在听，并没有要求对方转让话语权，所以是会话反馈。05A的「うん」是对04B的问题进行回答，就不属于会话反馈。

此外，堀口(1997)指出，从会话功能的角度考虑，对说话者话语的全部或部分重复、替换等，也可以被视为会话反馈。例如：

(51)01A：そういう角度からものを見るなにかひとつの尺度がほんとはあればいいんだけど。

02B：あればいいんですよね。

03A：残念ながらないなー。

04B：ないですよね。(堀口，1997：63)

(52)01A：同じ年に入ったんですけど。

02B：同期生。

(堀口，1997：68)

例(51)中02B的「あればいいんですよね」及04B的「ないですよね」都是对说话者A的话语的部分重复，例(52)中01A说「同じ年に入ったんですけど」，02B通过「同期生」换了一种方式表达了相同的意思。这些方式都表达出听话者在倾听并理解了说话者的话语，具备会话反馈的功能。

(二)会话反馈的语用功能

参照堀口(1997)、Maynard(1993)和ザトラウスキー(1993)的研究,可以将会话反馈的功能分为以下六类:

1.表示倾听

表示听话者在倾听、关注对方的发言,有「はい」「うん」「ええ」「ああ」等。

(53)【咨询时】

01 相談者:小学校 4 年生の女子の子のことなんですけれども

02 回答者:はい

03 相談者:実は昨年の7月だったと思うんですけれども

04 回答者:はい

05 相談者:その時にあのちょっと胸のあたりが苦しいっていうことを訴えまして

06 回答者:はい

07 相談者:あの医者に行きましたら

08 回答者:はい

(堀口,1997:52)

上例中,回答者通过「はい」来表示在倾听对方的诉说。所以商谈者才能知道对方在听自己说话,才能放心地继续诉说。

(54)【A 和 B 在聊天】

01A:タクシーの運転手さんが一番あれですねえ。

02B:はあ

03A:車に乗るとね。

04B:え

(堀口,1997:53)

例(54)中,01A 的「あれ」的内容对于 B 来说并不清楚,所以 02B 用了

「はあ」这个暧昧的会话反馈，以表示“虽然不太明白，但我在听”这样的态度。03A也只是说到了「車に乗るとね」，还是无法知道说话者到底要说什么，所以04B使用了「え」来继续表示“我在听呢”的态度。相反，如果听话者不适当使用会话反馈的话，尤其是在电话的交谈中，说话者往往会陷入不安，不得不使用「聞いている?」这样的话语来进行确认。例如：

(55)【完治和好友三上在通话】

完治：はい。

三上：俺だよ。今リカと別れたところだよ。もうすぐ帰るんじゃないか。ちゃんと優しく迎えてやれよ。おい、聞いてるのかよ。

完治：うるせえな。お前お話を聞けるかよ。

（『東京ラブストーリー』）

2.表示理解

表示听话者理解了说话者的话语，表达的是“听明白了，听懂了”的意思。

(56)【A和B在通电话】

01A：ちょっと、あたし、今さあ、吉祥寺からー、ていうか、あたしきょう立川だったんだよ。

02B：ああ、そうなんだ。

（ザトラウスキー，1993：15）

02H通过「ああ、そうなんだ」来表达对S话语的理解。

(57)【瀬名和南在公寓聊天】

瀬名：プロポーズの返事。

南　：プロポーズなんかされてないよ。

瀬名：え?

南　：されてないです。ない、全然。

瀨名：あ、そうなんだ。

（『ロングバケーション』）

3.表示同意

听话者还可以通过会话反馈表示在倾听、理解说话者话语的同时，同意、赞同说话者的话语。

(58)【S和H在通电话】

01S：行きたいけどねえ？

02H：うーん。

03S：こ、ことしでしょう？それ。

04H：そう、そう、そう、そう。

（ザトラウスキー，1993：33）

上例中，04H的「そうそうそうそう」表明了听话者同意说话者所讲内容。

4.表示疑问

通过疑问来暗示听话者对说话者的话语没有听清楚、不理解或者不赞成等。

(59)【涼子差点被车撞了，瀨名为保护涼子手受伤了】

01 瀨名：あ、危ない！

02 涼子：先輩！

03 瀨名：大丈夫。でも本当に涼子ちゃんじゃなくてよかったよ。

04 涼子：えっ？

05 瀨名：だって、涼子ちゃんの指、他の人の指と違うんだからなんというかな。涼子ちゃんの指はさ、水鳥が舞うみたいに鍵盤を舞ってるじゃない。

（『ロングバケーション』）

上例中，凉子对于濑名的话语不理解或没有听清楚，于是通过「えっ?」进行确认，05 中濑名解释了自己这么说的理由。

5.表示否定

表示听话者对说话者的话语不赞成、不同意，主要有「ううん」「いいえ」「いや」等。

(60)【A 和 B 在通电话】

01A：あのー、ガードルとか、

02A：ボディースーツをお使いでいらっしゃいますか?

03B：いやー、使ってないですねえ。

(ザトラウスキー，1993：39)

上例中，针对说话者关于时间的提问，听话者用了表示否定的会话反馈「いや」，同时也起到了提供信息的作用。

日语会话中，表示否定的会话反馈常常出现在向对方表示感谢和致歉的话语之后。

(61)【A 和 B 在通电话】

01A：　そういうわけで。

02B：　はい、はい、はい、はい。

03A：　うん

04A：　ごめんね?

05B：　ううん。

06A：　どうも。

07B：　はい。

(ザトラウスキー，1993：17)

上例中，说话者在进行了解释之后，用「ごめんね?」向听话者表示了歉意，作为听话者，05B 使用了会话反馈「ううん」。这样不但表明自己理解了

对方的话语，同时也能通过否定来减轻对方的心理负担。

6.表示感叹

表示听话者对说话者的话语感到惊讶、喜悦、悲伤、愤怒、同情等，有「ふーん」「へえー」「そうですか」「まあ」「あ、ほんと?」等。

(62)【S和H在通电话】

01S：あとはちょっと今んとこ入ってないけどー、

02H：ふーん?

03S：まあ、よく呼び出しで入るけどねえー?

04H：あーあ。

05S：でも、まあ、1泊だけだからー、

06H：うん。

07S：1晩っていう形だからねー?

08H：うーん。なるほどねえー。

09S：うーん。

10H：ふーん?

(ザトラウスキー，1993：35)

上例中有很多会话反馈，其中02H和10H的「ふーん」属于表示感叹的会话反馈。

(63)【S和H在通电话】

01S：あたしは、途中でやめちゃったけど、

02H：あっ、ほんと?

03S：彼女道具とかいろいろ買ったり、結婚してたからもやったから、

04H：あ、ほんとー。

05S：うん。

06H：へえー?

07S：仙台の人なんだけど?

08H：うーーーん？

09S：いま転勤して東京にいる。

10H：うーーーん？

（ザトラウスキー，1993：49）

上例中有「あっ、ほんと？」「へえー？」等表示感叹的会话反馈。

总之，在会话中，如果听话者不合理使用会话反馈的话，说话者就会对听话者是否关注自己的话语内容产生怀疑，这样往往会妨碍会话的顺利进行。

二、填充语

（一）填充语的定义及其特征

会话中，很多时候都会出现边讲话边思考后续话语的情况，这样交流中会存在一些不流畅的地方，如停顿、沉默、踌躇、寻找合适的词语等阻碍源（Trouble Source/トラブル源）。为了减轻阻碍源对交际的影响，说话者常常使用「あのう」「ええと」「まあ」「なんか」之类的词语来填充话语表达中的空白，这类词语被称为"填充语"（filler/フィラー）。

日语研究中，最初使用填充语这一术语的是 Maynard（1989），而后定延（1993）、野村（1996）、山根（2002）、中岛（2008）也对填充语进行了深入研究。

定延（1993）从谈话管理的视点对「あのう」「ええと」做了分析，认为两者都是表示说话者正在思考和处理信息的语言形式。

山根（2002）还指出，填充语对于说话者的表达和听话者的理解都具有重要意义，在信息处理、话语构成和人际关系调整方面发挥着重要的作用。

会话中填充语的出现位置主要有以下几种：

1.话轮开始

（64）瀬名：あのう、お金、持ってます？

　　南　：うーん。

（『ロングバケーション』）

2.话轮中间

a.句子之间

(65)真二：まさか、あれだって、市長とうち親父がほら、なんだ、あのう、昔からの知り合いでさ。なんか、のど渇いちゃったな、俺。ねね、なんかビールかなんかある？ビール。

瀬名：ごめんなさい。きづかなくて。

(『ロングバケーション』)

b.句素之间

(66)瀬名 ：ね、あのう、よかったら真二君、戻ってきたらここに電話くれないかな。一応、心配だから。

ルミ子：瀬名さん、涼子さんのこと好きなんですよね。私たち、似た者同士ですね。

(『ロングバケーション』)

3.话轮末尾

(67)リカ：うーん、あ、ねね、これ、これどこ？

完治：あ、小学校。俺が通ってた。うん。

リカ：ああ、ここで完治勉強してたんだ。

(『東京ラブストーリー』)

4.附属话轮

附属话轮即那些在会话过程中，有两个人同时开口说话，其中一方马上退出后所形成的残缺的言语形式(刘虹，2006：60)。

(68)01S ：このアパートの下にごみ捨て場が、あのう、奥のほうにありますので、

02H：あのう。

03S：そちらに。

（赵刚，贾琦，2013：216）

例(68)中02H所说的「あのう」就是一个附属话轮，是在01结束时S与H同时开口说话造成重叠后H马上退出形成的。H的话被S完全忽视了，没有起到一般话轮的承上或启下的作用。

（二）填充语的语用功能

根据填充语在会话中发挥的作用，可以将其功能分为“信息处理功能”“会话管理功能”和“人际关系调节功能”三类。

1. 信息处理功能

为了顺利展开话题，说话者在一次无法产生足够信息时，可以通过填充语的使用来消除停顿、沉默、踌躇等阻碍源，以实现对信息的合理处理。

(69)【濑名和佐佐木老师听到凉子在弹钢琴】

佐々木：西館のピアノ室ですね。あのピアノは?

瀬名　：奥沢涼子かな。

佐々木：彼女はまだ大学2年生なんですが、若手の注目株です。でも、僕は斟価家的な斟価よりも彼女のピアノ自体が好きですね。あたたかくてやさしくて、我流があって。<u>なんていうのかな</u>、寒い日にようやくたどり着いたシチューみたいですね。

瀬名　：ああ。

（『ロングバケーション』）

(70)【真二和濑名在谈论南的过往经历】

真二：ミス長良川くだりだったんですよ。

瀬名：ミス長良川くだり？

真二：応募者7人だったけどね。

瀬名：ミス日本じゃなくて?

真二：まさか、あれだって、市長とうちの親父がほら、なんだ、<u>あのう</u>、昔からの知り合いでさ。なんかのど渇いちゃったな、俺。ねね、なんかビールかなんかある？ビール。

瀬名：ごめんなさい。気づかなくて。

（『ロングバケーション』）

例(69)中，在尚未考虑好合适的词语或表达方式时，说话者使用了「なんていうのかな」来填补话语与话语之间的停顿时间。例(70)中，真二在与瀬名谈论自己的姐姐南曾经的获奖经历，真二在说话时使用了「あのう」「なんか」等填充语来补充信息。

(71)【瀬名和加油站工作人员的对话】

スタンドの店員：いらっしゃいませ。今日はいかがしましょうか？

瀬　　　　　名：えーと。レギュラーを。

スタンドの店員：まんタンで。

瀬　　　　　名：いやーあのう。20。

スタンドの店員：20リットル。はい、わかりました。

（『ロングバケーション』）

上例中的「えーと」「あのう」都起到了填补因思考而停顿的时间的作用。

2.会话管理功能

填充语还具有会话管理功能，即为了顺畅地展开会话，说话者通过使用填充语来实现对发话权的控制以及对话题的管理。包括获取发话权、维持发话权、导入话题等。

(72)【凪对ゴン表白】

凪　：あ、あの、ゴンさん、あの、わ、私、私、ゴンさんのことが好きです。

ゴン：俺も凪ちゃん大好き。

（『凪のお暇』）

例(72)中，凪所说的「あ、あの」出现的位置在话轮的开始，其目的在于获取发话权，为其之后的话语表达作铺垫。

(73)【瀬名向涼子解释昨天接电话的人与自己并无关系】

瀬名：あの、昨日さ、電話、女の人出なかった？

涼子：そうでした。

瀬名：あれ、全然関係ないからね。

涼子：え？「関係ない」って？

瀬名：なんていうかな、親せきのお姉ちゃんみたいなもんだから。あ、ごめん。続いて、じゃ。

(『ロングバケーション』)

上例中，瀬名通过使用填充语「あの」来引起听话者对其导入的话题的注意。

3.人际关系调节功能

在会话中，说话者为有效地维持和调节人际关系，有时会通过使用填充语来暗示说话者的态度和立场，以缓解对听话者面子的威胁。

(74)【初次见面，真二向瀬名借钱】

真二：まあ、いいか。兄さん、今日あの、折り入って話しがあって來ました。実はこの半月で、一生のツキ、使い果たしたってくらいついててさ。最初は「パチンコ」でしょう、「競輪」「カジノ」などなど。で、最後「宝くじ」1千万！で、こいつ店やろうってさ、こいつね、これでも、あの、インテリアデザイナ… の卵!? で、いい物件あったからさ、とりあえず、手付け払ったの。そしたらさ「宝くじ」組違いでさ、俺としたことが… お兄さん！結婚してすぐになんですが、かわいい弟のために一肌脱いで、いただきたい、ご都合願えませんか？

瀬名：ご都合って？

真二：うん、あの、だから… もう200万でまけちゃう。

（『ロングバケーション』）

上例是真二找濑名借钱时的会话，找人借钱属于请求言语行为，一般来说实施时负荷度较高，所以真二使用了很多「まあ」「あの」「うん」等表示踌躇、犹豫的填充语，为之后交际的顺利展开作铺垫。

(75)【X和D在通电话】

01X：あのーん、皆さんね、知らない方が多いのでね、社名宣伝兼ねまして試着キャンペン行ってるんですね、もし、お時間ありましたら、お願いしたいな、と思うんですけど、

02D：あの、申し訳ありませんけど、ほとんど興味ないんですね。

（ザトラウスキー，1993:40）

在上例中，由于D要拒绝对方的请求，所以在表达道歉的话语之前，说话者使用了「あの」这一填充语充分表明了自己的为难之情，暗示了自己拒绝的态度，减轻了对听话者面子的威胁程度。

01S：でー、できるだけ早く場所を決めてもらって、日程を決めてもらうってゆうことが第一歩なんですけども、えー。

（中島，2011:211）

上例中说话者在话语的最后使用了填充语「えー」，并且同时使用了句末省略，这使得说话者所提出的要求和观点听起来不那么强硬，比较易于接受，这类填充语起到了缓和语气的作用。

综上所述，填充语在会话中发挥了积极的作用。对说话者来说，填充语可以留出思考及选择话语的时间，对于话语的产出和会话的展开起到积极作用。对听话者来说，填充语提示了“意外信息”的出现，比如修正和补充信息等，为听话者更好地理解和跟随说话者的思路提供了标识。

本章首先扼要介绍了话轮、毗邻语对、语列等会话基本单位，在此基础上对会话重复、会话打断、会话修正等会话的局部特征进行了分析。其次，对会话起始及会话结束这两个会话的整体特征进行了分析。最后，通过日语会话中多用的会话反馈及填充语的语用功能分析，进一步揭示了会话中各要素的特点。

会话是交际活动中的重要组成部分，其主要目的是传递信息、表达意图。在会话过程中，说话者为了更好地使听话者领会发话意图，不但要向对方传递主要信息，而且还要选择恰当的语言依附成分来有效地组织话语、表明态度，并控制会话流程，为顺畅地进行语言互动行为提供必要的会话策略。

研究思考题

1.收集汉语和日语的会话语料，分析说话者分别使用哪些方式开始和结束会话。

2.录一段两个人的对话，将其转写为文字，看看存在哪些毗邻语对和非优选应答形式。

本章参考文献

[1]董冰.论日语会话中「はい」的交际功能[J].日语学习与研究，2008(1)：45-48.

[2]何兆熊.新编语用学概要[M].上海：上海外语教育出版社，2000.

[3]李凝.从话语分析角度考察日语模糊限制语和填充词[J].语文学刊・外语教育教学，2014(2)：1-3，7.

[4]李悦娥，范宏雅.话语分析[M].上海：上海外语教育出版社，2002.

[5]刘虹.会话结构分析[M].北京：北京大学出版社，2004.

[6]庞焱.试论谈话中"はい"和"ええ"的功能[J].广东外语外贸大学学报，2008(3)：51-54.

[7]冉永平.话语标记语的语用学研究综述[J].外语研究,2000(4):8-14.

[8]汪化云.说“X的那种”[J].语言教学与研究,2015(1): 88-96.

[9]许名央. 非言语性反馈:话轮转换中的“非语言交际”[J]. 外语学刊,2015(2):61-64.

[10]赵刚,贾琦.现代日语语言学丛书:会话分析[M].北京:高等教育出版社,2013.

[11]张廷国.话轮及话轮转换的交际技巧[J]. 外语教学,2003(4):23-27.

[12]于国栋.会话分析[M].上海:上海外语教育出版社,2008.

[13]市川孝.国語教育のための文章論概説[M].東京:教育出版,1978.

[14]奥津敬一郎. 応答詞「はい」と「いいえ」の機能[J].日本語学, 1989(8): 4-14.

[15]加藤重広.談話標識の機能について[J].東京大学言語学論集,2001(20):121-138.

[16]小泉保.入門語用論研究:理論と応用[M].東京:研究社,2001.

[17]佐久間まゆみ.接続表現の文脈展開機能による分類[M]//野田尚史,益岡隆志,田窪行则,等.複文と談話.東京:岩波書店,2002.

[18]佐久間まゆみ.講義の談話の表現と理解[M].東京:くろしお出版,2010.

[19]定延利之.「うん」と「そう」の言語学[M].東京:ひつじ書房,2002.

[20]定延利之,田窪行則.談話における心的操作モニター機構:心的操作標識「ええと」と「あの(一)」[J].言語研究,1995(108):74-93.

[21]ザトラウスキー・ポリー.日本語の談話の構造分析:勧誘のストラテジーの考察[M].東京:くろしお出版,1993.

[22]真田信治,渋谷勝己,陣内正敬,等.社会言語学[M].東京:桜楓社,1992.

[23]田窪行則,金水敏 . 応答詞・感動詞の談話的機能[M]//音声文法研究会.文法と音声.東京:くろしお出版 ,1997.

[24]中島悦子.自然談話の文法:疑問表現・応答詞・あいづち・フィラー・無助詞[M].東京:おうふう,2011.

[25]日本語教育学会.新版日本語教育事典[M].東京:大修館書

店,2005.

[26]橋内武.ディスコース:談話の織りなす世界[M].東京:くろしお出版,1999.

[27]林宅男.談話分析のアプローチ:理論と実践[M].東京:研究社,2008.

[28]堀口純子.日本語教育と会話分析[M].東京:くろしお出版,1997.

[29]MAYNARD K 泉子.日米会話におけるあいづち表現[J].月刊言語,1987,16(11):88-92.

[30]MAYNARD K 泉子.会話分析[M].東京:くろしお出版,1993.

[31]森山卓郎.応答と談話管理システム[J].阪大日本語研究,1989(1),63-88.

[32]山根智恵.日本語の談話におけるフィラー[M].東京:くろしお出版社,2002.

[33]FRASER B. An approach to discourse markers[J]. Journal of pragmatics,1990, 14(3):383-398.

[34] HARRIS Z. A theory of language and information: a mathematical approach [M]. Oxford:Clarendon, 1991.

[35]LENK U. Discourse markers and global coherence in conversation [J].Journal of pragmatics,1998(30):245-257.

[36]SACKS H, SCHEGLOFF E A, JEFFERSON G. A simplest systematics for the organization of turn-taking for conversation[M]. London: Rutledge,1974 (4): 696-735.

[37]SCHIFFRIN D. Discourse markers[M].New York:CUP,1987.

[38] TRAUGOTT E. From propositional to textual and expressive meanings: some semantic-pragmatic aspects of grammaticalization[M]// LEGHMAN W P, MAIKIEL Y. Perspectives on historical linguistics. Amsterdam: John Benjamins,1982: 245-271.

第七章　话语标记与元话语

20 世纪 70 年代后期，随着语用学这门新兴学科的孕育、确立与发展，对话语标记(discourse marker/談話標識)的研究与关注陆续开始出现。列文森(1987:87-88)曾提及话语标记的语用功能："毫无疑问，在英语等绝大多数语言中，都有很多标记某一话语与前面话语之间所存在的某种关系的词语和短语，如位于句首的 but, therefore, in conclusion, to the contrary, still, however, anyway, well, besides, actually, all in all, so, after all 等。人们普遍认为，这些词语至少包含了非真实条件意义……它们常常表示所在话语仅是对前面话语的一种回应、延续。"这一论述引起了学者们对于话语标记的关注和兴趣。

目前对于什么是话语标记，学界还存在分歧。但越来越多的学者认为，它们是口语或会话交流中的常见现象，以语境为基础，其作用主要是动态的。

交际过程中，交际者为了顺利地完成交际任务，除把主要信息传递给对方以外，还要选择恰当的语言成分来有效地组织话语，使其条理清晰、结构合理、符合逻辑，这些语言成分在很大程度上影响着听话者对主要信息的理解和接受，我们称之为元话语(metalanguage/メタ言語)。一般认为，元话语是话语标记的一种，笔者将在第三节予以论述。

第一节　话语标记

一、话语标记的定义及其特征

话语标记指会话中对话语命题意义不产生影响，而仅仅起黏结作用的话语，可以是连词、短语或者小句。

20 世纪 80 年代对话语标记进行系统研究的是 Schiffrin(1987)。Schiffrin(1987)围绕以下问题展开了讨论：①话语标记对话语连贯起什么作用？②话语标记是否有意义？如果有意义，它们表示指称意义[①]、社交意义还是表达性意义？③话语标记是否有功能？如果有，那么它在哪个层面上起作用？(何自然，陈新仁，2004:158)

ザトラウスキー(1993)认为话语标记的构成成分"包含涉及会话展开的连接词(だから、それで、じゃあ、じゃあねえ)和元话语(そういうわけで)等"。

赵刚、贾琪(2013:254)将话语标记定义为"提示会话开始、会话展开及会话结束的词语，表示会话时说话者的思量、踌躇、话语持续的填充词，以及衔接话语或话轮的词语"。话语标记是能够标记会话结构、表明话语意图、控制会话流程的词、词组或句子。它们是会话的依附成分，但不是会话的主体，在交际过程中发挥着调控会话主要信息的作用。

在会话中，话语标记会出现在话轮的不同位置，有以下几种：

(一)话轮开始

(1)【南开始了新工作，瀬名与她的会话】

瀬名：大変なんだ。

南　：でもね、何もしないよりいいみたい。

① 指称意义是指词的语音形式指称的客观对象和事物，表明词跟语言及外部世界的关系。(语音学名词:83)

（『ロングバケーション』）

(二)话轮中间

1.句子中间

(2)【瀬名邀请凉子】

瀬名：いいえ。今度さ、今度、会う約束していいかな。

涼子：はい。でも私、今月ショパンゴンクールがあるんです。

（『ロングバケーション』）

2.句素中间

(3)S:1人のときは何してるの？

H:いやー、でも、基本1人で散歩してますね。

（『現代用語の基礎知識』2014）

(三)附属话轮

(4)【里美向完治道歉】

里美：私永尾君に甘えてたのかな。私がはっきりしないから、それで永尾君なんか誤解…

完治：いいよぞ。

里美：でも…

（『東京ラブストーリー』）

在日常会话、访谈等言语交际中，话语标记比较常见，具有丰富的语用功能。

二、话语标记的语用功能

话语标记的功能主要有话题开始、获取发话权、促使话题展开、话题结束等。

(一)话题开始

人们在会话中往往通过某些话语标记来提示话题的开始。如在表明话题开始前使用「それでは」「実は」,在进入新话题前使用「さて」「で」等。

(5)【S邀请H一起去游泳】

01S:それでね、実はニューオータニのプールの券があるの。

02H:ううん。

03S:それでね、もしよかったら行かないかなと思って。

04H:あっ、ほんと。

(ザトラウスキー,1993:29)

01S在进入话题前所使用的「実は」是话题开始的话语标记。

(6)【科长与三轩家商量如何分配销售额】

課長　:よかったですね! さすが三軒家チーフだ。でも売り上げは布施さんと八戸と君と3人で分けよう。

三軒家:売ったのは私です。

課長　:いや、いや、そういう心の狭いことを言わないでくれよ。現地で頑張った布施さんのおかげでもあるんだから。

三軒家:いいえ、売れたのは私のおかげです。

課長　:うん、じゃあ、それは後で話そう。さて、いよいよ残るは1軒、弥生町の狭小住宅だけだ。

(『家を売る女』)

上例中,科长建议三轩家将销售额与其他同事均分,遭到拒绝之后,为了避免与其当面冲突,科长决定暂缓这个话题,于是通过使用「さて」,开始了一个新的话题。

(二)获取发话权

在会话中说话者通过使用话语标记获取话语权的情况很多。这类话语

标记有「でも」「しかし」「だから」「だって」「で」「だったら」等。

(7)【瀬名质问南为什么随便接电话】

瀬名：なんで取ったんですか?

南　：いや、出てあげようかなと思って…

瀬名：なんでそんなこと思うんですか? だってちゃんと留守番になってたでしょう?

南　：だって留守番だと切っちゃうかも知れないし…

瀬名：はい? 誰が?

南　：誰ってことはないけど。

(『ロングバケーション』)

(8)【南询问弟弟真二为什么搬到了瀬名家】

南　：瀬名マンに?

真二：瀬名マン?

南　：瀬名のマンション。

真二：いいところじゃん、けっこうよ。

南　：しかし、なんでまた?

真二：いや、あいつが来てもいいと言ってくれたからさ。俺もほら、友だちんとこ転々としてるわけにもいかないしよ。お姉ちゃん、引っ越し手伝ってくれない?

南　：なんで、あんたの引っ越し私が手伝わなきゃいけないの。あ、バイト? いくら?

(『ロングバケーション』)

上例中，南分别使用了「だって」和「しかし」来获取话语权。

(三)促使话题展开

在会话中，听话者可以通过「それから」「それで」「で」「だったら」等话语标记促使说话者展开话题。

(9)【南向瀬名转述凉子给他打电话的内容】

瀬名：涼子ちゃん？

南　：たぶん、あなたの好きな涼子ちゃん。

瀬名：それで？

南　：「瀬名さんいますか」と聞かれたので、「まだ帰っていません」と答えました。

瀬名：そしたら？

南　：「じゃー、いいです」ってガチャン。

（『ロングバケーション』）

(10)【瀬名询问南想搬到自己公寓的理由】

瀬名：それで？

南　：私は自分のマンション引き払って貯金は全部「結婚式及び結婚後の新居の資金に」って朝倉に渡しちゃったわけ。

瀬名：それで？

南　：それで、それ持ってあいつ逃げたでしょう!? つまり早い話しが私一文無し。

瀬名：それで？

南　：それで、むりやりマンション引っ越すの待ってもらってたんだけど、だけど新しく借りる人たちが来ちゃうっていうから大家に追い出されたっていうの。

瀬名：それで？

南　：友だちんとこへ行こうかなとも思ったんだけど、結婚してるでしょう、ワンルームでしょう、男がいるでしょう。はい!

（『ロングバケーション』）

上例都是日剧『ロングバケーション』中瀬名和南的会话，尤其是例(10)中，瀬名使用了数次「それで」来催促南把事情的经过解释清楚。

(四)话题结束

在会话中，人们往往通过一些话语标记的使用来提示话题的结束，如「というわけで」「それでは」「じゃあ」等。

(11)【D没有接受X的邀请】

01D:というわけで。

02X:　　　　　　はい、

03X:　わかりました。

04D:申し訳ありませんが。

05X:どうもすみませんでした。

(ザトラウスキー別冊資料 1993:40)

(12)【桃子向大家解释自己为何要先告辞】

桃子:あのう。すみませんけど、私、今日帰ります。

南　:え!なんで?

桃子:うちのダーが、ちょっと風邪気味だったんですよね。

瀬名:ダーって?

桃子:ダーリンの略。じゃ、みなさま、ごきげんよう!

(『ロングバケーション』)

上例中的「ということで」和「じゃ」都是表明话语结束的标记。这一标记提示说话者要结束话题。

(五)话题转换

「それより」「ところで」等话语标记具有转换话题的功能。

(13)【南因为结婚当天新郎朝仓没有出现,到朝仓的公寓找他,初次见到瀬名时】

瀬名:あと30分。

南　:ね、人ごとみたいに言わないでくれる?それより朝倉は、朝倉はどこに行ったの?

瀬名:さあ、お互いに干渉しない主義だったからわからないんですよ。

南　:困るな!式10時からなんだよな。今9時半、ってことはあと30分!?

瀬名:それは今聞きました。

南　：そうよ、ところであなた誰?

瀬名：僕はだからその朝倉のルームメートの瀬名です。でももう朝倉さん、荷物持って出て行っちゃったからルームメートじゃないんですけど、そんなに僕をにらまないで下さい、関係ないんですから。

(『ロングバケーション』)

(14)【部下关心科长的腰伤,但科长更在意销售业绩】

庭野：課長、腰どうかされました?

課長：そんなことはどうでもいい。それよりみんなちょっと聞いてくれ。今ひと回りして来た感じだと、布施さんのツーバスルームの外国人向けマンション、あれが意外と苦戦してる。何かいい知恵はないかなあ、三軒家チーフ?

三軒家：それなら、もう手を打ってあります。明日売れますよ。

(『家を売る女』)

例(13)中,南通过「それより」将话题切换到「朝倉はどこだ」,然后在下文中通过「ところで」将话题切换到「あなたは誰?」。例(14)中科长的话语同样是通过「それより」将话题切换到了如何售卖房子。

(六)要点提示

某些话语标记具有提示要点的功能。如「要するに」「つまり」提示了前项内容的要点,「だから」表明后项是对前项内容的归结。

(15)【杉崎向南解释自己有过一次婚姻】

南　：え、今なんて?

杉崎：うん。だからその。要するに。

南　：要するに?

杉崎：X1(ばついち)

南　：X1!?

杉崎：そう。

南　：杉崎さんが?

杉崎：そう。

(『ロングバケーション』)

例(15)是日剧『ロングバケーション』中杉崎向南说明自己离过一次婚的经历时的场景。杉崎首先支吾着说了自己离过婚，但南没有听清楚，于是杉崎通过使用话语标记「だから」及「要するに」，清楚说出了自己离过一次婚的真相。

(16)【料理研究家在自己举办的派对上的发言】

料理研究家：お料理しながら聞いてください。皆さん、食べるということは命をいただくことなんです。つまり、料理を作るということは生きることそのものなんです。最近は男性も女性も料理しなくなりましたが、皆さんは結婚なさってもなさらなくても、料理のできる人でいてください。

(『家を売る女』)

例(16)是料理研究家在自己举办的派对上的发言。对于自己所要表达的意思，他使用了「つまり」来提示自己要说的要点。

(七)话语修正

「というか」「というより」「むしろ」等话语标记具有表示话语修正的用法。为了更准确地传递信息，可以通过话语标记提示后续内容是对前述话语的订正。

(17)【南和桃子谈论摄影师杉崎】

南　：あれ？あのカメラマンって杉崎哲也じゃない？すごい。

桃子：チョー有名？

南　：チョーというか、けっこう有名。

(『ロングバケーション』)

(18)【凪和朋友坂本谈论职业介绍所职员的态度】

凪　：ここの職員さん、アク強めですよね。

坂本：アクが強いっていうか、圧が強いですよね。

凪　：そうですね。

坂本：無職っていう負い目があるから、余計にそう見えるかもしれないけど。

凪　：それはあるかも。

（『凪のお暇』）

例(17)是『ロングバケーション』中南和后辈桃子的对话。谈到摄影师杉崎是否有名的问题时，针对桃子的提问，南通过「チョーというか」对前述话语进行了修正，引导出后续话语「けっこう有名」。例(18)也是通过「っていうか」对说话者的话语进行了修正。

（八）话语置换

「というか」「というより」「むしろ」等话语标记具有表示通过后续话语置换前述话语的功能。其意义是，与前项相比，后续话语更加贴切、更加接近说话者的本意。

(19)【杏子和柊二晚上通话】

杏子：でも珍しいね、こんな時間に電話。

柊二：や、ちょっと、眠れなくてさ。うん。ていうか、さみ、しい、っていうか。

杏子：ねえ、柊二。

柊二：うん?

杏子：あたし、いつも柊二のそばにいるよ。

（『ビューティフルライフ』）

(20)【杏子和柊二在谈论各自的职业】

杏子：私、しがない図書館司書だし。

柊二：そんなこと全然思っていないでしょ。ね、図書館司書ってさ、案外難しいでしょ。俺あんたと付き合いだしてから、結構、まわりに聞いたんだけどさ。てか、案外プライド持ってやってんじゃないの? ていうかさ、逆にさ、美容師とかの方が、バカにしてんじゃないの?

杏子:なんで? そんなわけないでしょう。

(『ビューティフルライフ』)

上例都是日剧『ビューティフルライフ』中男女主人公柊二和杏子的对话,都使用了话语标记「ていうか」。例(19)的场景是根据第二天的检查结果杏子有可能会被宣布死期,两个人都很不安。柊二把这种担心的心情通过「ていうか」和语速缓慢的「さみ、しい」表现了出来。例(20)中,柊二首先通过「てか」指出杏子对职业也有自豪感,然后在下一个「ていうか」之后指出杏子也许反而有可能瞧不起自己所从事的美容师的职业。总之通过使用「ていうか」,可以将平时难以说出口的话语婉转地表达出来。

(21)【看到自己喜欢的天气主播换了播报风格后发出的感慨】

足立:あ〜、これもいい! むしろこれがいいかも。

(『家を売る女』)

上例是日剧『家を売る女』中的一句台词,看到自己喜欢的天气主播换了一种播报风格,足立先是感慨「あ〜、これもいい!」,之后通过「むしろ」这个话语标记,表明他真正的态度是「これがいい」。虽然前后只有一个助词的差别,但所表达的意思却截然不同,这也可以从侧面反映出日语表达中助词的重要作用。

(九)信息补充

某些话语标记有表示信息补充的用法,即表示话语标记的后续内容是比前项更加具体的内容,如「というか」「それと」「それも」「あと」等。这类话语标记也具有话题展开的功能。

(22)【南搬到了濑名的公寓,濑名和她强调约定事项】

濑名:いいですか!? とりあえずですからね。とりあえず。わかってます?

南 :はい、あてができたらすぐに、お金ができるか、男ができるかしたら、すぐに。あと、安心して。私、年下には1ミリも興味ないから、あなたを襲うなんてことないない。

瀬名：僕もあのう、年上には1ミクロンも興味ないですから。

南　：言い切ったね。

(『ロングバケーション』)

(23)【濑名为保护凉子手受伤了，真二到濑名的公寓探望】

瀬名：あ、久しぶり。

真二：いいかな。

瀬名：うん、どうぞ。

真二：えーと、クラブテアトロン特製のシュウマイと生春巻。それと、こっちがほら、シソとジャコのピラフ。あ、これあっためたほうが。

(『ロングバケーション』)

例(22)中，南通过「あと」补充了信息，起到了让濑名放心的作用。例(23)的「それと」也是对前述话语的补充。

(十)意向表明

「しかし」「でも」「それにしても」等话语标记可以在前述话语照应缺失的情况下使用，从而由其话语标记的语义特征派生出表明说话者意向和态度的功能。

(24)【杉崎和南一起去看演唱会，进到会场时】

杉崎：ウワ、でもやっぱり最終日だから混んでるね。

南　：すごい人。踊りまくり？

杉崎：でも、やっぱりライブだからね。

南　：ついていけるかな。

(『ロングバケーション』)

(25)【盛夏，走在路上突然对身边的朋友说】

それにしても、暑いよね。

(加藤，2004：231)

上例都是无照应语境中的用例，说话者借此表明自己想表达的态度或内容，这种功能可以被归类为加藤(2004)的“说话者用以表达态度的标记”，即明显偏离了衔接句子的接续用法，失去了原有的表明逻辑关系的语义特征，但被赋予了表明说话者态度的功能。

总而言之，话语标记是日常会话中十分常见的现象，其功能主要是在语用层面上，而不是在句法或语义层面上。话语标记可以从局部或整体上对话语理解起引导或路标的作用，帮助听话者识别话语的各种语用关系，从而在认识上对话语理解进行制约与引导。

第二节　元话语

一、元话语的定义

言语交际的主要目的是向对方传递信息，使对方领会自己的交际意图。在会话过程中，为了使听话者更好地理解说话者的交际意图，说话者除了将命题信息准确地传达给听话者外，还要使用适当的语言成分来调整或提示会话流程。

(26)【瀬名和南在谈论人生遇到不顺心的事情时该如何面对】

瀬名：ね、こういうふうに考えるのはダメかな。「長いお休み」。

南　：「長いお休み」？

瀬名：俺さ、いつも走る必要ないと思うんだよね。あるじゃん。何やってもうまくいかない時。何やってもダメな時。そういう時は、なんというのかな、言い方変だけど、神様がくれた「お休み」だと思ってさ。「無理に走らない」「焦らない」「頑張らない」「自然に身を委ねる」。

南　：そしたら？

瀬名：よくなる。

(『ロングバケーション』)

(27)【正夫和柊二谈到柊二和杏子的将来】

正夫：さっきの話の続きだけどさ、もしかして、どうせ後ちょっとなら、あいつでもいいって。その後、別の女と、付き合えばいいとかって、あんた、思ってんじゃないの。ごめんな。

柊二：俺今そっちが運転中じゃなかったら殴ってましたよ。

正夫：ごめんな。あんたもつらいよな。

(『ビューティフルライフ』)

上面会话中的「言い方変だけど」「さっきの話の続きだけど」都属于说话者“思考表达”的元话语。

一般来说，会话包含基本话语和元话语两个层面。基本话语是指具有命题信息的话语，元话语是指“关于基本话语的话语”，是会话中表示所言及的前述话语或后续话语的表达方式，是话语标记的一种，在谈话中发挥着调整会话流程、强化会话参与者人际关系的作用。

Tayler(2003)指出：自反性(reflexivity/再帰性)是人类语言的一个典型特征，批的是具有对自己使用的话语表达进行调控和评价的自我意识。如果没有自反性，就不可能有第一语言层次的存在。元话语标记具有很强的自反性，是作者/说话者在语言使用时有意识的话语选择。这种自反意识也是维索尔伦(Verschueren/ヴァーシューレン)提出的元语用意识(metapragmatic awareness/メタ語用論的認識)，元话语标记的使用就是元语用意识的直接体现。

(28)【南因为婚礼当天新郎临阵脱逃，想拜托濑名去临时顶替，濑名拒绝】

南　：私と結婚して下さい。

瀬名：勘弁して下さいよ。すみません。あのう、はっきり言いますけど、あなた今パニックで取り乱してると思うんですよ。俺「花むこ」の代わりなんかできないし、ほら関係者の人だってたくさん来てるでしょう。

南　：そうか。

（『ロングバケーション』）

上例中的「はっきり言いますけど」就是我们所说的元话语标记，突出了说话者的元语用意识。

二、元话语研究概况

元话语这个概念最初是由 Zelig Harris 于 1959 年提出、为研究语言使用和引导受众理解语篇而提供的一种方法。海兰德（Hyland/ハイランド）（1998，2005）等进一步发展了这个概念，把体现说话者介入语篇来引导听话者去组织、分类、解释、评价和理解语篇的词汇、短语和小句都归入元话语范畴。

海兰德（1998）认为元话语在本质上是一个由开放性的语言单位集合而成的意义系统。通过进一步研究，海兰德（2005）发现元话语从本质上来讲都是人际的，用于组织语篇的元话语其实是建立在听话者的背景知识、语篇处理经验和能力上的。

关于日语元话语的研究主要有杉户（1983）、杉户和冢田（1991）、田野村（1996）、西条（1995、1999）等。

西条（1999）将元话语定义为“在谈话中言及自己或对方已谈论的话语、将要谈论的话语的表达方式”，并做了如下分类：

表 7-1　元话语的功能分类

功能分类		分类基准	用例
①话题提示		提示话题的表达方式	定義ですけれども問題分析に入りますが、
②焦点化	②-1 他人话语焦点化	以他人的话语为焦点展开话题的表达方式	技術の導入とおっしゃったけど、
	②-2 自己话语焦点化	以自己的话语为焦点展开话题的表达方式	前にも言ったように、技術の向上ということが、

续表

功能分类		分类基准	用例
③总结	③-1 主张型总结	对于前项话语提出主张的表达方式	以上のことから、夏時間を導入すべしと主張いたします。
	③-2 评价型总结	对于前项话语提出评价的表达方式	～というような体験が、非常に大事なんじゃないかと思うのです。
	③-3 预告型总结	事先预示后续说明的表达方式	この立場で議論したいと思います。
④要点提示		提示后续要点的表达方式	四つの理由を挙げていきます。
⑤补充修正		补充所言及的前述话语或后续话语、表明顾及对方的表达方式	～と言うと悪いけど、 ～と言うと逆のように聞こえますが、
⑥思考表达		提示搜索适当词语的表达方式	なんて言いますか、ちょっとまとまらないんですが、
⑦宣告		宣布对后续话语进行阐述	では、反駁いたします。いくつか疑問いたします。

赵刚、贾琦(2013)将元话语定义为“在谈话中所提到的前述话题或后续话题的话语标记，不构成话语中的命题成分，在谈话中具有调整谈话场面的作用”。

综合杉户、冢田(1991)和海兰德(1998)的研究，本章将日语元话语分为“话语功能元话语”和“人际功能元话语”两大类。同时参考西条(1996)和赵刚、贾琦(2013)对元话语的分类以及论述，将话语功能元话语进一步分为八种，即“话题提示型”“话题展开型”“话题转换型”“话题焦点化型”“话题修正引导型”“话题归纳型”“注释说明型”和“引证表述型”；将人际功能元话语分为三种，即“话题表述致歉型”“话题负担缓和型”和“话题表述顾及型”。下面结合实例进行分析。

三、话语功能元话语

话语功能元话语主要是指标识话语命题之间的逻辑关系、话题组织结构、命题信息来源等的语言表达形式，可以帮助听话者理解话语组织结构和命题信息之间的逻辑关系。下面分为 8 类对其进行具体论述。

(一)话题提示型

指提示将要言及的话题的元话语。主要有「本題に入りますが」「～のことについて発表したいんですが」「～話に移りますが」「有名な話ですけど」「～という話なんですが」等。

(29)【凪和朋友坂本在谈论凪的前男友我聞】

凪　:それでさっきの話の続きなんですけど、

坂本:大島さんのことが本当は大好きなツンデレの元彼さんのお話ですね。

凪　:いいえ、違って、本当にそういうんじゃないんです。

(『凪のお暇』)

(30)【南和杉崎谈论杉崎过去的婚姻及家庭】

杉崎:南ちゃん。そういえばさ、この間の話しもう少しちゃんとしとこうかと思うんだ。

南　:この間の話し?

杉崎:うん、別れた女房と子供の話し。27のころ結婚して武ができて。

(『ロングバケーション』)

(31)【房产中介三轩家去拜访一个闭门不出的中年人】

三軒家:テーコー不動産の三軒家万智です。城ヶ崎良樹様のために、引きこもりの城をお探ししたいと思っております。そのことについていくつかお話を伺いたいと思いまして。よろしいでしょうか?

(『家を売る女』)

上面对话中的「それでさっきの話の続きなんですけど」「この間の話もう少しちゃんとしとこうと思うんだ」「そのことについていくつかお話を伺いたいと思いまして」虽然不构成话题内容,但有助于听话者对话题内容的理解。话题提示型元话语在会话中对话题内容起限定作用,有助于听话者为理解话题做好心理准备。

(二)话题展开型

指进一步展开话题或深入讨论的元话语。有「最初に」「次に」「最後になりますが」「もう一つお願いしたいんですが」等。例如：

(32)【瀬名不在家的时候，南替他接了电话，瀬名回家后转告他】

南　：用件2件目です。

瀬名：まだあるの？

南　：「芸秀院新人音楽会ゴンクール審査委員会」あ、言えた。から電話があって、この間のゴンクールの結果、残念ですが… ということでした。たぶん、私が初めてここ來た時のゴンクールだね、きっと。

瀬名：きっとそうですね。花嫁の衣装着て、あの扉の前に立ってた時ですね。

南　：残念だったね。

瀬名：伝言、どうもありがとうございました。

南　：いや、どういたしまして。ちょっと待って。

瀬名：まだあるんですか？

南　：もう一個。音楽教室の佐々野竜之介君のお母さんという人から電話があって「明日のレッスンは風邪をひいてるので休ませて下さい」以上でした。

瀬名：どうも。

(『ロングバケーション』)

(33)西園寺：さて、恐縮ですが、私からも二、三聞かせてください。

(『執事西園寺の名推理2』)

一个话题通常由若干小主题构成，会话往往通过某个话题向某个小主题转换，或某个小主题向另一个小主题转换的方式来展开。而话题展开型元话语则是衔接这些话题与小主题的语言手段。例(32)中的「用件2件目です」「もう一個」「それからもう一つ」在话题展开中就发挥着这样的衔接作用。例(33)中的「私からも二、三聞かせてください」起到了预示下面话题的作用。

(三)话题转换型

指用于提示转换话题的元话语。有「話は変わりますけど」「話は飛びますけど」「話は戻りますけど」等。例如：

(34)【市川和同事我聞闲谈后准备进入有关工作的话题】

市川：松木さんご病気なんですか。それは心配ですね。さあ、そろそろ本題に戻りましょう。

我聞：そっか、すみません。

(『凪のお暇』)

如上例所示，话题转换型元话语在会话中发挥着承上启下以及调整话题的作用。

(四)话题焦点化型

指通过提示，使自己或对方的某个话语成为后续话题的焦点，将其话题在后续话语中进一步展开的元话语。有「っておっしゃいますけど」「前に言ったように」「とか言われますけど」「最初にお話したとおり」等。例如：

(35)【玲子和渡边在谈论直子的病情】

玲子：最初にも言ったように、あの子を助けたいと思うんじゃなくて、あの子を回復させることによって自分も回復したいと望むのよ。それがここのやり方だから。だからつまり、あなたもいろんなことを正直にしゃべるようにしなくちゃいけないわけ、ここでは。だって外の世界ではみんなが何もかも正直にしゃべってるわけではないでしょ?

(『ノルウェイの森』)

(36)【南和桃子在讨论南到底喜欢瀬名还是山崎】

桃子：じゃー、瀬名と杉崎さんがボートに乗ってて。

南　：転覆したら杉崎さんを助けます。だからそういうんじゃないの。

桃子：私、男女の友情なんてないと思います。前にも言ったけど、男女の友情っていうのはすれ違い続けるタイミングもしくは永遠の片思いのこと、っていうんです。たまにすれ違い続けるタイミングって思ってて。永遠の片思いってこともありますけどね。

（『ロングバケーション』）

通过「最初にも言ったように」「前にも言ったけど」这样的元话语，可以将话题集中在所提示的焦点上，以便说话者围绕这些焦点话题加以叙述。

（五）话题修正引导型

表示对前述话语偏离话题加以提示的元话语。这类话语有「脱線しちゃった」「話ずれた」「ずれてた」等。例如：

(37)地下足袋の事から、ついむだ話をはじめて脱線しちゃったけれど、私は、この、戦争の唯一の記念品とでもいうべき地下足袋をはいて、毎日のように畑に出て、胸の奥のひそかな不安や焦躁をまぎらしているのだけれども、お母さまは、この頃、目立って日に日にお弱りになっていらっしゃるように見える。

（『斜陽』）

(38)「さて」とちびは言った。「時間があまりないんで世間話はこれくらいにしよう。少しはリラックスした?」

「少し」と私は言った。

「さて、本題に入ろう」と小男が言った。「さっきも言ったように、俺がここに来た目的はあんたのとまどいを少しなりともときほぐすことにある。」

（『世界の終わりとハードボイルド・ワンダーランド』）

上例中的「脱線しちゃったけれど」「世間話はこれくらいにしよう」「さて、本題に入ろう」都是提示前述话语偏离话题的元话语。

(六)话题归纳型

表明归纳话题、结束话题的元话语。有「ということです」「そういうわけで」「それだけです」「以上話してたことをまとめますと」等。

(39)【平匡准备向みくり求婚】

平匡:今日、ここへ来たのはこれからのことを話すためです。サイズが分からなかったので、指輪はまだないんですが、みくりさん、きちんと入籍して、結婚しましょう。

みくり:平匡さんは、そんなつもりはないのかと…

平匡:自分には起こりえない話だと思っていました。ですが、みくりさんと出会って、変わったんです。

(中略)

つまり、結婚した方がお互いに有意義であるという結論に達しました。つきましては…

(『逃げるは恥だが役に立つ』)

(40)【我聞拜托ゴン帮他寻找自己的哥哥】

ゴン:優しいね、我聞君。

我聞:話、それだけだから、とにかく見つけたら頼むわ。

ゴン:わかった。

(『凪のお暇』)

上例中的「という結論に達しました」「話、それだけだから」都是照应前方的元话语,表明了说话者对话题的归纳,具有提示结束话题的作用。

(七)注释说明型

对会话中的话题加以解释、说明的元话语。有「具体的に言えば」「別の言い方をすれば」「逆に言えば」等。

(41)【我闻和常去的酒吧的老板娘及店员在谈论与凪的关系】

ママ:何でその子にはそんな辛辣なの?

我聞：それは…ホントに好きな子はついいじめたくなるってあれね。
ママ：小学生？
杏　：ガモさん、もっと女心勉強しなよ。端的に言ってクソだよ。
（『凪のお暇』）

(42)【南和濑名在谈论看电影时和别人笑点不一致的问题】
南　：映画観て、感動するとこ違うからって、それで気にしてるの？
瀬名：いや、それだけじゃなくて。笑うところも違うんですよ。僕はおかしくないのに、横で笑ってるの。
南　：わかる。あるある。そういうの、自分は全然おかしくないのに人が笑ってるとムカツクよね。
瀬名：いや、むかつかない。涼子ちゃんはかわいいから。でも、例えばね、例えば、ハルオが相手だったら言えるじゃないですか。面白くなかったら「そこは面白くないよって」言えるんだけどでも。涼子ちゃんが相手だと気つかって言えないんですよね 。
（『ロングバケーション』）

上例中说话者通过「端的に言って」「例えば」来对前述话题加以解释和说明。通过注释说明型元话语的提示引导出注释内容，可以帮助听话者更好地理解所表达的内容。

(八)引述表证型

提示话语判断的依据，指出该信息与其他信息之间关系的元话语。有「一説によると」「お話聞いていると」「言われてみれば」「噂に聞いたんですが」等。

(43)【凪询问朋友坂本是否知道她就职的公司存在诈骗行为】
凪　：あの、つかぬことをお聞きしますが、
坂本：はい。
凪　：大丈夫？いや、あの、噂を聞いて調べてみたんですけど、坂本さんの会社、その評判が…
坂本：調べたって、どういうことですか。

(『凪のお暇』)

(44)半沢:しかし、小耳に挟んだんですが、あの案件は…

(『半沢直樹 2』)

上例中的「噂を聞いて調べてみたんですけど」「小耳に挟んだんですが」是对后续话题的引证说明。通过引述表述元话语可以展开后续话题。

除了会话之外,引证表述型元话语在新闻报刊中的使用非常多,例如:

(45)日本政府観光局によれば、日本全体の訪日外国人客数は4～6月は計7200人程度で、3カ月連続で前年同月の99.9%減。外務省によれば、日本が入国を拒否している国・地域は増え、7月17日現在で129に上る。出入国在留管理庁の担当者は「世界では感染拡大が収まらず、入国拒否の国・地域を減らす状況ではない」という。

(朝日新聞2020年7月18日「釧路市、訪日客目標達成は絶望的　コロナ流行で」)

(46)2018年の子どもの相対的貧困率＝キーワード＝が13.5%だったことが17日、厚生労働省が3年ごとに発表する国民生活基礎調査でわかった。前回15年調査から0.4ポイント改善したが、依然として子どもの約7人に1人が貧困状態にあり、国際的に高い水準だ。

(朝日新聞2020年7月18日「子供の貧困、7人に1人　依然として高水準」)

众所周知,新闻报刊是现代社会中影响公众观念、引导社会舆论、构建主流价值观体系的重要媒介,其报道内容的真实性和客观性尤为重要。为了保证新闻报道的客观性和真实性,新闻媒体通常会大量使用证据标记,从而使得报道内容更为客观、真实。

四、人际功能元话语

人际功能元话语是说话者意图、目的、态度、评价等的外显标记,可以减轻话题的负担度，调节人际关系。

(一)话题表述致歉型

在会话中，说话者在将要威胁对方面子的话题之前，通常会使用礼貌补救策略，以减轻对方的心理负担，从而调节会话双方的人际关系。这类元话语有「立ち入ったことで失礼ですけど」「言っては悪いですけれども」「ちょっと言葉が悪いですけど」「こんな話をしてごめんなさい」「下品な言い方ですみません」等。

(47)「いろいろ質問ばかりしてすみません」と僕は言った。「しかし僕はこの街について殆んど何も知らないし、面喰うことばかりなんです。街がどういう機構で動いているのか、どうしてあんな高い壁があるのか、何故毎日獣が出入りするのか、古い夢とは何なのか、どれひとつとして僕には理解できない。そして質問することができる相手はあなた一人しかいないんです」

(『世界の終りとハードボイルド・ワンダーランド』)

(48)「ふうん」と彼女は言った。「変なこと訊ねてごめんなさい。でも計算士に会ったのはじめてだからいろいろときいてみたかったの」

「いいよ、べつに」と私は言った。

(『世界の終りとハードボイルド・ワンダーランド』)

上例中，说话者通过表示致歉的元话语「いろいろ質問ばかりしてすみません」「変なこと訊ねてごめんなさい」减轻了话题对对方的面子威胁程度，使会话得以顺利展开。

(二)话题负担缓和型

在会话中，为了消除听话者对说话者所谈论的话题的反感，说话者往往会夸大对自身所言话题的贬损，以减轻话题的负担度，调节会话双方的人际关系。这类元话语有「余計なお世話でしょうけど」「つまらない話ですけど」「下世話な質問ですけど」「あまり重要な話じゃないかと思うのですけれども」等。

(49)【凪劝说坂本从涉及诈骗的公司辞职】

凪　:余計なお世話だと思います。でも、あの会社やめたほうがいいと思います。

坂本:知ってます。先輩の会社がやばそうなことくらい。入る前から社名検索して知ってました。でも…

(中略)

凪　:今はちゃんと聞きたいです。坂本さんの話。きっと身になることは何も言えないけれど、話を聞くことはいくらでもできるから。だって私、坂本さんに興味があるから、友達だから。

坂本:空気読めない友達でも?

凪　:空気は吸って吐くものです。

(『凪のお暇』)

(50)【南和濑名吵架后,桃子安慰她】

南　:桃ちゃん、寝た?

桃子:いいえ。

南　:桃ちゃん!私ってガサツ?私って。「あんた、女だろう?」って感じ?足あとだらけの、足あとだらけの。

桃子:「いろんな人に踏まれて、人の足あとだらけになった雪!」じゃなかったでしたっけ?

南　:って感じなの?

桃子:そんなことないです。私、あんまりうまく言えないけど、先輩のこと好きですよ。あ、やっぱり言葉足りないですよね。

南　:充分だよ。　(『ロングバケーション』)

上述用例也是通过「余計なお世話だと思います」「きっと身になることは何も言えないけど」「あんまりうまく言えないけど」等人际功能元话语消除了交际中的障碍,使得会话顺利展开。

(三)话题表述顾及型

在会话中,为了减轻话题对听话者面子的威胁程度,说话者常常使用元话语表示对听话者的顾及。这类元话语有「しつこいようですけど」「お聞きしていいかどうかわかりませんけど」「ご自分の口から言いづらいでしょうけど」等。

(51)【坂本询问绿放弃家乡舒适的生活到东京过穷日子的原因】

坂本:あの、つかぬことをお聞きしますが、

緑　:あら、何?

坂本:ご実家はお金持ちなのに、どうしてこんな道端で小銭を拾う暮らしを?

(『凪のお暇』)

(52)【濑名的朋友委婉地对桃子表示不满】

瀬名の友人:あのう。初対面の人に向かってなんなんですけど、あなた、かなり近道につっぱしってますね。

(『ロングバケーション』)

上例中的话题涉及对方的隐私,说话者通过「つかぬことをお聞きしますが」「初対面の人に向かってなんなんですけど」等元话语的使用,降低了话题对听话者面子的威胁程度。

(53)【白洲向三轩家透露庭野喜欢她】

白洲　:あの、ずばり言っちゃいますけど、庭野さんって三軒家チーフのこと好きですよ。なぜかって?

三軒家:何も聞いていない。

白洲　:いや～！ いきなりしゃべらないでくださいよ。

(『家を売る女』)

上例中的元话语「ずばり言っちゃいますけど」也可以被视作"态度评价标记语"。海兰德(2005)认为态度标记语承载着作者对命题信息的赞赏、遗

憾、重视、希望、惊讶等情感态度，而非认知态度。态度标记语常见的表达方式为表示惊讶、遗憾、期望等情感态度的形容词或副词，如「驚いたことに」「残念なことに」等。

(54)ただし、残念なことに、とり逃がしてしまったのである。少々興奮しすぎていたせいもあり、それにハンミョウというやつは、ひどくまぎらわしい飛び方をする。飛んで逃げては、まるでつかまえてくれと言わんばかりに、くるりと振り向いて待ちうける。

(『砂の女』)

(55)これは悲劇よね。まあ私にもいくぶんそういうところはあったんだけれど、幸いなことに私の先生はずいぶん厳しい人だったから、まだこの程度ですんでるのよ。

(『ノルウェイの森』)

态度标记语除了表达说话者对命题信息的态度之外，还表现出说话者对自己的言语行为的评价态度。常见的标记语有「正直言って」「はっきり言って」等。

(56)僕はコーヒーを飲みながらレイコさんの顔を見た。「正直言って僕にはよくわからないんです。東京にいるときに僕が直子に対してやったことが本当に正しかったことなのかどうか。いてずっと考えてきたんだけれど、今でもまだわからないんです」

(『ノルウェーの森』)

(57)ボクが学校生活のなかで最もイヤだったのが、みんながしていることを自分ができないこと。はっきり言って、運動会はあまり好きではなかった。まして、運動会では学年別に席が分かれている。みんなが競技している時に、ポツンと自分ひとりだけが座席で応援しているのは、たまらなく苦痛だった。

(『五体不満足』)

五、日语元话语的使用特点

作为言语交际中不可缺少的话语层面，元话语在不同语言中的表现形式和使用又呈现出不同的特点。从语用认知的角度来看，元话语的使用可以进一步解释话语的生成与理解，是交际主体认知思维的外在体现，以引导读者/听话者组织、解释、评价基本话语，并对命题信息做出反应。元话语不仅可以增强语篇逻辑、突出语篇意义，而且能够表现出作者/说话者对命题信息、读者/听话者以及本人的态度与评价，标识交际主体之间的亲疏程度，鼓励读者/听话者积极参与话语。

在形式上，日语元话语的使用位置比较灵活，可以用在句首、句中或句尾，在口语语体与书面语体中都大量存在。例如：

(58)「そのことと世界が終ることとがどう関係しているのですか?」と私は質問してみた。

「正確に言うと、今あるこの世界が終るわけではないです。世界は人の心の中で終るのです」

「わかりませんね」と私は言った。

「要するにそれがあんたの意識の核なのです。あんたの意識が描いておるものは世界の終りなのです。どうしてあんたがそんなものを意識の底に秘めておったのかはしらん。しかしとにかく、そうなのです。あんたの意識の中では世界は終っておる。逆に言えばあんたの意識は世界の終りの中に生きておるのです。その世界には今のこの世界に存在しておるはずのものがあらかた欠落しております。そこには時間もなければ空間の広がりもなく生も死もなく、正確な意味での価値観や自我もありません。そこでは獣たちが人々の自我をコントロールするのです」

(『世界の終わりとハードボイルド・ワンダーランド』)

上例中的「正確に言うと」「要するに」「逆に言えば」都是元话语。这些元话语的使用把原本不太清楚的、隐藏在话语当中的一些语用效果从语言

的底层带到了语言的表层，把一些不确定的因素确定了下来。尽管这些元话语并不改变话语的命题内容，但他们都反映出元语用意识会在说话者做出语言选择时给予向导和调控。

日常交际中，日本人也喜欢使用元话语这样的话语标记来委婉地表达自己的意思，使对方更易接受自己的话语，从而更和谐地促进会话交流。

例如，在询问属于对方隐私的话题时，日语母语者常常会使用「変なことを聞いてもいいですか」「聞いていい?」这样的元话语来缓和话题对对方面子的威胁程度。

(59)【柊二询问杏子坐轮椅的原因】

柊二：聞いていい?

杏子：うん。

柊二：それ、事故?

杏子：ううん、病気。17時までは歩けてたんだ。けっこうイケてたんだ。

柊二：今もイケてんじゃん。

(『ビューティフルライフ』)

(60)【佐千告诉杏子她的发型不好看】

サチ：ねえ。

杏子：うーん?

サチ：ずっと思ってたんだけど、言っていい?

杏子：いいよ。

サチ：その髪型変だよ。

杏子：分かってるよ。

(『ビューティフルライフ』)

如上所示，当说话者认为表明自己的意见会给对方造成伤害或冲击的时候，也会使用一些请求许可的元话语。

总之，日语的元话语功能丰富，除了具有调节人际关系的功能，还具备会话管理功能。说话者通过元话语来调控话题开始、话题转换、话题持续、话题终了等流程，最终实现交际目的。

本章首先介绍了话语标记的分类、用法，分析了话语标记的功能和特征。虽然目前对于话语标记尚未形成统一的界定，但众多学者都认为话语标记是话语中的一种常见的话语成分。国内有关英语话语标记的研究取得了显著的成果，有关日语话语标记的研究还有待深入展开。关于会话中话语标记的对比研究、基于关联理论的话语标记研究都是具有研究价值的新课题。

此外，本章还介绍了"元话语"的概念和界定。元话语是用来协商语篇互动意义的表达形式，是语言使用者在语言使用过程中有意识的语言选择，是元语用意识的外显表征形式。元话语标记是会话中一种常见的话语现象。其功能是话语和语用层面的功能，而不是句法或语义层面的功能。元话语标记可对话语的解释起到引导作用，可以帮助听话人掌握话题的结构关系，明确语境与话题的关联，减轻话语推理的负担，减弱话题所造成的面子威胁。因此元话语标记的使用对于话语的表达和话语的理解有重要的意义。有关元话语使用因素的研究、访谈和辩论等形式中的元话语研究、会话中元话语的汉日对比分析、中国日语学习者元话语的习得研究等均可成为元话语研究的课题。

研究思考题

1.收集汉日语语料，找出其中的话语标记，并分析它们的元语用功能。

2.对比汉日母语使用者的自然会话中的元话语，从使用频率、使用场合等方面进行分析。

本章参考文献

[1]胡壮麟，朱永生，张德禄，等.系统功能语言学概论[M].北京：北京大

学出版社,2005.

[2]何自然,陈新仁.当代语用学[M].北京:外语教学与研究出版社,2004.

[2]黄勤,熊瑶.英汉新闻评论中的元话语使用对比分析[J].外语学刊,2012(1):99-103.

[3]李秀明.汉语元话语标记研究[D].上海:复旦大学,2006.

[4]李佐文.论元话语对语境的构建和体现[J].外国语(上海外国语大学学报),2001(3):44-50.

[5]冉永平.话语标记语的语用学研究综述 [J].外语研究,2001(4):8-14.

[6]唐建萍.元话语研究述评[J].山东外语教学,2010(1):96-101.

[7]徐赳赳.关于元话语的范围和分类[J].当代语言学,2006(4): 345-353,380.

[8]徐园园.日本报刊新闻评论中的元话语[J].东北农业大学学报(社会科学版),2017(1):65-71.

[9]許慧敏.対談におけるメタ言語の日中対照研究[M]//赵刚.会话分析对比研究.西安: 西安交通大学出版社, 2004:361-378.

[10]许慧敏.日语谈话中的元话语表现及其语用功能[J].中国校外教育,2011(10):108-109.

[11]许慧敏.日语教学中多模态元话语的对话性策略[J].文化学刊,2016(11):137-141.

[12]杨秀云.基于功能语言学的日语元话语意义及功能分析[J].现代语文(学术综合版),2017(12):237-240.

[13]杨秀云. 主位推进理论视角下日语元话语作用分析[C]//《当代外语教育》编辑部.当代外语教育(2018 年第 2 辑).北京:外文出版社,2018:37-44.

[14]杨秀云.功能认知视域下日语元话语分析与应用研究[M].上海:上海交通大学出版社,2018.

[15]张玉宏. 巴赫金语言哲学视角下的元话语标记研究[J]. 兰州学刊,2009(4) :183-185.

[16]赵刚.日语的话语标记及其功能和特征[J].日语学习与研究, 2003

(2):7-12,20.

[17]赵刚,贾琦.会话分析[M].北京:高等教育出版社,2013.

[18]R.ヤコブソン.言語とメタ言語[M].池上嘉彦,山中桂一,訳.東京:勁草書房,1984.

[19]池上嘉彦.主観的把握:認知言語学から見た日本語話者の一側面[J].昭和女子大学大学院言語教育・コミュニケーション研究,2006(3):1-6.

[20]加藤陽子.Face Threatening Actを明示するメタ言語表現について:討論形態の談話分析から[J].国立国語研究所. 日本語科学,2002(11).

[21]甲田直美.接続詞とメタ言語[J].日本語学,1996,15(11).

[22]古別府 ひづる.専門的内容における口頭発表のメタ言語表現[J].表現研究,1994(59):12-22.

[23]西條美紀.テレビ討論における話題転換にメタ言語が果たす役割[J]. 表現研究,1995(63):30-37.

[24]西條美紀.談話におけるメタ言語表現の役割[M].東京:風間書店, 1999.

[25]清水まさ子.論文におけるメタ言語表現について:メタ言語表現と論の展開とのかかわり[J]. N.E.A.R. Language Education Conference, 2010(7):2-15.

[26]杉戸清樹.待遇表現としての言語行動:「注釈」という視点[J].日本語学,1983,2(7):32-42.

[27]杉戸清樹,田実知代.言語行動を説明する言語表現:専門的文章の場合[J].国立国語研究所報告書,1991(12):131-164.

[28]寅丸真澄.講義の談話におけるメタ言語表現の機能[J].早稲田日本語研究,2010(19):49-60.

[29]田野村忠温.メタ言語とは何か[J].日本語学, 1996,15(10):11-18.

[30]張勤.比較言語行為論:日本語と中国語を中心に[M].東京:好文出版, 1999.

[31]ポリー・ザトラウスキ. 日本語の談話の構造分析:勧誘のストラテジーの考察[M].東京:くろしお出版, 1993.

[32]李婷.メタ言語表現の「文脈展開機能」[J].早稲田日本語研究，2013(22):1-12.

[33]HALLIDAY M A K. Explorations in the functions of language [M]. London：Edward Arnold，1973.

[34]HALLIDAYM A K. Language as a social semiotic :the social interpretation of language and meaning[M].London：Edward Arnold，1978.

[35]HYLAND K. Disciplinary interactions：metadiscourse in L2 postgraduate writing [J]. Journal of second language writing，2004(13)：133-151.

[36]HYLAND K. Metadiscourse[M]. New York：Continuum，2005.

[37]JAKOBSON R D. The framework of language[M]. Ann Arbor：University of Michigan，1980.

[38]HYLAND K，TSE P. Metadiscourse in academic writing:a reappraisal[J]. Applied linguistics，2004(25):156-177.

[39]TAYLOR T. Language constructing language：the implication of reflexivity for linguistic theory[J].Language sciences,2000(22):483-499.

第八章　称呼语

在任何一种语言中，只要人们彼此间产生交际，就会使用称呼语(address terms;terms of adderess;address forms/呼称語)。语言交际过程中，恰当的称呼能使交际得以顺利进行；不恰当的称呼则会造成对方的不快，给交际设下障碍。称呼语的选择直接影响着交际效果。

最初对称呼语进行系统研究的是美国人类学家摩尔根(Morgan/モーガン)。赵元任(Chao,1956)早在20世纪50年代就对现代汉语称呼语进行了细致的研究。

日本有关称呼语的研究主要分为社会语言学和语用学两个方面。铃木孝夫(1973)从社会语言学的角度探讨了称呼语的分类和亲族称呼语的分类，将称呼自己的词汇整体用“自称词”、称呼对方的词汇整体用“对称词”两个用语来概括。三岛浩路(2003)、田中孝志(2009)等对称呼语的使用状况进行了考察，指出年龄、性别、集团内的权利因素和日语称呼语的使用有密切关系。东出朋(2017)从会话管理的角度探讨了称呼语的使用机能。

本章将主要从语用学的视角对日语称呼语进行阐释。

第一节　称呼语的定义

陈新仁等(2013:28)指出：称呼语用于称呼人物(一般为对方的名称)，以明确说话对象，引起对方注意。在实际的语言交际中，称呼语的位置比较灵活，可位于句首、句中以及句末，书写时通常用标点符号将其与句子的其他成分间隔开来。例如：

(1)【桃子在街上偶遇比自己年长的同事】

桃子：先輩！

南　：あれ！桃ちゃん。

桃子：あれ！どうしたんですか？そのかっこう。

南　：あ、これ？面接、だけど、ダメ。今日も全然手ごたえなし。桃ちゃん、何やってるの？

(『ロングバケーション』)

在上例中，桃子突然在街上看到南，两人是同一家模特事务所的同事，于是桃子称呼比自己年长的南为「先輩」。南则用「名前＋ちゃん」的「桃ちゃん」来称呼桃子，由此可以看出两人的关系是很亲密的。在这段对话中，称呼语分别出现在了句首、句中与句末。

对于称谓与称呼的区别，历来就有争论，定义也很多，主要有以下几种：第一种将称谓语与称呼语等同，持一体说；第二种认为称谓语和称呼语意义等同，仅有广义与狭义之分，即称谓语为广义的用法，而称呼语为狭义的用法；第三种认为称谓语包含称呼语；第四种是称谓语和称呼语差异说。本章采用的是第一种观点，即认为称谓语等同于称呼语的一体说。

在交际中，受到社会因素制约的指示语即为社交指示语。而一般情况下，最易受社会因素影响的指示语主要就是人称指示语。人称指示语是以人为指称对象的指示语，多由人称代词来充当（详见本书第二章）。

第二节　日语称呼语的分类

本章从称呼语的形式和意义两方面出发，将称呼语分为两大类：亲属称呼语和非亲属称呼语，并根据所收集的语料，对这两类称呼语做了进一步的划分。

一、亲属称呼语

亲属称呼是基于血缘关系或婚姻关系而形成的表示亲属关系的称呼。亲属称呼的社会功能有两个，一是直接称呼家族之间的亲属关系，二是对虚拟的非亲属关系的礼貌称呼。

日语社会讲究上下等级，亲属称谓用于称呼时以“我”为中心，上对下不能使用相应的下位亲属称谓，而下对上则必须使用相应的上位亲属称谓。如对父母兄姐称呼「おとうさん、おかあさん，おにいさん、おねえさん」，但对弟妹儿女就不能称呼「おとうと、いもうと，むすこ、むすめ」，应该使用「名＋くん(さん/ちゃん)」(铃木孝夫 1973)。

以父母称呼为例，「お父さま」和「お母さま」是尊敬度很高的正式称呼；「お父さん」和「お母さん」是比较普遍的礼貌称呼；「お父ちゃん」「お母ちゃん」和「おやじ」「おふくろ」分别为昵称；「パパ」和「ママ」是幼儿语，但现在很多日本女孩即使成人了，也依然会用「パパ」和「ママ」来称呼自己的父母。例如：

(2)【加穗子和妈妈在模拟面试时的场景】

加穂子：加穂子、そういう質問、苦手だよね。どうしよう、ママ。

ママ　：うん、私なら、こう答える。

(『過保護のカホコ』)

上例是日剧『過保護のカホコ』中的一段对话，加穗子已经是大学四年级的学生了，但依然称呼自己的母亲为「ママ」，称呼自己为「加穗子」。从这些称呼可以看出温室里长大的加穗子不谙世事的性格。

(3)【庭野追问科长，之前相亲的对象对自己到底何处不满意】

庭野：あ…あの！ 自分のどこがダメだったんでしょうか？

課長：もういいじゃないかお前にだってその気ないんだから。

庭野：言ってください、気になりますから。

課長：そうなの？

庭野：お願いします！どうしても納得できません。

課長：いや、何怒ってんだよ！

庭野：怒ってません、知りたいんです。

課長：ん～？

庭野：教えてください。

課長：う～ん…、じゃあ、教えちゃうけど、先方が合わないと思ったポイント：1、自分のことを自分と言う…

（『家を売る女』）

例(3)是出自日剧『家を売る女』的一个很有意思的例子，房地产公司职员庭野经常以「自分」来称呼自己，但需要注意的是，在日语中「自分」并不是任何场合都能使用的自称语。本书第二章也提到过，日语中「自分」一词用于自称词主要有军队用语、体育协会的年轻男子、日本的中国地区[①]的方言等情况。从该剧剧情看，庭野使用「自分」称呼自己应该是因为他有参加体育社团的经历。庭野去相亲后，遭到对方拒绝，而对方列出的第一条理由就是「自分のことを自分と言う」。这可能是由于对方不太喜欢庭野身上这种体育背景较强的氛围。

另外，称呼自己的父母为「おやじ」「おふくろ」的也一般多为男性。

(4)息子：おふくろ、もう分かったよな。

（『昼顔』）

(5)息子：おやじ、ちゃんとリハビリテーション、やってるのか。

（『Doctor-X』）

日语亲属称呼的「弟」和「妹」不用于直接称呼，日本社会习惯对自己的弟弟和妹妹以名字称呼，或用爱称。例如，妹妹的名字叫「幸子」，一般就直呼「さちこ」或「サッちゃん」。下面这段日语教科书中的会话很好地表现出了日本家庭成员之间的称呼。

---

① 日本的中国地区主要指本州岛的西部地区，行政区划上包括冈山、广岛、山口、岛根、鸟取5个县。

(6)【山川家正在举办派对，山川先生邀请了李先生。山川先生的母亲正在厨房准备食物，山川先生一边帮忙一边等待李先生】

リー：ごめんください。

山川：いらっしゃい。お父さん、リーさんが…、あら？お父さんは？

母　：え？お父さん？お父さんなら、ガレージで車を洗うわよ。

山川：ねえ、お父さん。さゆり姉さんは？

父　：え？さゆり？さゆりなら、2階で紳一郎さんとお茶を飲むよ。

山川：ねえ、さゆり姉さん。和也は？

姉　：え？和也？和也なら、リビングでテレビを見るわよ。

山川：ねえ、和也、達也兄さんは？

弟　：え？達也兄さん？達也兄さんなら、庭でいっちゃんと遊ぶよ。

山川：ねえ、達也兄さん。かおりは？

兄　：え？かおり？かおりなら、部屋で音楽を聴くよ。

山川：ああ、かおり、バーベキュー、始めるわよ。あら？ポチは？

妹　：え？ポチ？ポチなら、そこで寝ているわよ。

犬　：ワン！

（ジェイ・ブリッジVol.1：151）

从上例可以看出，山川家有7口人，山川称呼自己的爸爸为「お父さん」，山川的妈妈称呼自己的丈夫也是「お父さん」。山川称呼自己的姐姐为「さゆり姉さん」，称呼哥哥为「達也兄さん」。对弟弟妹妹则是直呼其名为「和也」「かおり」，对哥哥的孩子则使用的昵称「いっちゃん」。

日语亲属称呼中存在着一种“虚构法”现象（铃木孝夫，1973：159-162）。日本有以年龄最小的孩子为基准点称呼家庭成员的习惯，即家庭称呼有时会因最小的孩子而改变。比如，一个祖孙三代的家庭，年龄最小的是3岁的孙子，年龄最大的是70岁的爷爷。孩子的爸爸称孩子的姐姐为「お姉ちゃ

ん」,称孩子的妈妈为「お母ちゃん」,称孩子的爷爷为「おじいちゃん」。同样,孩子的爷爷会称孩子的奶奶为「おばあちゃん」,叫孩子的爸爸时用「お父さん」。家庭全体成员叫年龄最小的孩子时则直呼其名字或用昵称,而不会称他为「孫(まご)」。例如:

(7)【美栗和妈妈谈论自己不准备举行婚礼的事情】

母　　:お父さん、がっかりしてた。バージンロードみくりと歩けると思ってたから。予行練習までして、新しい家の廊下で。みくりがこんなに早く結婚するとは思わなかったな。

みくり:お母さん、私産んだの23でしょ、今の私より2つも下。

(『逃げるは恥だが役に立つ』)

例(7)中母亲说的「お父さん」指的是自己的丈夫,「みくり」说的「お母さん」是当面对自己母亲的称呼。

现在不少有了孩子的夫妻会互称对方为「パパ」或「ママ」。日本朝日电视台的综艺节目「クリームクイズ」(2020.07.08 期)中,嘉宾获胜并且获得奖品之后,兴奋地隔着屏幕对自己的妻子喊话道:「ママ、持って帰るよ」。其中的「ママ」指的就是自己的妻子。

(8)【平匡为了结婚的事情到美栗家拜访】

ちがや:平匡さんはみくりのどこが良かったの? まあ、取り柄と言えば、若さだけじゃないですか。

知佳　:パパ! ごめんね、みくりちゃん。

みくり:いいえ、そのとおりで。

平匡　:いいえ、そんなことはないです。みくりさんは何でもできて、僕にはもったいない人です。むしろ森山家の皆さんに申し訳ないと。

(『逃げるは恥だが役に立つ』)

上例是日剧平匡为了结婚的事情初次见美栗的家人时的场景。美栗的

哥哥称呼自己未来的妹夫平匡为「平匡さん」(“名字＋さん”),称呼自己的妹妹为「みくり」(直接称呼名字)。美栗的哥哥嫂子已经有孩子,所以她嫂子称呼她哥哥为「パパ」,称呼美栗则用了「みくりちゃん」(“名字＋ちゃん”)。而平匡称呼美栗为「みくりさん」(“名字＋さん”),提到「みくり」的家人则用了「森山家の皆さん」这样的称呼。

称呼听话者的家人或亲属用亲属称呼中的敬称,这是日语敬语的使用原则决定的。但是需要注意的是,由于日语对外人称呼家里人用谦称,因此在语言交流中称呼听话者、家人或亲属时是不加定语的。

(9)【平匡和美栗在家里交谈】

平匡　:あの、こないだも思ったですけど、異論! 反論! オブジェクションって結構古いですよね。何で知ってるんですか。

みくり:年はごまかしてないですよ。父が好きでよく見てて。

平匡　:本当にお父さんにそっくりですよね。

(『逃げるは恥だが役に立つ』)

上例中,美栗提到自己的父亲用的是「父」,而平匡提到美栗的父亲则使用的是「お父さん」。在同家人以外的人交流时说「お父さんはお元気ですか」,这里的「お父さん」一定是“您的父亲”;而称呼话题涉及的人的亲属时要用定语,如「山田さんのお子さんはもう大学生ですよ」。

若一个家庭中有两个孩子,那么对于大孩子的称呼随着第二个孩子的诞生也会发生改变。由「名＋ちゃん」变成「お兄ちゃん」「お姉ちゃん」。

(10)お母さん:お兄ちゃん、早く入って、入って。

(『いたずらなKiss2』)

(11)お母さん:お姉ちゃん、どうしたの?

(『正義の味方』)

即使那个孩子没有弟弟妹妹,家长也可以这样跟孩子说话来鼓励孩子。

(12)「痛くても泣かない！ △△ちゃんは、もうお兄ちゃん(・お姉ちゃん)なんだから。」

并且，如果有两个孩子，日本人在对外人提到大孩子时也可以使用「お姉ちゃん」「お兄ちゃん」这样的称呼语来指称。如母亲对外人谈到大孩子时说「お姉ちゃんは今日～」。如果不了解这一点，日语学习者往往会误以为那位母亲是在谈论自己的姐姐。但日本人在谈及自己的姐姐时一般会使用「姉は～」。所以，需要根据语境及语言背后蕴含的文化等因素来综合进行判断。

(13)【柊二请求杏子的哥哥正夫认可他们的关系】

柊二：あの、お兄さん。

正夫：いや、お兄さんって、あんたの兄さんじゃないし。

柊二：あの、杏子さんとの交際を認めてもらえませんか。認めてください。

正夫：認めろって、別に俺は。

柊二：いや、ちゃんとお兄さんにも、みと、認めて、もらいたいし。

(『ビューティフルライフ』)

日语中表示基于婚姻关系而形成的亲属关系的词语不如汉语丰富。例(13)是柊二请求杏子的哥哥正夫认可他们交往时的场景，和杏子一样称呼正夫为「お兄さん」表明了柊二希望得到正夫接纳的心情。

由于语言习惯差异以及日语的敬语体系中的敬称和谦称在词形上的不同，日语学习者在使用日语亲属称呼时，往往会受汉语思维方式的影响而发生误用现象，这一点需要特别注意。

二、虚拟亲属称呼语

亲属称呼语除用于称呼亲属外，还有被用于称呼非亲属的情况，即“虚拟亲属称呼语”。日语亲属称呼用于非亲属时一般只限于小孩称呼较熟悉的长辈，除此之外对不熟悉的人或年轻人一般不用。

日语亲属称呼用于非亲属时，如上所述多见于小孩称呼熟悉的长辈。因此在邻居之间也会看到前面提到的“虚构法”现象，即站在邻居家里最年少的成员立场称呼其他家庭成员。特别需要注意的是，和中国人的辈分意识不同，日本人是「老若男女(ろうにゃくなんにょ)」意识，不分辈分。例如，日本教育幼儿园的小朋友称年轻的女子为「お姉さん」，而不是「おばさん」。因此在日本不能随便用「おじさん」「おばさん」去称呼二十多岁、三十多岁的人，尤其是不要称呼年轻女性为「おばさん」。

(14)【南指导新来的模特，但对方不听她的话，二人发生了矛盾】

南　：でも、やるって決めたんでしょう？決めたからには……

新人：うるさいんだよ。おばさん……

南　：なに？もう一度言ってみな。

新人：ババア！

(『ロングバケーション』)

上例中新人故意称呼南为「おばさん」，甚至用了对老年女子的称呼语「ババア」(老太婆)，引发了两人之间的争吵，直至大打出手。

日剧『ビューティフルライフ』第一集柊二和杏子初次相遇的场景中，由于杏子突然从车窗里伸出手来使得骑摩托车的柊二差点被撞倒，所以柊二有点生气地抗议道「おい、こら、ちょっとおばさん」，结果杏子很不客气地回应「おばさんて誰ですか」。可以看出年轻的日本女性对于「おばさん」这个称呼语普遍是比较抵触的。

日本人普遍有一种不服老、不愿被叫老了的心理，越是年长者越是不愿意让别人称呼自己「おじいさん」或「おばあさん」，而更希望被别人称呼自己的姓名。例如：

(15)【一位老夫人去事务所拜访杉崎】

社員：先生、お客様です。

お客：あのう。

杉崎：何、おばあちゃん。

お客：私、おばあちゃんじゃございませんのよ。長瀬って申しますの。

（『ロングバケーション』）

上例是『ロングバケーション』中的一个场景，之前南在公交车上因为帮助一位老奶奶而无意中把摄影师杉崎拍摄的照片弄丢了（其实是帮老奶奶下车时把装有照片的信封放进老奶奶的袋子里了）。老奶奶发现后根据信封上的地址找到了杉崎的事务所，归还照片时发生了以上一段会话。当杉崎称呼对方为「おばあちゃん」时，对方指出「おばあちゃんじゃございませんのよ。長瀬って申しますの」，暗指杉崎应该称呼自己为「長瀬さん」。

角田（2001）指出，「日本ではどうも相手が実際の年齢よりも'若く見える'ということがほめ言葉になるようだ。」（在日本，对方说自己显得比实际年龄年轻是一种称赞）。在日语社会中，小孩或年轻人在用亲属称谓称呼非亲属的年纪大一点的人时，会尽可能用相近辈分或同辈的上位亲属称谓称呼对方，通过缩小"代差"来表示敬意或亲近。如下例所示，日本孩子一般称二十多岁的人甚至已婚的中年人为「お姉さん」「お兄さん」。

（16）【一个四、五岁的小朋友要求三轩家跪在地上扮马让他骑】

蒼穹　：じゃあ、お姉さん、ヒヒ～ンして！

三軒家：私はやりません。

（『家を売る女』）

而汉语文化自古以来重视尊老爱幼、长幼有序，以把对方视为高辈为敬。如果不了解这一差异而根据汉语的称呼习惯来称呼的话，就会引起对方的尴尬，造成不愉快。例如，中国研究员的孩子上小学，见到父亲的日本上司比较年长，便满怀尊敬地称他「おじいさん」，上司瞬间满脸通红，显得非常尴尬。

另一方面，年纪大的人也可以用同辈亲属称谓降级转称年龄比自己小一两辈的非亲属的人以表示亲近，但日语里使用降级社交转称时，不仅降辈分，而且还降年龄。因此日语里对不认识的小孩不会叫他们「おとうとちゃん/いもうとちゃん」，而是叫「おにいちゃん/おねえちゃん」。不能叫「おとうとちゃん/いもうとちゃん」是因为这跟虚设的最年幼亲属称谓参照点矛盾。

受集团意识的影响，日本人对外部人员一般保持敬而远之的态度，亲属称呼语的扩展使用只限于对老人、孩子、朋友、邻居等集团内成员。从日本人的日常会话来看，年轻人或中年人面对孩子时常用「お姉さん」「お兄さん」「おばさん」或「おじさん」等来指称自己。

(17)【莉香在从爱媛回东京的电车上遇见一个5岁左右小男孩】
リカ　：ぼく、名前何て言うの？
男の子：任新今田。
リカ　：今田？
男の子：お姉ちゃんは？
リカ　：お姉ちゃんは、リカ。

(『東京ラブストーリー』)

上例中，莉香用「ぼく」来称呼小男孩，这是日语称呼男孩子时特有的用法。小男孩用「お姉ちゃん」来称呼莉香，于是莉香在回答小男孩的问题时也使用「お姉ちゃん」来指称自己。

中国人使用虚拟亲属称呼语是为了拉近人与人之间的距离，增加亲密度，消除距离感，进而增进感情，达到顺利交流的目的。而日本人的“内外”意识比较强烈，与亲族意识相比，他们更注重其所属的社会和集团关系，对陌生人很少使用过于亲昵的称呼，以保护他们独立的空间。

三、非亲属称呼语

日语称呼语中，还有一个重要部分是非亲属称呼语，常以三种形式存在：姓名称呼语、职衔称呼语、社交通用称呼语。

(一)姓名称呼语

作为称呼语的一种形式，姓名称呼语有着很强的符号性，表现在称呼的过程当中出现姓氏或者名字中的某个成分。日语姓名称呼语一般有三种形式：“姓＋名”“姓”“名”，如「山田太郎」「山田」「太郎」。实际上在日本社会生活中多用「山田」或「太郎」,「山田太郎」这样"姓＋名"的形式比较少用。例如：

(18)【莉香在机场接完治,二人第一次见面】

リカ:完治！永尾完治！完治！

完治:はい。

リカ:永尾完治！

完治:あの、ここです。

リカ:完治(かんち)君？

完治:あ、いいえ、永尾完治(かんじ)です。

リカ:いるなら早く言ってよ。事業部の赤名リカです。荷物これだけ？

完治:はい。

(『東京ラブストーリー』)

上例是日剧『東京ラブストーリー』中男女主人公在机场初次见面时的场景,因为互相不认识,所以来接机的莉香才会用全名「永尾完治」来称呼对方。

另外,昵称是由姓名演变来的表示亲昵的称呼,日语的昵称往往取姓或名的一个音节构成「～さん」或「～ちゃん」的形式。如日本艺人「木村拓哉」被称为「キムタク」;人们熟知的乒乓球运动员「福原愛」被称为「アイちゃん」等。

姓名称呼根据前后的修饰成分的不同,其礼貌程度也不同。下面的例子"→"所指的方向表示称呼的郑重程度逐次升高。以「山田太郎」为例,这些形式的称呼都是根据具体场合来选择的。

(19)

「太郎ちゃん→太郎→山田→山田太郎→山田君→山田さん→山田部長/山田先生→山田様→山田殿」

日语中不带敬称的姓名称呼语主要用于称呼关系亲密的人，如父母称呼孩子、哥哥姐姐称呼弟弟妹妹、公司上司称呼关系亲密的部下等场合。不同的是，家庭内部往往只使用名字，公司中上级对下级的称呼则多用姓，如下例中部长称呼莉香的「赤名」。

(20)【部长让莉香教完治如何开展工作】

部長：赤名！

リカ：はい。

部長：お前春のキャンペーンの担当だったよな。

リカ：はい。

部長：うちの新戦力に事業の仕事をおおまか教えてやってくれないかな。

リカ：はい、分かりました。

部長：じゃ、頼むんだぞ。

（『東京ラブストーリー』）

(21)【三軒家调动工作后第一次见到新同事们】

課長：おっ、お…おはよう！三軒家君だよね？

三軒家：はい、三軒家万智です。屋代課長、よろしくお願いいたします。

課長：待ってたよ。

庭野：おはようございます！

課長：庭野、三軒家チーフだ。

庭野：よ…よろしくお願いします。

課長：それじゃあ、三軒家君、課の仲間を紹介しよう。

（『家を売る女』）

日语中的第二人称后缀「君(くん)」不仅用于对男性的称呼，在上下级关系比较明显的情况下，如例(21)所示，上司也可以称呼女性下属为「三軒家君」。此外，例(21)中，科长对于男性下属则采用了直呼其名的方式，而三轩家对科长的称呼则使用了「姓＋役職」的方式，称其为「屋代課長」。

日语敬语体系发达，直呼姓名的情况较少。在日本人的语言习惯和意识里，「呼び捨て」（直呼姓名）是非社交性的不礼貌的语言行为，因此，只限于用在上级对下级或亲密的人之间。

(22)【丈夫因为有了外遇离家出走后又回到家里】

夫：あ～やっぱりこの家がいいわ～貴美子！

妻：呼び捨てにしないで！

（『家を売る女』）

上例中，丈夫因为有了外遇离家出走后又回到家里，此时妻子已下定决心要和他离婚，丈夫不知道这个情况，还按照以前的习惯称呼妻子为「貴美子」，妻子马上表达了不满，让丈夫不要对自己直呼其名。

(23)【柊二告诉正夫，杏子提出来想给他和佐っちゃん庆祝他们有了孩子】

正夫：俺と佐っちゃんのお祝い？

柊二：ええ、俺と話してそういうふうにしたいって。杏子もほら、あのう、ね、杏子さんも、外泊扱いしてもらえれば、OKじゃないですか。

正夫：いいよ、杏子で。

（『ビューティフルライフ』）

上例中，柊二提到杏子时用了平时惯用的称呼「杏子」，意识到这可能会引起杏子的哥哥正夫不满，便改口用了「杏子さん」，正夫也注意到了这一点。这时正夫已经知道柊二和杏子是真心相爱的，所以说了「いいよ、杏子で」（叫杏子就可以），表明他已经接受了柊二和杏子的关系。

汉语“姓＋名”的全称称呼与日语差别最大的用法之一是人名用于公共场合的称呼，如用于军队和学校等的点名、医院呼叫等候就诊的患者等场合。汉语间接称呼中直呼姓名的使用更加宽泛且不受限制。对于话题中的人物、新闻媒体报道中的人物，汉语往往使用全称称呼。例如，2019 年 12 月

24 日《人民网》有这样的标题："习近平会见日本首相安倍晋三"[1]。同日的《人民日报》电子版日文版将此标题译为「習主席が安倍首相と会談」[2]。而日本的一些报纸或杂志在刊登人名单需要直呼其名时都会在名单的右上角特意注明「敬称略」字样，否则会被视为失礼。

社外の人物が含まれる場合

出席者一覧（敬称略、順不同）

田中次郎　株式会社…

鈴木花子　△△株式会社

伊藤一郎　株式会社××

图 8-1　「敬称略」的用例

另外，日语即使提及第三者也很少直呼其名，名字后面一般要加上相应的接尾词。比如提及幼儿园小孩时用「～ちゃん」；学校的男生用「～君」，女生用「～さん」。「～ちゃん」是一个含有亲昵语气的称呼语，多用于对少年儿童的称呼，或长者称呼晚辈以及亲密的朋友之间。现在很多日本家庭中母亲称呼自己的孩子无论男女普遍使用「名字＋ちゃん」的方式，如儿子名字是「大輔（だいすけ）」，母亲往往称呼他为「大ちゃん」。

姓名称呼语随着说话者和听话者关系的改变也会发生变化，日剧『凪のお暇』中，凪和前男友在交往前说话时互相称呼对方为「我聞さん」「凪さん」，但两人开始交往之后称呼发生了变化，凪称呼我闻为他的名字「慎二」，我闻也是以名字「凪」来称呼她。

（二）职衔称呼语

职衔称呼语也是一种非常普遍的称呼语，分为头衔性称呼和职业性称呼两类。头衔称呼指表示机关、学校、企业等内部职务的称呼，如「学長、校長、社長、部長、課長、係長、店長、所長、主任」等。职业称呼是表示所从事的

---

① http://cpc.people.com.cn/n1/2019/1224/c64094-31519303.html。

② http://j.people.com.cn/n3/2019/1224/c94474-9643308.html。

工作内容的称呼，如「先生、弁護士、看護師、運転手、乗務員、八百屋、電気屋」等。

1.头衔性称呼语

日语中，在工作单位使用职务称呼来称呼他人可以表示对他人的尊敬和认可。汉语的职务称呼可以直接使用，或冠以被称呼者的姓或名字，并且在称呼副职时有把“副”字去掉的习惯，如将副校长称作“校长”，把副部长称作“部长”，把副主席称作“主席”。但日本社会很少使用这种夸张法。一是因为日本的机关和企事业单位的副职少，一般多用「補佐官」作为副职；二是因为日本社会没有这种称呼的习惯。如果正常工作或生活中明明知道对方是副知事或副部长，却称其为「知事」或「部長」，会被认为是对该人的一种讽刺和戏弄。在日剧中常出现「副社長」「副店長」这样的称呼。

(24)店長：副店長、ちょっと。　　（『戦う！ 書店ガール』）
(25)北村：早速なんですけど、副店長。　　（『戦う！ 書店ガール』）

另外，需要注意的是日语的职务称呼往往受到内外关系的限制。比如日本公司接待客户时：

(26)A：佐藤部長はいらっしゃいますか。
　　B：申し訳ありません。佐藤はただいま、席をはずしております。

对客户称呼自己公司的「佐藤部長」不能按自己公司内部的使用规则，而应该以客户为上，去掉职务称呼，只称「佐藤」即可。此外还有一种方法，即说成「部長の佐藤」。

日语职务称呼的内外限制除了受敬语使用规则的影响，也反映了日本社会的集团主义意识。集团内部虽然有着严格的上下级组织关系，但这种关系对外部集团不起作用。所以日本社会的外部集团之间的关系优先于集团内部关系。

2.职业性称呼语

职业称呼中，有的既代表职业又表示身份，成为一种敬称。

日语的「先生」只能称呼教师、政治家、医生和律师等固定的人群，没有用于固定人群以外的习惯。例如，刚去日本不久的中国留学生往往按照中国的习惯在图书馆里称呼工作人员为「先生」，这时被称呼的人往往会不好意思地订正说「いや、先生ではないんです。スタッフです」。

田中春美和田中幸子(1997:121)指出，日语的职业称呼除了「先生」以外一般不能直接用来称呼他人，需要以「職業名＋さん」或「職業名＋の方」的形式使用。比如「運転手さん」「電気屋さん」「看護師の方」等。

(27)保科：運転手さん、五反田まで。 (『エイジハラスメント』)

(28)大沢：はじめまして、モデルさん？ (『エイジハラスメント』)

「职业名称＋さん」的称呼是非常便利的，即使是陌生人，只要知道对方的职业就可以避免在交际中的称呼有误。

职业称呼中还有一些富有日本特色的称呼语。日式旅馆的管理者都是女主人，被称呼为「女将さん」，负责各个房间的服务员「仲居」也全是女性。日语中的「ママ」本来是一个具有“母亲”含义的称呼，但在社交场合中，它产生了一个新的意思——“女老板”。在日本的酒吧和娱乐场所，业内的职员及客人常称呼老板娘为「ママ」或「ママさん」。

(29)【酒吧老板和客人的对话】

ママ：一度旦那連れていらっしゃいな。わたしが説教してやるから。

客 ：ママ、ほんと？ 言ってやって、もう！

ママ：任せてよ。

(『凪のお暇』)

在中国也很有人气的日剧《深夜食堂》里的老板被称作「マスター」，经常光顾的客人则被称为「常連さん」。

被尊为日本“国技”的相扑是日本人特别喜欢的一项传统体育运动。相扑选手的培养依靠「部屋」，「部屋」的最高领导叫「親方」(即师父)，「親方」一般由退休的著名力士担任，对相扑协会负责，同时教授弟子学习相扑技艺。

相扑选手按比赛成绩分为十个等级：序之口、序二段、三段、幕下、十两、前头、小结、关胁、大关、横纲。横纲是相扑手的最高段，十两以上的相扑选手被称为「力士」，「大関」「横綱」等也往往被用作称呼语。

日本的综艺节目中常用的称呼语还有「キャプテン」「～アナ」「リーダー」「MC」（セレモニーのマスターの略）等。

(三)社交通用称呼语

社交通用称呼语又可以被理解为礼貌称呼，指通用于一般社会的各种称呼。社交通用称呼语多用于称呼不认识的人。直接称呼时主要用于第二人称，间接称呼时也用于第三人称。如「お客さま、お忘れ物です」「坊や、おいくつ?」「隣の奥さん」等。例如：

(30)エリイ：お隣さん、来た！おいでよ。ちょうどゴンちゃん回すとこ。

(31)我聞：ボーイさん、近くにコンビニある?

（『凪のお暇』）

例(31)的「ボーイさん」是对酒吧中的服务生的称呼。

日语的「奥さん」「旦那さん」等称呼一般只能用来直接称呼他人，前面不接姓或名。但是用于间接称呼时可以在前面加定语，如「田中さんの奥さん」「あの家の旦那さん」等。在孩子的家长之间也可以直接称呼对方为孩子的姓名＋「ママ/パパ」，如「理恵ママ」「新くんパパ」等。

「ご主人」「旦那さん」和「奥さん」本来是“丈夫”和“妻子”的意思，但在日语中并不只是用于称呼自己的配偶，也可以用于称呼他人的配偶。例如：

(32)三軒家：もしかしてご主人様はご両親との同居をお考えではありませんか?

(33)足立：お久しぶりです。奥様。

（『家を売る女』）

日语可直接用「お母さん」称呼朋友的母亲。日本朝日电视台有一个节目叫「ポツンと一軒家」，专门去采访住在偏远山区的独门独户的人家，询问其定居当地的原因。在采访途中总会有问路的环节，看到在农田里劳作的大爷大妈，虽然素不相识，但节目组一般都是用「お父さん」「お母さん」来称呼他们。这也是站在对方家庭的子女的立场来称呼的。

东京秋叶原聚集了很多日本的メイドカフェ（女仆咖啡店），里面有可爱的女生穿着女仆的衣服，为客人服务。客人进门，她们会问候称呼「ご主人様、お嬢様」。此外，在饮食店等场所也有「よっ、社長！一杯どうですか?」的用法，其中的「社長」并不是真正的「社長」，而是一种招徕客人的方法。这些称呼语都利用了上下关系规则，以达到抬高顾客地位的目的。其最终目的是让客人开心、生意红火。

此外，「某些机构名称＋さん」也可以表示称呼，如「NHKさん」「早稲田さん」「三菱さん」等，这是日语称呼语中比较特殊的用法。这与日本人重视集体利益的意识密切相关，因为这种称呼代表着公司而非个人。例（34）中的「ヘチマ電気さん」就是指对方公司的人。

（34）【科长表扬市川工作出色】

課長：市川！

市川：はい！

課長：今、ヘチマ電気さんから君の対応がとてもよかったっておほめの言葉をもらってね、いや、俺も鼻が高いよ。

市川：よかったです。ありがとうございます。

課長：さすが大阪営業成績ナンバーワン、これからもよろしくね。

市川：はい、頑張ります。

（『凪のお暇』）

社交通用称呼语是对人、对社会身份的一种称呼。它的社交功能决定了这类词汇是肯定被称呼者的身份、让被称呼者有面子的评价性词汇。日语有着发达的敬语体系，社会通称使用对象的选择相对比较规范和统一。

第三节 称呼语的语用功能

关于称呼语的语用功能，祝畹瑾(1990)指出称呼语多具有三种功能：呼唤或招呼功能、评价性描述功能和话语提示功能。下面通过日语的例子进行分析。

一、称呼或招呼功能

即引起对方注意或明确话语指向的功能。例如：

(35)【几位邻居在晚上回家路上的对话】
凪 ：坂本さん。
坂本：大島さん。
凪 ：今、お帰りですか。
坂本：ええ、残業で終電になっちゃって。
凪 ：私もバイト終わったところです。
白石：こんばんは。
凪 ：みすずさん、今、お帰りですか。
白石：ちょっとトラブルで会社により戻されちゃって。
凪 ：お隣の白石さんです。ハローワークで知り合った坂本さんです。
白石：初めまして、白石と申します。
坂本：こちらこそ初めまして、坂本です。

(『凪のお暇』)

上例是凪和两位邻居坂本、白石在晚上回家路上相遇时的场景。第1句和第2句中她们互相称呼的「坂本さん」「大島さん」就是招呼功能。她们俩说话的时候，另一位邻居「白石」向她们打招呼。于是，第7句的「みすずさん」就明确了话语指向。当时，白石和坂本互相还不认识，所以在第9句中凪为她们互相进行了介绍，随后其各自进行了简单的自我介绍。

二、评价描述功能

即情感表达功能。在日常言语交际中，称呼语通常也用来表达说话者对听话者的态度，或抒发个人情感。例如：

(36)【美栗和姑妈的对话】

みくり：いいな、百合ちゃんは、バリバリ働ける職場があって。

百合　：トラブルばっかりよ。新しく下についた二人が全然だめでね。おかげで半休返上。

（『逃げるは恥だが役に立つ』）

上例中，美栗称呼自己的姑姑为「百合ちゃん」而不是「おばさん」，在日本有时的确能见到这种情况。这可能是受欧美文化的影响，因为欧美人经常用名字称呼自己的长辈。这同时也关系到说话者与听话者的亲密程度。剧中，美栗与姑姑百合ちゃん关系非常亲密，而美栗的哥哥对百合ちゃん就是以「おばさん」称呼的。

(37)【在游乐园门口偶遇时】

柊二：おい。おい。そこの姉ちゃん。

杏子：なによ。

柊二：誰か待ってんの？

杏子：サチ。

柊二：来ないよ。

（『ビューティフルライフ』）

上例是柊二和杏子吵架之后，朋友们安排他们在游乐园偶遇时的场景，柊二知道对方的名字，却半开玩笑地称呼杏子为「そこの姉ちゃん」，表明了对听话者的亲近态度。

三、话语提示功能

在言语交际中，为了分清话语的结构层次，同时为了提醒听话者话题已经转换，往往会用一个称呼语来实现话题提示的功能。

日剧『ロングバケーション』中，瀬名对南的称呼有「あなた」「ハルオ」「おねえさん」等，但到了剧终向南求婚的时候，瀬名却用了如下称呼：

(38)【瀬名向南求婚】

南　：何やってんの、そんなかっこうで。

瀬名：花嫁衣裳よりましじゃん。南。（話を切り出したいという表情で強く呼びかける）

南　：はい。

瀬名：南。（微笑んで、今度はそっと呼びかける）

南　：はい？（やさしく瀬名の言葉を待っている様子）

瀬名：南さん。（少し恥ずかしげにソフトに）

南　：はい、はい。（呼びかけに嬉しく答えて）

瀬名：南。（もう一度呟いて）

南　：はい。

瀬名：南！（今度は大声で呼んで）

南　：瀬名！（大声で叫んで）

瀬名：南。（強く呼びかける）（二人は抱きしめる）

南　：瀬名。（抱き合ったまま呼びかける）

瀬名：南。（抱きながら強く呼びかける）

南：　瀬名！（感極まって大きな声で）

瀬名：一緒にボストン行こう。今よりさ、全然楽しいと思うから。だから、一緒にボストン行こう。

（『ロングバケーション』）

电视剧到了这个场景，瀬名才第一次称呼南为“南”。瀬名使用“南”这个不同于往常的称呼语也起到了提示话题的作用。重复了6次的「南」「南さん」很好地表现出了濑名向对方求婚时紧张和复杂的感情。如何称呼对方、如何被对方称呼,这些与恋情的发展有着直接的关系,所以恋人们总是对称呼十分敏感,需要用丰富的感性去理解对方的心情。

四、实施言语行为功能

称呼语不仅能表达人与人之间的关系和思想情感,而且能表达某种施事行为。在一定的语境中,伴之以不同的语调,称呼语能表达规劝、安慰、允诺、讽刺、请求、祝贺、赞许、嘲笑等多种含义(祝畹瑾,1990)。交际双方往往在特定语境和特定心理下通过称呼语表达特殊含义,辅助实施特定的言语行为,传递某种特殊的"语力"。因此,称呼语也具有特殊的交际功能,需要结合语境对其进行推测。例如:

(39)【柊二的前女友因与丈夫不和来找他,在他家借宿了一晚之后告别时】

柊二　:またさあ、なんかこう、泊まることがなかったりしたら、そしたら、来りゃいいじゃんまた。襲ったりしないから、絶対。

さつき:襲ってくれてもよかったんだけどなあ。

柊二　:やあ、冗談きついよ、奥さん、ねえ。

さつき:じゃあね。

(『ビューティフルライフ』)

上例的语境是柊二与因夫妻不睦而来找自己投宿的前女友的对话,面对「さつき」流露出的对自己的依恋,柊二用了「奥さん」这个称呼语来委婉地暗示对方应该注意身份。

(40)【坂本和凪约好了要一起经营洗衣店】

坂本:初めて学歴が役に立ちました。

凪　:げ…現実になっちゃいましたね。

坂本:で…ですね。

凪　:今さらながら怖くなってきました。

坂本:私も。
凪　:坂本さーん!
坂本:大島さーん!

(『凪のお暇』)

上例中,凪和朋友坂本约好了要一起经营洗衣店,但又觉得有点没有信心,于是两人互相喊着对方的名字,拥抱在一起,借此给对方同时也给自己安慰和鼓励。

(41)部下:副社長!　(『半沢直樹2』)

例(41)是半泽和部下去一家公司访问,公司的副社长无意中把公司的机密泄露了出来,负责财务的部下马上以「副社長」来提醒她不要继续说了。

(42)【白石和女儿同学的家长一起聚餐,受到嘲讽。部下中村看她处境尴尬就故意催促她】
中村:もう行く! まったく…
白石:すいません。
中村:毎回グタグタグタグタ長えんだよ! おばさんシンポジウム!
白石:中村君!

(『凪のお暇』)

在例(42)中,"中村君"这一称呼语具有一定的批评含义。在汉语字幕翻译中(日剧『凪のお暇』被翻译为《凪的新生活》并可在爱奇艺视频网站观看),这一称呼语被转译为"中村你怎么说话的",巧妙地将原文的意思明确地呈现了出来。

(43)【里美、完治和三上参加完同学聚会后在河边玩扔石子游戏】
里美:1、2、3、4、5、あー、すごい。
完治:(笑う)へへへへへ

里美：今度は三上くん。

三上：え？いや、俺はいいよ。永尾に花を持たしてやるよ。

完治：そんな棘のある花入らねえよ。

里美：三上くん！

（『東京ラブストーリー』）

上例中里美说的「三上くん」表面上是称呼语，其实暗含了"请求"之意，表达了希望三上也一起参加的意思。

如上所示，称呼语可以单独使用，表达请求、提醒等多种含义。除此之外，称呼语还可以和别的表达方式一起使用，辅助实施特定的言语行为。例如：

(44)【工作临时出了状况，我闻请求同事佐藤帮忙周转一下】

我聞：10台でも5台でもいいから、何とかこっち回してくれない？頼むよ、佐藤ちゃん、このとおり。

佐藤：ガモちゃんなら何とかなるでしょう。

（『凪のお暇』）

上例是日剧『凪のお暇』中的对话，例(44)中我闻对同事使用了「佐藤ちゃん」这样拉近双方距离的亲近称呼，然后和表示请求的施为动词「頼むよ」一起使用，辅助实施"请求"言语行为。

第四节　日语称呼语使用的策略取向

一、变异性

Fillmore(1971)和列文森(1983)认为，英语称呼语具有表达"身份、权势、语境、得体"等语用含义的功能；卫志强(1994)认为，汉语称呼语还有表达"亲疏、好恶"的语用功能。

在交际过程中，说话者在使用称呼语时会受到语境的制约，其中包含多种语境因素，如角色关系、具体场合等。并且，随着语境的变化，说话者会动态选择不同的称呼语，以适应语境的要求。

在言语交际中，说话者为了实现特定的语用目的，会使用特定的称呼语去传达不同的语用信息，这体现出称呼语使用的策略性。如果说话者有意缩小或拉大与听话者之间的距离，就可能会有意识地选用跟往常不同的称呼形式，或故意违反角色、地位身份等社会心理因素而选用不符合常规的称呼语，体现出亲近或疏远的取向。例如：

(45)【佐千无意中听到了由于杏子的病情导致正夫相亲失败的消息后正要快步离开，正夫发现后追上她】

正夫：佐っちゃん。ま、お願いだ、佐っちゃん。先のこと、杏子には言わないでほしいんだ。絶対に言わないでほしいんだ。聞いてたろ、言わないでくれ、頼む。

佐千：そんなこと、言うわけないじゃないですか。

正夫：えっ?

佐千：言うわけないじゃないですか。あたしは、杏子の一番の親友で、じゃ、それ、向うはどう思ってるかわからないんだけど、あたし、そのつもりで付き合ってて、そんなこと言うわけないじゃん。それにお兄さんのことだって、正夫さんのことだって、正夫さんが思うより、ずっとあたし、正夫さんのことも正夫さんの気持ちも分かっているよ。なのに、そんなこと言うわけないじゃん。(佐千はすすり泣く)

正夫：ああ、ええ? 佐…佐…佐っちゃん、俺なん…なん…なんか、ごめんね。ま…ま…ま…ハン…ハンカチ、ハンカチ、な、ない、あった。(言いながらポケットからハンカチを取り出し、佐千に渡す)

(『ビューティフルライフ』)

上面的对话中，佐千对正夫使用了两种不同的称呼语，称其为「お兄さん」是因为正夫是自己的好朋友杏子的哥哥，但此时佐千已经开始对正夫偷偷抱有好感，所以后面转换了称呼，直接用了「名字＋さん」的「正夫さん」的形式来称呼对方，拉近了与对方的距离。

(46)【凪的邻居ゴン看见凪的前男友我闻在外面等她，就邀请他进到自己家来等】

ゴン：凪ちゃんの元彼君、凪ちゃん帰ってくるまでうちで待ってて。

我聞：ゴン君さあ、最近、あいつとつるんでるでしょ？二人で青春してるらしいじゃん。

ゴン：ええ？青春か、いいね、それ、爽やかで。でも、俺ら我聞君が心配するような仲じゃないから、安心して、大丈夫。

我聞：心配？俺らもう一切そういうんじゃないんで。

ゴン：我聞君ってかわいいね。

（『凪のお暇』）

上例中，根据话语的内容，ゴン对凪的前男友我闻的称呼也发生了变化。刚开始打招呼时用的是带有调侃性质的「凪ちゃんの元彼君」，但开始进行比较正式的会话之后，ゴン使用了一般同龄男性之间的姓名称呼「我聞君」，因为我闻也称呼ゴン为「ゴン君」，表明二者处于一种对等的关系。

日本电影『釣りバカ日誌Ⅰ』中，浜崎伝助是一名年轻的公司职员，很喜欢钓鱼。在刚认识六十多岁的铃木一之助的时候，浜崎称呼他为「おじいさん」，后来随着二人的关系变得亲近，改称呼对方为「スーさん」。后来得知「スーさん」就是自己公司的「社長」后，浜崎在有外人在的时候会以「社長」称呼他，但私底下还是会使用「スーさん」的称呼。

日语中除了基本称呼语外还存在"爱称"和"俗称"，这就导致一个称呼出现多种变体，并且在这些变体中，不同的称呼在不同场合的含义和表敬程度各不相同。

例如，根据『weblio 類語辞典』[1]，日语中指母亲的词汇如下：

① https://thesaurus.weblio.jp/content/%E6%AF%8D。

かあ様・母者人・女親・おっ母・マザー・御母さん・お袋・母さん・慈母・垂乳女・母親・母様・母ちゃん・母上・お母様・垂乳根・お母さん・実母・お母さま・御母様・母じゃ人・ムッター・母君・母御

此外，对于母亲的比较随意的称呼有：

マミー・お母・おっ母・ママ・お袋・母さん・御っ母・御母・母ちゃん・御っ母さん・お母さん・おっ母さん

如上所示，一个称呼在日语中有多种变体，这也是日语亲属称呼语的一大特色。只是在实际运用时要根据场合的不同区别使用。「母上様」是对自己母亲的敬称形式。「母」和「母親」则是对外人称呼自己母亲时用的谦称。这些都不能直接用作称呼语。「ママ」是偏口语的称呼。「おふくろ」则是对母亲的俗称，一般只有男性使用。日テレ台的综艺节目『クイズ！あなたは小学5年生より賢いの?』(2020.08.21期)的嘉宾是杰尼斯旗下的人气组合Kis-My-Ft2中的一员——北山宏光。当主持人问他为什么来参加节目时，北山说「おふくろは車がほしいから…」(因为妈妈想要换车了)。主持人好奇地问「おふくろで呼ぶタイプですか」(你是称呼妈妈为「お袋」的这类人吗?)，结果北山宏光略显不好意思地回答说「家では『お母さん』ですね」(在家是叫「お母さん」的)。从这段对话可以看出，日本人对于把母亲称作「おふくろ」的人是有一定固有印象的。如果是一名搞笑艺人这么称呼，可能主持人不会觉得有违和感，但北山宏光是人气偶像组合的一员，所以才有了上面的问答。

可见，日语的亲属称呼语虽不像汉语那样分类细致，但它从尊卑关系角度对称呼语进行严格区分，即在亲属内部互称时使用尊敬或普通的称呼，对他人亲属进行称呼时使用敬称语，而对他人提及自己亲属时使用谦称语，这是日语和汉语的不同之处。不仅如此，同一个词汇的不同表记方式在日语中也会体现出微妙的差异。例如：

(47)正式には松本春綱先生であるが、センセイ、とわたしは呼ぶ。
「先生」でもなく、「せんせい」でもなく、カタカナで「センセイ」だ。
(中略)
「キミは顔が変わりませんね」
「センセイこそ変わりまもなく」名前がわからないのをごまかすために「センセイ」と呼びかけたのだ。以来センセイはセンセイになった。
(『センセイの鞄』)

(48)正式的称谓应该是松本春纲老师,然而,我却叫他"老师"。
既非"先生",亦非"夫子",而是"老师"。
(中略)
"你的样子一点也没变嘛。"
"老师您才没有变化呢。"
为了掩饰不记得老师姓名的事,我便含混其词地用"老师"来称呼他。从此松本老师就成了"老师"。
(川上弘美.老师的提包[M].施小炜,张乐凤,译.海口:南海出版公司,2015.)

上例是日本作家川上弘美的小说『センセイの鞄』中开头的一段,以女主人公的口吻解释了自己为什么称呼老师为「センセイ」。虽然是同一个词,但是使用汉字、平假名抑或片假名来进行表记,给人的语感却略有不同。此处,片假名的「センセイ」能够表现出女主人公对老师的亲近的态度。汉语一般只使用汉字来书写,因此分别将「先生」「せんせい」「センセイ」对应翻译成了"先生""夫子""老师",应该说是非常考验译者翻译能力的用例。

二、零称呼

日语的称呼用语除了"变异性"之外还有一个明显的特征,那就是在不确定对方的姓名和身份时,日语一般不用称呼,即"零称呼语"。此时往往直接换作其他的表达。例如,在路上走着的时候,前面女士的钱包掉在了地上,中国人可以说"女士,您的钱包掉了",而日本人基本不使用称呼用语,而一般说成「もしもし、財布が落とした」。

日常交际中，日本人往往直接用「あのう、すみません」「いらっしゃい」等来招呼不认识的人。例如：

(49)【凪提醒绿她的东西掉了】

凪：あのう、これ、落とし物です。

緑：あら、やだ、ありがとね。これね、わたし、お気に入りなの。

（『凪のお暇』）

(50)【完治在车站询问工作人员是否看见了莉香】

完治：すみません、今のは四十八分の電車ですよね。

車掌：そうですよ。

完治：あの……あの、白いコートを着た女の子見ませんでしたか。

（『東京ラブストーリー』）

例(49)中，凪刚搬到绿所在的地方，还不认识她，所以用了「あのう」来称呼对方。例(50)是完治在车站询问车站工作人员是否看到了「リカ」时的场景。像这样，与对方不熟悉或不认识对方时，日本人往往选择避免直接称呼对方。

本章主要介绍了语用学视角下日语"称呼语"的分类、特征及语用功能。与社会语言学等其他理论视角相比，语用学更关注称呼语在交际上的运用，它与特定交际者、交际目的、交际效果等因素相关，并会随着语境的变化而呈现互动性、动态性。在跨文化交际中，交际者往往会将母语的称呼方式和语用原则迁移到目标语中，造成语用失误。了解中日称呼语的语用特征和文化背景，并将其用于指导跨文化交际，有利于减少交际中的语用失误。当然，称呼语的使用是复杂的、动态的，很多问题还有待今后的进一步研究。

研究思考题

1.想一想在日常生活中，你使用过哪些称呼语？对同一个人会使用不同的称呼语吗？何种情况下会对同一个人使用不同称呼语？

2.随着网络媒体的快速发展，越来越多的网络称呼语进入汉语的日常交际中，如“亲”“童鞋们”。收集日语的语料，看看是否存在同样的情况。

本章参考文献

[1]卞成林.民族心理与汉语称谓词系统[J].广西民族学院学报，1996(4):46-50.

[2]陈新仁.礼貌理论与外语学习[M].北京：外语教学与研究出版社，2013.

[3]陈原.社会语言学[M].上海：学林出版社，1983.

[4]戴庆厦.社会语言学概论 [M]. 北京：商务印书馆.2004.

[5]方经民.日汉亲属称谓的语用情景对比研究[J].语言教学与研究，2001(2):1-9.

[6]顾曰国.礼貌、语用与文化[J].外语教学与研究，1992(4):10-17，80.

[7]郭风岚.交际、关系场、称谓[M]//崔永华.词汇文字研究与对外汉语教学.北京：北京语言文化大学出版社，1997.

[8]何兆熊.新编语用学概要[M].上海：上海外语教育出版社，2000.

[9]康俊英.日语称呼言语行为中的集团内外意识探究[J].赣南师范学院报，2015(4):78-83.

[10]李淼.社会称呼语的汉日对比[J].解放军外国语学院学报，2006(2):37-41.

[11]刘明鑫.称呼语的汉日对比研究[D].哈尔滨：黑龙江大学，2016.

[12]卢万才.汉日称呼语礼貌功能对比[J].东北亚外语研究，2013(2):52-57.

[13]史秀菊.语境与言语得体性研究[M].北京：语文出版社，2004.

[14]孙成岗，吴宏.中日亲属称呼比较研究[J].日语研究，2003(1):186-202.

[15]田惠刚.中西人际称谓系统[M].北京：外语教学与研究出版

社,1998.

[16]王维贞.汉日夫妻间称呼的对比研究[J].外国语言文学,2004(3):18-20,37.

[17]卫志强.称呼的类型及其语用特点[M]//胡文仲.文化与交际.北京:外语教学与研究出版社,1994.

[18]肖传国.日本人的内外意识与日语表达[J].日语学习与研究,2001(3):70-73.

[19]徐曙,尹松.日本人的语言意识与称谓的文化自我观[M]//赵华敏,曹大峰,林洪,等.跨文化理解与日语教育.北京:高等教育出版社,2015.

[20]叶南.论汉语称谓语的文化内涵[J].西南民族大学学报, 2001(6):220-222.

[21]郑曦."内外有别"日语交际中重要的文化因素[J].桂林电子工业学院学报,2003(4):20-22.

[22]祝畹瑾.新编社会语言学概论[M].长沙:湖南教育出版社,1992.

[23]輿水優. 中国語における敬語 [M]. 南不二男.岩波講座日本語 4(敬語).東京:岩波書店,1977.

[24]国広哲弥.「呼称」の諸問題[J].日本語学,1990(9):4-7.

[25]鈴木孝夫. ことばと文化 [M].東京:岩波書店,1973.

[26]薛鳴.親族名称に見られる関係表示:日本語と中国語の比較から[J]. 社会言語科学,2000(2):43-57.

[27]田中春美,田中幸子. 社会言語学への招待:社会・文化・コミュニケーション[M]. 京都: ミネルヴァ書房,1996.

[28]角田三枝.日本語クラスの異文化理解:日本語教育の新たな視点[M].東京都: くろしお出版,2001.

[29]藤堂明保.中国語の敬語[M]//林四郎.敬語講座.東京:明治書院,1974.

[30]橋本永貢子.敬語としての人称語:現代中国語の場合[M]//末永豊.文化と風土の諸相. 東京:文理閣,2000.

[31]金田一春彦.日语的特点[M].马凤鸣,译.北京:北京出版社,1985.

[32]中根千枝.タテ社会の人間関係[M].東京:講談社,1967.

[33]劉柏林.中日の親族呼称について[J].言語と文化,2001(5):61-78.

[34]劉柏林.中日の社交呼称について[J].言語と文化,2004(11):35-50.

[35]FILLMORE C J .Santa Cruz lectures on deixis[M]. Bloomington: Indiana University Linguistic Club,1971.

[36]GRUNDY P. Doing pragmatics[M]. London: Edward Arnold, 1995.

[37]HUDSON R A. Sociolinguistics[M]. Cambridge: Cambridge University Press,1980.

[38]LEVINSON S C. Pragmatics[M].Cambridge: Cambridge University Press,1983.

[39]MATSUMOTO Y. Re-examaintion of the universality of face: politeness phenomena in Japanese [J].Journal of pragamatics, 1988(2): 403-426.

第九章　语用学研究方法

研究方法对任何一门学科来说都是非常重要的。Wolfson(1986:689)指出,研究方法是“有关人类交往研究的任何一门学科的最基本的问题,语言学习及恰当言语行为规则的研究也不例外”。

语用学研究中,我们通常研究“语言是如何运用的”。语用学研究涉及的范围较广,其研究的对象和目的也不尽相同,我们应根据不同的情况来选择适当的研究方法。本章我们围绕“语用学的研究方法”进行思考。

第一节　语用学的研究目的及研究视角

一、语用学研究目的

关于“语用学领域的研究目的”有许多观点,我们把“语用学”视为“关于实际生活情景下如何进行语言运用的研究”。基于这样的观点,可以说语用学研究有如下目的:

(一)明确语言如何运用

我们通常是无意识地使用语言,换言之,很多情况下虽然使用语言是我们自身的行为,但实际上自己对它并不十分清楚。此外,有些时候自己所认定的事情往往与实际情况不完全一致,比如我们并不十分清楚自己每天是用什么表达方式和别人打招呼的,可能会有人认为“你好”是用得最多的寒暄表达，但事实未必如此。实际情况究竟如何，只有通过调查研究才能知道。

(二)调查不同的对象并揭示其差异

语用学研究的目的之一是调查不同的对象并揭示其差异。有各种各样可以进行比较的对象，例如同一个大学不同专业的学生、自己所在大学的学生和其他大学的学生、女生和男生、年轻人和老年人、日本人和中国人，等等。通过比较，可以了解自己所属群体的特征，同时也可以向其他群体学习。如果要进行这种类型的比较研究，就需要认真考虑一下可以找到哪些配合自己调查研究的人，制定一个具有可行性的计划。

(三)发挥调查结果的作用

将调查结果应用于实际也是语用学研究的目的之一。通过了解实际情况以及存在的问题，如自己的日常寒暄行为、兼职工作时的待客态度等，我们就可以使用这些调查结果来改善现状。此外，如果进行两个群体的比较，就能够知道各群体的特征，预测什么情况下两个群体之间容易产生误解，利用这一结果可以促进两个群体之间的交流。

二、语用学研究视角

(一)特定的言语行为

日常生活中，我们运用语言实施各种行为。本书第三章提到，奥斯汀将此类行为称为“言语行为”。例如，当说出“我答应你”这句话时，我们就在实施“承诺”的行为。言语行为有很多，但在语用学研究中，研究者经常把研究焦点放在某个具体的言语行为上，例如“问候”“请求”“道歉”“邀请”“称赞”“感谢”“拒绝”“安慰”等。

(二)毗邻语对

Scheglof 和 Sacks(1973)指出，在会话中彼此相邻构成一问一答配对的话语叫作“毗邻语对”。例如，相互问好时的「おはよう」「おはよう」、称赞对方时的「そのピアス、よく似合ってるね」以及对此的应答「そう？ ありがとう」都是毗邻语对。

这种毗邻语对可以成为调查的焦点。假如朋友对你说了上文出现的称

赞语,你会如何回应?你可以谦虚地说「そう?すごく安かったんだ」,也可以否定对方说「そんなことないよ。ちょっと派手すぎちゃって」。由于个人性格特点、性别、年龄、文化等因素的影响,不同的人回应别人称赞的方式也大不相同,所以这也是语用学研究领域的焦点之一。

(三)会话的展开方式

从广义上来讲,语用学研究还可以专注于实施某些言语行为时会话的展开方式。

例如,人们通常认为"拒绝别人的邀请"是一个具有难度的行为,这里所说的难度,不仅仅是指使用什么样的表达方式,也包括在会话过程中添加诸多要素,从而达到在不伤害对方的情况下实现拒绝邀请的目的,如添加"填充语""拒绝理由""道歉""表达再次受邀请的愿望"等要素。

另外,实现拒绝邀请的方式也可能存在性别、年龄、文化等的差异,不同的说话者按照什么样的顺序说什么样的话、直接拒绝的程度有多高等,都可以成为比较的对象。

(四)特定的语言现象

关注可能出现在各种会话中的特定语言现象也是语用学的研究领域之一。例如,在对方的称呼上可以附加多种言语行为,诸如问候(例:「山田さん、おはよう。」)、请求(例:「美咲ちゃん、ちょっと頼みたいんだけど。」)、道歉(例:「ごめんね、太郎。」)等。因此,考察在什么情况下对谁用什么样的称呼,就可以看出"称呼"与力量关系、社会距离之间存在某种相关性。

(五)特定的语言形式

还有一些语用学研究侧重于特定的语言形式。例如,在日语会话中,终助词「~ね」「~よ」等在沟通交流上不可或缺。但是,人们通常是无意识地使用这些终助词,很少有人考虑过它们在实际生活中如何应用、发挥着什么样的功能。通过对自然话语进行录音并将其转写成文字,可以明确日语各类终助词的使用频率,进一步考察会话内容,就可以知道这一类终助词所发挥的功能。

(六)特定的交际场景

可以关注自己感兴趣的特定交际场景,想象各种场景下的多种语言现象，例如，在自己兼职工作的地方，老板和员工如何称呼对方，或者将来想要就职的行业在待客方面使用什么礼貌策略等。

(七)特定媒介

语言使用者在某些特定媒介上如何互动也属于语用学的研究领域。例如，最近使用网络进行沟通交流的方式引起人们的关注。“网上聊天”是通过书写的方式进行“聊天”，不仅兼有书面语和口语两种特征，还有更多新特点。智能手机是年轻一代不可或缺的交流工具，通过手机进行的对话、发送的邮件信息等都有可能成为语用学的研究课题。通过掌握这些特定媒介中语言使用的特征，分析其优缺点，能够总结出使用各种媒介时的注意事项。

网络的普及和发展使得虚拟空间的语言与日常语言一样成为交际的重要组成部分，网络交际中的语用问题也随之成为语用学研究的新领域。除了关注虚拟空间交际中的表情符号等新现象，还有学者考察了一些语用学经典问题在虚拟空间中的体现和发展，将传统语用学问题的研究范围从日常交际扩展至虚拟空间。

(八)非语言交际

在语用学研究中，考察“语言”形式本身是很常见的，但是我们也需要关注非语言要素。正如 Birdwhistell(1970)指出的那样，通过非语言手段传达的信息，如人际交往中的“面部表情”“动作举止”等都很重要，从我们的实际体验中也可以理解这一点。此外，非言语手段的使用存在文化差异，例如，据说在日本的传统文化中，盯着对方的眼睛说话是失礼的行为，这就成为不同文化之间交流的障碍。但是今天，这样的传统也可能会发生改变。实际上究竟是什么情况，只有通过调查研究才能清楚。眼神交流/手势/社交距离等非语言要素都可成为考察对象。

第二节　语用学研究方法

语用学发展成一门独立学科主要归功于哲学家奥斯汀、塞尔、格莱斯等西方哲学日常语言学派代表人物对语言的研究。哲学家们早期关注语言逻辑,发现严密的形式逻辑不能完全解释自然语言,这使哲学转向了语言的实用主义研究。奥斯汀“不满意语言哲学对所指、意义、陈述的真实和谬误的传统研究”,提出了言语行为理论,这一理论后来得到塞尔的发展和完善,塞尔的言语行为理论主要反映在《言语行为:语言哲学论文》(*Speech Acts: An Essay in the Philosophy of Language*)中。此外,格莱斯(1975)在《逻辑与会话》(*Logic and Conversation*)中提出了解释会话含意的合作原则。这些理论为语用学的形成奠定了基础,并且成为早期语用学研究的核心理论。语用学的哲学根源不仅影响了语用学的研究视角,而且奠定了语用学研究方法中思辨和理论概括的传统。

语用学是一门研究如何理解和使用语言,如何使语言合适、得体的学问。语用学主要对说话者意义(speaker meaning/話し手の意味)及语言使用现象和规律进行动态研究,以发现其背后的语用机制,包括交际者如何根据语境选择合适的语言形式,以及如何通过选择语言形式和语用策略达到既定的交际目标。无论是从微观层面对具体语用现象的解释,还是从宏观层面对语言使用过程和本质进行的理论构建,都是对言语交际中交际者使用语言的意图、动机以及内在机制的探究。

根据不同的研究对象和目的,语言研究方法大致可分为三类:逻辑法、观察法和实验法。语用学研究整体上可分为两类:理论构建和实证研究。理论构建是指对某种语用现象做出假设和阐释,一般采用逻辑法。比如,格莱斯(1989)针对言语交际的双方都有相互合作、求得交际成功的愿望这一现象,提出了人们在日常言语交际时一般都会遵循合作原则。实证研究指通过收集、分析语料,对已经提出的理论假设进行验证,常用观察法或实验法,其中观察法又可分为定性研究和定量研究。

定量研究(quantitative study/量的研究)与实验方法一样,都是从某一假设或问题出发来进行研究的,但定量研究是对自然语境下的语言现象进行客观的描述,不带任何主观成分,对自然语境中的各种变量不加以控制。定量研究既可以是探索性的,又可以是演绎性的。比如既可以从某一现象的一般问题出发,了解更多有关这一现象的信息,也可以对先前的假设进行验证。

定性研究(qualitative study/質的研究)是基于描述分析的一种方法,主要是描写自然情境中人们可以观察到的行为和活动，而不是选其中一部分来描写。定性研究是探索性的，而不是演绎性的，这是因为定性研究在研究前不提出具体要研究的问题或假设，不是一开始就验证假设，而是观察什么与研究的焦点有关。定性研究是一个归纳过程，即从特定的情境中归纳出一般性的结论。其特点是比定量研究更具有灵活性，其设计模式或程序也不一定固定，但一般包括以下几个步骤：具体要描写的现象；使用定性方法收集语料；从语料中收集、寻找形式；回到数据中去或收集更多的数据以支持起初的结论及过程；数据的循环往复，等等。

在语用学实证研究中，观察方法和实验方法相辅相成，观察法用于考察现象、发现问题，实验法则对发现的问题进行集中、系统的观察。

赵林森和冉永平(2020)介绍了 2019 年 6 月在香港理工大学召开的第十六届国际语用学大会出现的与语用学研究方法有关的研究，比如“语用学研究方法”“事物的秩序与被称为‘秩序’的事物：作为一种元话语实践的语用学研究”“会话分析”“语料库语用学”“言语行为研究与大型语料库”等。多位学者分别对语篇补全测试(Discourse Completion Test/談話完成テスト)、口头报告(Verbal Report/口頭による報告)、多模态(multimodal/マルチモーダル)语用学分析法、语料库语用学(corpus pragmatics/コーパス語用論)、实验语用学(experimental pragmatics/実験語用論)等做了最新阐述及应用分析，这些多样性的研究方法既可以丰富语料收集的手段、拓展语料来源，也可以避免单一方法或单一视角(如传统的分析者视角、单话语的静态视角等)所导致的局限性，从而提升语用学研究的可靠性和有效性。

模态(Mode/モード)是指通过具体的感知来解释社会符号的系统，是人类通过符号、文字、声音、图像、听觉、触觉等认知加工与外界环境进行互动的交互方式。多模态是指多个模态的组合。陈新仁(2011)将多模态分析法应用于语用学研究，并构建出了适用于语用阐释的多模态分析框架。语用分析的多模态信息维度主要可以分为三个层面：情境因素层面、交际者因素层面和媒介因素层面。其中情境因素层面包括天气、场所、噪声等模态；交际者因素层面包括交际者的表情、眼神、语气、音量、肢体语言等模态；媒介因素层面包括字形、字号、图形、图像、色彩等模态[①]。在数字化的信息时代，多模态语篇在我们的日常工作和生活中无处不在。比如，课堂教学中常用的教科书、绘本、PPT、电子白板，日常生活中常见的电影、电视、广告、微信、微博、抖音、美篇、头条、小红书等，这些都是大家熟悉的多模态语篇的例子。

周凌、张绍杰(2018)以 Web of Science 和 Scopus 数据库中 1986—2016 年间十种语用学主流期刊的研究论文及共被引文献为数据来源，运用 CiteSpace[②] 信息可视化技术，绘制了国际语用学研究的科学知识图谱，从历史的视角梳理了国际语用学近三十年来的研究走向及发展脉络。研究发现，礼貌、不礼貌、面子、关联理论、言语行为、语篇、习得、语义、句法以及含义等话题是热度较高的研究焦点，而面子、礼貌与不礼貌是热点研究问题中相互关联的三个议题。

第三节　语用学调查方法

如果自己的研究主题已经确定并且能够撰写出研究问题，那么接下来需要思考调查方法，即如何才能获得一手数据。以下列举一些语用学中常用的调查方法。

表 9-1　语用学调查方法

方法	说明
观察法——自然话语・受控话语・影像中的话语	观察的具体内容需要考虑科学道德和学术规范。特别是在对自然话语进行录音时必须获得对方的同意。此外，受控话语（添加人为限制条件的话语）、电视电影等影像中的话语也可以成为考察对象。
语篇补全测试法（Discourse Completion Test/DCT 調查，简称 DCT）	设定某个场景，写出在这个场景下你会说什么，或是给出对方的话语，写出你会做怎样的回应。可以被看作是一种自由表述式的问卷调查。

① 陈新仁，钱永红.多模态分析法在语用学研究中的应用[J].中国外语，2011(5)：89-93.

② 美国德雷赛尔大学（Drexel University）陈超美博士研发的 CiteSpace 软件能够对数据进行科学的分析，并能绘制出科学知识图谱。

续表

方法	说明
角色扮演法（role play/ロールプレイ）	给对方设定某种情景和角色，请对方演示。这种方法获取的内容不是自然数据，但它的优点是可以人为地控制话语情景。
访谈法（interview/インタビュー）	通常用于调查受试者的意见、意识等，也用于调查收集无意中的行为。
问卷调查法（questionnaire/アンケート調查）	通过制定详细周密的问卷，要求受试者据此进行回答以收集数据的方法。
印刷媒介的文本分析	分析印刷媒介上的语言文本，如文学作品、电影剧本、报纸文章等。
电子媒介的文本分析	分析以电子方式记录的语言数据，如电子邮件、网上聊天、语料库等。

一、观察的方法

(一)观察自然话语

如果要调查学校门口问候行为的状况，该如何做呢？这种情况下，最合适的研究方法之一是观察和记录进出校门口人员的问候行为。分别观察上午上学时和晚上放学时的问候行为，就可以比较不同时间段人们所使用的寒暄语的差异。此外，问候行为是否根据诸如晴天/阴天/雨天等天气的变化而改变，也可以成为考察视角。

需要注意的是，我们在“观察”时必须考虑数据采集的伦理问题，换言之，就是需要获得受试者的许可。“观察”的方法看似简单，但是需要提前考虑数据采集的伦理问题，不能因为我们的调查而让受试者觉得不安或是受到伤害。数据采集的伦理问题涉及受试者的知情权、利益补偿、信息保密等诸多方面。

根据研究内容的不同，对受试者产生某种影响的可能性也会随之改变。在上文的示例中，大家通常认为观察记录进出校门人员的行动时，只要保证其匿名性就可以了。但是，如果有调查者一直站在学校门口，或许会引来保安的怀疑。因此实施调查时，至少要事先向保安说明自己在做什么、为什么这么做并征求对方的同意。

即使是为了做某些研究而征求对方的许可，有时也会遭到拒绝。遭到拒绝时，我们只能放弃调查。但是，是否要彻底放弃这个研究仍有考虑的余地。例如,我们可以改变调查方法,继续做同一主题的研究。

(二)观察受控话语

例如,可以请求几位受试者自由交谈,并在征得同意的情况下进行录音。这虽然不是自然发生的会话,但是,通过设计可以保持一定程度的自然性,例如不规定会话主题,让受试者自由交谈等。另外,因为事先提出了录音请求,所以可以解决数据采集的伦理问题,但可能需要对语音数据进行文字化处理(参阅本章“第五节 语音数据文字化处理”)。

观察受控话语时,不要提前透露自己所要调查的事项,如果对方想要知道,可以选择在录音后告知。调查目的可以有很多,如“话语的展开”“助词的使用”“会话反馈”“话题选择”等,需要注意的是,不让受试者提前知道研究焦点是保持会话自然性的关键。

(三)观察影像中的话语

这种方式的优点是影像资料比较容易入手,尤其现在通过视频网站可以反复观看,而且影像资料声音清晰,大多附有字幕,有助于内容的理解。但需要注意的是,各种媒介都有自己的特征。

例如,通常认为电视上的访谈节目本身就是一种“活动类型”,其活动内容被视为“自然话语”。考察访谈类节目的话语特征也很有意思。此外,还可以把电视广告语言及其目的、时代背景放在一起来考察。

电视剧、电影都是“创作出来的作品”,所以有可能在很多方面与自然话语不同,但是在影视剧设定的情境下,这些话语确实有可能发生,因此可以有效利用其数据。此外,我们很容易掌握影视剧中登场人物的人际关系,这也是自然话语所不具备的优点。并且,我们可以从视频影像中观察到人物的表情、手势等非语言要素。以语音为分析对象时,需要将语音文字化。以影视剧作品为分析对象时,有时候需要把影像本身全部文字化,有的电影能够拿到剧本,这种情况可以直接使用剧本进行分析。虽然把电影、电视节目作为论文的研究数据通常是被允许的,但有时也会涉及版权问题而不被认可,所以务必事先确认好。在使用视频门户网站时,也要注意规章制度和版权问题。

二、语篇补全测试的方法

由于语用学是研究语言如何使用的领域，所以观察记录实际发生的语言行为也许是最理想的调查方法。然而，如上文所述，由于各种原因，如数据采集的伦理问题、想考察的言语行为不常在身边发生等情况，有时基于自然话语进行研究很困难，这时可以考虑使用语篇补全测试的方法。

语篇补全测试(简称 DCT 调查)是问卷调查的一种形式，一般是在一段情景描述后留出几行空白，让受试者写出此情此景下他们可能会说的话。与问卷法的一般特点一致，如果研究的目的是为了了解说话者的语用语言知识和社会语用知识，或者是研究某个言语行为的核心行为语(Head Acts/主要部)[①]，又或是需要在短时间内收集到大量涉及几种不同语言和文化的语料，以及需要控制变量、保证语料的平衡性以供跨文化比较，那么，DCT 调查不失为一种好方法。著名的 CCSARP 项目[②]就广泛采用这一方法考察了致歉和请求两种言语行为在八种语言及语言变体中的实现方式。例如：

例：あなたは会社の課長です。あなたの部下が、新しいプロジェクトの提案をしました。しかしあなたは、その案では絶対うまくいかないと思います。その時、あなたはどういう言い方をしますか。

あなた：________________________________

(荒卷，1999：134)

DCT 调查也可以采取“自由回答任务”的形式，即要求受试者自由写出回应，不说话也可以被视为回应之一。

---

① Wolfson(1989)通过调查认为邀请言语行为一般来说由起始行为语(alerters)、辅助行为语(supportive moves)、核心行为语(head acts)构成。

② CCSARP 是 Blum-Kulka 等一批学者开展的跨文化言语行为实施计划(Cross-Cultural Speech Acts Realization Projects)的简称，这是一项国际性的合作研究计划，收集并分析了七种西方语言的言语行为的表现方式，主要研究请求语和致歉语。

例：友達（同性）と久しぶりに会ったら、髪型が変わっていました。あなたはそれが全く似合わないと思いました。その時、どうしますか。何か言うとしたらその言葉を、何も言わないとしたら「何も言わない」と書いてください。

あなた：＿＿＿＿＿＿＿＿＿＿＿＿＿＿＿＿＿＿＿＿

（田中，2013：71）

早期的DCT调查往往只涉及单一话轮，后来研究人员根据自己的研究目的和观察兴趣，对研究工具进行了改进和创新，发展出了多话轮的DCT调查方法（multiple-turn DCT，Cohen&Shively，2002/2003）。以“请求”言语行为为例，受试者首先要对给定情景做一个初步的回应（“这种情况下你会说：＿＿＿＿＿＿＿＿＿＿＿＿＿＿＿＿＿＿”），承接这一回应的是一个否定答复，意味着受试者需要进一步作出回应，而这一次得到的仍是否定答复，如此往复至少3个话轮，才出现一个肯定答复，表明听话者同意执行所请求的行为，意即请求的最终达成。多话轮DCT调查方法反映了该方法在试图捕捉自然话语话轮特征方面的努力，能够帮助研究人员观察到受试者如何调整自己的话语以满足多话轮的交际过程，最终达成交际目的，实现交际意图。

三、“角色扮演”的方法

调查某种语言现象时，只要它是我们身边经常发生的且不会涉及学术道德问题，就能够观察自然话语并收集数据。例如，观察自己所在大学的学生之间是如何“寒暄”的，这样的观察应该很顺利。然而，有些语言现象在日常生活中并不容易被观察到。例如，想收集“如何邀请别人”的数据，但生活中遇到的邀请别人的场景并不多。再比如，想要比较学生和社会人士在邀请方式上是否存在差异，但是在实施同样的邀请行为时会遇到不同的人，这也会给调查增加一定的难度。即便调查能够顺利进行，对此进行录音也会涉及数据采集的伦理问题。这时我们也可以采用“角色扮演”的调查方法。

“角色扮演”的方法即调查者设置场景并给受试者提供角色，要求其根据自己的角色实施行为。通过此方法获得的数据的缺陷是，这些数据是被演绎出来的,并不是“真实存在的话语”,但是采用这种方法可以根据调查者的需要自由设置情景和角色。

(一)根据调查目的,考虑合适的受试者人数

根据自己设置的情景,想一想需要几对(或几组)受试者。如果是进行比较研究,要考虑需要多少组具备各属性的受试者(如“学生组”和“社会人士组”)才能一定程度上体现普遍性。此外,受试者的性别和年龄也可能会成为影响语言行为的因素,需要谨慎考虑。

(二)写“角色设定卡”——明确角色双方的关系、场景

为了让受试者更好地理解“角色扮演”,要向其具体说明两角色之间的关系及会话场景。例如,“别人给了我两张电影票,我想邀请一位朋友(同性)和我一起看电影”“我想邀请社团里一个异性朋友一起去看电影,跟这个朋友以前没怎么说过话”,诸如此类,同样是邀请的场景,但是两个角色的关系并不相同。

设置什么样的关系及会话场景取决于自己的研究目的。上面的例子可以改成“社团里有个以前没怎么说过话,但是想邀请他/她去哪里玩一下的异性朋友”,在这个示例中,邀请对方去“哪里”由受试者自己决定,这样一来,邀请的地点也可以成为我们分析的对象。但是要注意,诸如“这个电影特别有意思,一定要和你一起看”这种可以直接用于邀请的台词最好不要写入角色设定卡,因为受试者可能会直接使用这句话表演自己的角色,影响其话语组织。

(三)准备录音设备

准备研究所需的录音笔、录像机等设备。需要事先在几个地方进行试录音,确认这样的录音状态下得到的数据可以使用。受试者牺牲自己宝贵的时间为我们的调查提供信息帮助,不能因为录音设备出现差错而要求受试者重新录制,所以一定要仔细准备。

(四)考虑分析要点

通常需要将录制的语音数据转写为文字(transcribe)再进行分析。在转写数据时可能会有意外的发现,但如果事先考虑好分析要点,会更容易设置场景。例如,可以考虑以下几个要点:

a.计划调查的言语行为(例:邀请)出现在整个对话的哪个部分?

b.除了 a 中的言语行为外,还存在哪些要素(例:填充语、理由、确认)?

c.根据两个角色之间关系的不同,a 和 b 的结果有何变化?

調査例:依頼

依頼者のロールカード 親しい友達にノートを借りる 　あなたは、先週都合が悪く、授業に出ることができませんでした。それで、親しい友達である○○さんに先週のノートを借りたいと思います。授業のため教室に来ている友達にノートを借りてください。

非依頼者【友達】のロールカード 　あなたはいま授業のために教室に来ています。 　親しい友達があなたに何かを頼みます。 　何か頼まれたら、あなたが普段するような対応をしながら、依頼を受け入れてください。

(柳慧政,2012:33-35)

四、访谈的方法

我们对访谈并不陌生,在电视节目、杂志报道中都可以看到访谈。但是,访谈有多种类型,作为调查方法,各类型访谈在应用中存在差异。本节我们将了解这些差异,进而思考是否可以将访谈有效地应用于自己的研究中。

(一)访谈类型

访谈员(interviewer/インタビューする人)口头询问受访者(interviewee/インタビューされる人),根据预先准备好的问题在访谈过程中的使用量,可以将访谈分为以下三种类型:

1.结构式访谈(structured interview)

用事先准备的所有问题一一提问各位受访者,这种方式比较容易汇总结果，比如考察整体趋势、比较不同受访者的回答等。

2.半结构式访谈(semi-structured interview)

提前准备一些问题，但要根据受访者的回答和谈话流程灵活提问。这样可能会得到计划外的信息。

3.非结构式访谈/自由访谈(unstructured interview)

创造轻松的访谈环境，给出一定的主题，但基本上让受访者自由发言，说说他们的经历感想、意见观点等，进入受访者的精神生活获取信息。

(二)访谈目的

访谈都是出于某种目的而进行的，但也存在以下差异：

1.了解受访者的想法、意识

例如，提出"关于……，你是怎么认为的"等问题，以了解受访者的想法和意识。由于在访谈中，受访者无法回答自己无意识下实施的行为，因此将与此相关的内容作为访谈问题是不恰当的。比如，询问受访者诸如"你在10分钟内会给对方多少次会话反馈?"这样的问题，对方往往难以回答，即便回答了，也未必与事实一致。

2.收集受访者无意识下实施行为的数据

如果访谈员向受访者提出一些问题，两人自由交流十分钟，总结期间受访者使用会话反馈的次数，就可以将其作为考察会话反馈的数据来使用。这种情况下，访谈也可以用于收集受访者无意识下实施行为的数据。

3.补充其他调查方法

例如，在进行问卷调查后，可以从受试者中选择一些人进行后续采访，以听取调查问卷中未涉及的内容。这种情况是把访谈作为问卷调查的补充而进行的。

調査例

田村(2011)は、子供へのインタビューによって謝罪と罪悪感の関係を考察しています。

Method

対象となる児童が通っている学童保育所で、個別にインタビューを行った。「今から絵を見てお話を作るのを手伝ってください」と言って、図版(ある子供が他の子供にぶつかるなど、何かよくないことをしている場面)を示しながら場面説明をし、その後、各場面について以下の質問をした。

1.(加害者の子供を指して)この子は何て言うでしょう?

2.(加害者の子供を指して)この子は悪いことをしたと思っているかな、思っていないかな?

Informants

京都市内の学童保育所に通う小学校低学年の児童24名

1年生11名(女子6名、男子5名)

2年生13名(女子6名、男子7名)

Results

1. 謝罪するかどうかや罪悪感をもつかどうかは、個人差が大きかった。

2.「ごめん」または「ごめんなさい」という表現を用いた場合、約80%が罪悪感を伴っていた。

3.「ごめん」または「ごめんなさい」という表現を用いた場合でも、約20%は罪悪感を伴っていないが、その理由は明らかでなく、今後の検討が必要である。

4. 何らかの補償行為を謝罪に代える、素直に謝れないなど、罪悪感があっても謝罪しない場合もあった。

(田中,2013:45)

五、问卷调查

问卷调查是我们比较熟知的调查方法,对语用学研究也很有帮助。但是很多时候,对调查问卷的制作方法以及调查方法的疏忽可能会导致辛苦进行的调查得不到有效的结果。此外,问卷调查属于意识性比较强的调查方式,可能与通常在无意识下实施的言语行为有所不同。问卷类型主要有以下几种:

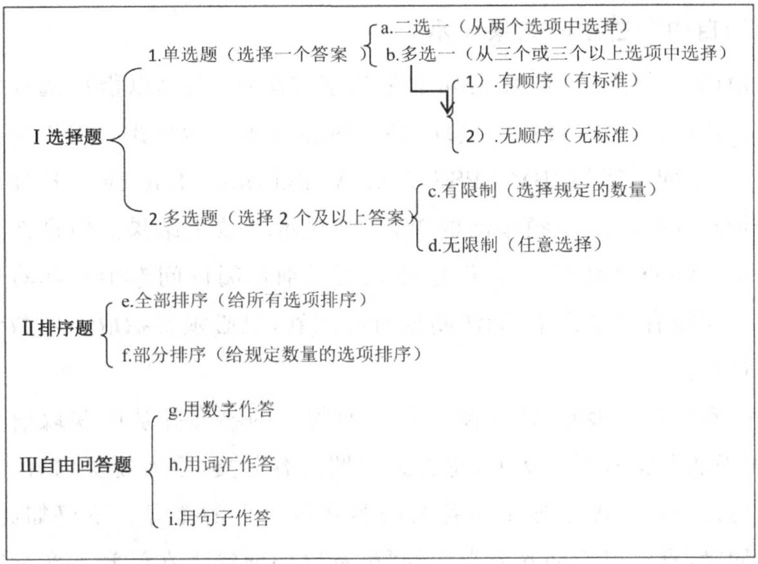

图 9-1　问卷调查的形式

通过使用 Excel 和 SPSS① 等软件进行数据的汇总和分析，可以有效处理问卷调查结果，并且方便通过图表等形式显示结果。至于哪种显示数据的方法更加有效，则因数据类型而异。

(一)选择题的数据统计

最基本的数据统计是“简单统计”，即计算出选择每个选项的人数(次数)。当调查问卷回答人数很少时，可以自己直接计算出数据结果，如果有 Excel 或 SPSS 等软件，就能够瞬间统计大量数据。这些软件还可以以图表的形式显示统计结果。

(二)排序题的数据统计

在排序题中，如果算出每个选项的平均排序，就可以大致了解整体排序情况。但是，这些结果毕竟只是一个平均值，需要在参考该数值的基础上进

① 社会科学统计软件包的英文缩写是 SPSS(Statistical Package for the Social Sciences)，其最突出的特点就是操作界面极为友好、输出结果美观漂亮(从国外的角度看)，是非专业统计人员的首选统计软件。

行探讨分析。重要的是，要重新确认数据内容并将其反映在论文中。

(三)自由回答题的结果显示

自由回答题中获得的数据如果是数字或单词，则可以借用选择题和排序题中使用的方法进行统计、处理，并通过图表等表示出来。对于句子形式的数据，可以使用诸如 IBM SPSS Text Analytics for Surveys[①] 这样的数据文本分析软件提取出现频率高的单词，并显示其数量结果。但是使用数据文本分析软件处理数据时，自己也要认真仔细地阅读问卷中实际写出的答案内容。即使有大量样本，无法阅读所有问卷，也必须要抽取一定数量的样本亲自过目。

当样本数量不多时，认真阅读每个回答者的答案并从中获取信息和趋势，这种做法非常有用。例如，将答案按照内容分类，看看哪类内容比较多，这样就可以一定程度地显示出各类内容在数量上的差异。不仅如此，显示数量的同时，直接引用回答人真实的"声音"(即回答人在问卷上实际写出的内容)，通常会得出较有说服力的结果报告。

进行问卷调查后公布结果时，要注意到这只是"受试者的回应"，而非真实的言语行为。Neustupny(2002)也提醒要注意以下内容：

質問調査を行う研究者は、質問調査であったことを忘れ、アンケートの回答が直接行動を反映しているように報告している場合が多い。学会ではこのような発言がしばしば聞かれ、たとえば、データはアンケートであるにも関わらず、「日本人はこのような使い方をしている」あるいは「日本人はこう考えている」という発言が、「本調査の対象者は、このように報告した」の代わりに現れる。(进行问题调查的研究人员经常忘记这是一个调查，公开发表说调查问卷的答案反映了

① 该软件是一款成熟的商业文本挖掘软件，主要用来挖掘消费者的评论意向及社会调查的文本内容。利用文本分析技术，可以将文本自动聚类，进行词频分析，探究文本语义表现出的提供者的立场、观点、态度等，此外还可以对文本内容中的形容词、表情符号等情感因素进行情感分析，极大地减轻研究者的统计与研究工作量。相对于人工操作而言，该软件对于开放式的问题具有更强的分析能力和决策能力。

人们的直接行动。在学术会议上经常听到这样的发言,如“日本人就是这么用的”或“日本人就是这么想的”等。研究人员忽视了一个事实,即这些数据只是“该调查的调查对象给予的回答”。)

(ネウストプニー,2002:23)

总之,当我们口头公布调查结果或是将其写成论文时,需要仔细考虑通过调查得到的结论到底是什么,并注意公开发表时的措辞。

六、印刷媒介的文本分析

跨文化比较研究是较为常见的语用学研究方法之一。但是只有少数人可以到日本去收集日语数据,进行中日比较。即使在中国找到日语母语者,也难以确保能够得到所需的样本数量。虽说如此,在互联网技术日益发达的当下,获取日语数据并非难事。解决方案之一是使用现有文本。语言学中的“文本”有两个解释:①任何一段语言材料根据其结构或者主题形成的一个整体,可以是书面的,也可以是口头的;②在话语分析里面专指一段书面语言材料,“话语”则专指一段口语材料(语言学名词,2011:19)。

从符号学的观点来看,“文本”也包括图像等,本节我们重点关注印刷媒介文本。如果找到了汉语版和日语版的文本,并分析其表达差异,那么两种语言的特征会不断浮现。另外,也可以专注一种语言并考察其特征。下面我们来看一下具体示例。

(一)文学作品

原著及其翻译多数是在主语的表达方式、句法等方面存在差异,从中可以反映出各语言的特征。如果考察会话文,可以比较汉日的称谓方式,例如如何称呼自己、如何称呼对方等。有些作品还出版了“新译”版本,我们可以比较不同时代、不同译者的译本,了解其变化,考察语言的变迁。

(二)社论、专栏

不少社论、报纸栏目都有多语种的内容。根据选择的翻译语言不同,同一文本的不同译本可能存在细微差别,因此可以提出翻译难度的问题。

(三)电影剧本

很多电影发行汉日对译版本。如果与影像结合使用,就可以清楚地了解台词背景和人际关系。如果比较汉日电影台词，则可以考虑研究两种语言如何表达自己与他人的力量关系、亲疏关系等，例如，如何称呼对方或使用何种敬意表达。

(四)演讲稿

随着科技的进步，通过互联网获取著名演说人物的演讲稿变得更加便捷。分析其演讲稿的构成、表达方式的运用等，可能会探索出其吸引人的魅力所在。如果想要从比较的视角来分析，那么可以将中国领导人的讲话与日本领导人的演讲，或是其他总统的就职演说进行比较。

(五)产品说明书、公司宣传手册

拥有国际市场的公司通常有多语种版本的产品说明书或介绍手册。汉语、日语版本未必是一一对应的，有时候需要改变写法以吸引各自的目标客户。分析汉、日版本说明书的差异，可以考察两个版本的制作涉及哪些文化要素，从而联系到文化的比较。

(六)实用书籍

通常以实用性为目标的书籍会反映其背后的文化。例如，阅读用汉语和日语写的礼仪书，分析两者内容重点的差异，可以进行文化比较研究。

(七)公示语

如果仔细观察，可以发现在我们的周围，如电车里、车站内等有很多英语表达，它们通常都是用汉语和英语写的，也有部分公示语使用了日语，我们可以以此为材料，比较公示语中汉日表达的差异。

七、电子媒介的文本分析

电子邮件、网上聊天等 IT 技术的发展对我们的沟通交流产生了很大影响。语用学领域中，“计算机介质通信”(CMC：Computer-Mediated Communication/コンピュータを介したコミュニケーション)也引起了人们的注意。本节我们将探讨从电子媒介中获取分析文本的可能性。

(一)个人文本

朋友发来的邮件也可以成为分析文本。如果有来自海外的邮件、信息等，就可以将其作为调查汉语和日语之间沟通差异的材料。此外，还可以考察电子邮件和传统的书信沟通有何不同。但是,使用个人文本时需要获得对方的许可,遵守数据采集的伦理问题是非常重要的一点。

(二)语料库方法

语料库指为语言研究和应用而收集的、在计算机中存储的语言材料,由自然出现的书面语或口语的样本汇集而成,用来代表特定的语言或语言变体。经过科学选材或标注,具有适当规模的语料库能够观察和把握语言事实,分析和研究语言系统的规律。语料库可以被应用于语言学理论研究、语言应用和语言工程(语言学名词,2011:184)。

随着语料库方法被越来越多地运用到语言研究当中,语用学研究者也尝试将语料库运用到本学科的研究当中。特别是不少学者认为,采用 DCT 调查、角色扮演方法等人为操控因素的方法收集语料,数据收集者很容易将自己的主观因素纳入语料当中,而将一些自然的语言成分排除在外,因此收集到的语料与自然发生的语料还存在一定的差异,并不能完全反映真实的交际情况。语料库方法似乎可以在一定程度上弥补上述不足。语料库方法又分自建语料库及使用现有语料库两种情况。

1.自建语料库

在某些情况下,研究者可以自己将数据输入电脑制作成语料库,再以此为基础进行调查研究。例如,白田(2005)记录了电视上年轻人坐在一起进行讨论的节目,每次 45 分钟,共 11 次,把节目内容文字化后输入电脑,制作成可以进行搜索的语料库。基于这些数据,白田调查了参与讨论的年轻人如何使用「やはり」「やっぱり」「やっぱし」和「やっぱ」。

如果自己创建语料库,就可以选择自己想要考察的内容。而且自制语料库有很多优点,如易于理解说话者的背景以及语境等。但是,创建语料库需要大量时间和精力,这是不争的事实。最近有的研究学者公开自己已创建好的语料库,以方便其他研究人员使用,或是把它当作一个大项目,不断推进包含庞大信息的语料库建设。如果现有语料库符合自己的研究目的,那么直接使用现有语料库省时省力,也是一个不错的选择。

2.现有语料库

将资料电子化并创建成语料库,其优点体现在具有庞大的信息量及较强的可操作性。很多以前需要花费大量时间进行的调查,现在可以立即完成。但是,要注意语料库的数据与自己收集的数据终究有所不同,有时使用者可能难以理解语境信息。虽然计算机能迅速提供我们所需要的数字,但重要的是不要盲目轻信电脑计算出的数字,必要的时候需要调查说话者的属性、重新查看文本内容等。此外,要注意语料库有可以对外公开的内容和不能对外公开的内容,有时候需要一定的手续才可以公开。

3.其他电子文本

诸如会议记录、过去的文学作品等,原本是出于其他目的而在网上积累起来的材料,现在都能够用于语言研究,这些内容都可以被称为"语料库"。但是,由于目的不同,将这些材料用于自己的语言研究时可能存在各种问题,例如,没有搜索功能、没有明确说明说话者的属性等。有时候与其他软件结合使用可以解决这些问题。因此需要动脑筋去想如何才能有效利用这些资料。

4.电子文本示例[①]

＊「国会会議録」:https://kokkai.ndl.go.jp/#/

日本国家会议的正式会议记录。任何人都可以自由访问,还有检索系统。会议记录数量庞大(长达60年多年)、会议发言人地域多样化等特点均体现了它作为研究资料的优势。但是,在考察研究时需要注意,由于国会会议记录不是专门为研究语言而创建的,因此记录内容有时会去掉"填充语"部分,并非完全按照发言人的讲述内容来记载。"搜索结果"表示的是会议次数,而不是该单词的出现次数,因此需要在文中确认单词的实际出现次数。

＊「現代日本語書き言葉均衡コーパス」:https://clrd.ninjal.ac.jp/bccwj/

简称BCCWJ,由日本国立国语研究所开发。从普通书籍、政府白皮书、国会会议录、教科书、「Yahoo!ブログ」「Yahoo! 知恵袋」6种数据来源中随机抽取数据。总计约4600万词。

＊「日本語話し言葉コーパス」:https://clrd.ninjal.ac.jp/csj/

由日本国立国语研究所、信息通信研究机构以及东京工业大学联合开

---

① 此处仅列举了部分电子文本的示例,更多数据库信息参见本书附录中的"日语、汉语常用语料库一览表"。

发。2004 年第 1 次出版、2008 年第 2 次出版。有 1417 名受试者的音频数据，共约 661 小时，文字化后字数为 722 万字。独白（演讲等）约占 90%，对话约占 10%。该语料库无法直接搜索所有内容，可以下载具有该功能的“编辑器”，配合语料库使用。

*「青空文庫」：https://www.aozora.gr.jp/

成立于 1997 年，是在互联网上公开的电子图书馆，收集了日本国内没有著作权的文学作品，以及版权所有者允许传播的文学作品。“青空文库”无需注册，任何人都可以免费浏览，且作品数量持续增加。还可以结合使用与其格式相对应的文本查看器和文本编辑器。

*「多言語母語の日本語学習者横断コーパス」：https://www2.ninjal.ac.jp/jll/lsaj/ihome2.html

“多种语言母语日语学习者的横断语料库（International Corpus of Japanese as a Second Language，简称 I-JAS 语料库）”是日本国立国语研究所日本语教育研究中心原主任迫田久美子名誉教授主持的日本国家级重点科研项目，耗资近 9000 万日元，历时 8 年完成（2012—2020 年）。I-JAS 语料库汇聚了全世界多位日语学界泰斗的研究成果，代表着日本乃至世界日语学习者语料库的最高水平，涉及 12 种语言，收集了包括日本在内的 18 个国家和地区的 1000 名日语学习者及 50 名日语母语者的语料。其最大特征为对每一位学习者进行了 7 类 12 组课题的调查，内容包括看图说话课题 2 组（ST1、2）、与日语母语者的 30 分钟对话课题 1 组（I）、角色扮演课题 2 组（RP1、2）、绘画描写 1 组（D）、看图写作课题 2 组（SW1、2）、邮件写作课题 3 组、散文写作课题 1 组。其中与日语母语者的 30 分钟对话课题、角色扮演等课题都与语用学的研究领域相关，出现了不少利用 I-JAS 语料库进行二语语用研究的成果。

*中日对译语料库（中日対訳コーパス）

由北京日本学研究中心开发研究的汉语和日语并行的语料库。收录了中日文各类文章的原文文本和译文文本共 80 余篇。其中不但有中日对译文章中最常见的小说文本，还包括如诗歌、散文、传记、政论、法律法规、政府工作报告等各种体裁的语料文本，共计 2013 万余字。该语料库对语料文本进行自动切分和词性标注，对部分文本进行语法和语义标注。此语料库已经在中国的日语学研究中得到广泛应用。

八、调查方法的小结

正如上文所述，每种调查方法都各有优缺点，有时以某种方式收集的数据未必对自己的研究目的有效。因此我们也需要考察调查方法本身存在的问题，也就是说，进行“关于调查方法的考察”。事先了解各种调查方法所得的结果存在哪些差异，将有助于对数据的分析。

从“实际状态”调查层面来讲，可以说调查自然发生的话语行为是最理想的。但是，如上文所述，很多话语行为并不会经常发生在我们身边，而且记录自然话语会涉及研究伦理问题，调查自然发生的话语行为并不简单。因此，可以采取通过添加某些人为条件引出话语行为的调查方法。在分析以这种方法收集的数据时，如果了解其与自然话语之间的差异，就会知道该调查方法的局限性，从而进行更客观的分析。

例如，比较“角色扮演”和“自然话语”两种调查方法，考察两者在“话轮控制策略”“模糊限制语”“填充语”的表现手法上有何差异，也可以比较都添加了人为控制条件的“角色扮演”和“问卷调查”，考察两者的差异。此外，还有“改进调查方法的调查”，这种调查旨在为后续研究提供基础数据，而不是以比较多种调查方法为目的。

如果在先行研究中发现了考察研究方法的调查，可以将其作为重新审视自己数据的资料进行参考。例如，假设自己用了“角色扮演”的调查方法，但不确定得到的数据结果是否同样适用于自然话语。解决办法之一便是寻找比较“自然话语”与“角色扮演”的先行研究。通过在分析数据时提及这篇论文，可以主张自己调查研究的有效性，或是亲自指出自己调查研究可能存在的不足之处（直面自己研究的不足也是作为研究者应有的态度）。此外，有的先行研究并不是以比较调查方法本身为目的，而是使用了多种方法对同一事项进行调查，再比较各个方法得到的结果，像这样的先行研究可以帮助验证调查方法的有效性。

第四节　语音数据文字化处理

一般很难对通过观察、角色扮演、访谈等方式记录的语音数据直接进行分析，要想探究细节就需要将语音数据转写(transcribe/文字化)成文字。可能有人会觉得把声音听写下来很容易，但这项工作其实需要花费相当多的时间和精力。

由于各研究人员的研究目的、研究焦点不同，因此关于文字化处理并没有唯一固定的"正确"方法。但是，很多研究人员有共同使用的书写方式，可以查阅各种实例后根据自己的研究目的选择合适的文字化处理方式。当需要描述一个先行研究中未曾出现的内容时，就由自己决定一个标志符号。

研究者需要将自己在论文中使用的文字化处理方式以一览表的形式列在文字材料的开头。接下来我们看一个文字化处理的实例。

文字化实例

王晓(2018)通过录音的方式进行了有关"邀请"的角色扮演，把从中收集到的语音数据按照如下方式转写成文字：

文字化处理方法

//　　//の後の発話が次の番号の発話と同時に発せられたことを示す。

(0.4)　(　)の中の数字は10分の1秒単位で表示される、沈黙の長さを示す。

—　　「—」の前の音節が長く延ばされていることを示す。

例：「(0.5)ちょーとね//ー」

=「ねー」の「ね」の音が延ばされている。

=　　前後の発話が密着している

?　　疑問符ではなく、上昇のイントネーションを示す。

例：「あのね?」=あのね(↗)

。　　下降のイントネーションで文が終了することを示す。

例：「あたしきょう立川だったんだよー。」

＝あたしきょう立川だったんだよー(↘)

、　　間(ごく短い沈黙)

{ }　{ }の中の行動は非言語的な行動の「笑い」等を示す。

( )　聞きにくい発話を( )の中に記す。聞き取りの結果、複数の可能性がある場合は、( )の中に「/」を挟んで列挙して記す。

例:「{笑い}/うん」

＝「{笑い}」か「うん。」のどちらかに聞き取れる発話だということを示す。

(王晓,2018:65-66)

使用这种方法,王晓(2018)转写了以下文字化数据:

No.	話者	発話内容
1	JF13	きょうーまだこれから授業ある?
2	JF14	ある。
3	JF13	ある? え何限まで?
4	JF14	よん。
5	JF13	よん限か。
6	JF13	ほな四限終わってからー、(0.4)暇?
7	JF13	きょうなんか、わたし暇やけん、一緒にご飯いきたいんやけどー。
8	JF13	どお?
9	JF14	きょおーはちょっといいわ。
10	JF13	え? なんか、じゅ、重要な用事みたいなん、あるん?
11	JF14	あーるっちゃあるけど、
12	JF13	それ、なんかどないかできん、みたいな。
13	JF14	まあ、きょう行けないこともないけど。
14	JF13	んーんーんーんー。
15	JF13	じゃあ、一緒にご飯食べに行けるみたいな感じ?
16	JF14	まあ、そやな。
17	JF13	お!

续表

No.	話者	発話内容
18	JF14	ふふ{笑い}
19	JF13	じゃあー、あたしー、
20	JF13	よ限おわりって何時やったっけ?
21	JF14	よじー半くらいちゃう。
22	JF13	四時半か。
23	JF14	うん。
24	JF13	じゃ四時半に、学校の一正門?
25	JF14	うん。
26	JF13	で待ち合わせでいける?
27	JF14	うん。
28	JF13	よし、じゃあ、夜ごはん食べに行こうぜ。
29	JF14	行こう。

(王晓,2018:91-93)

如上所示,语音数据转写就是对录音或录像语料进行的文字符号化处理。通过科学的转写,可以尽可能真实且详实地还原声像资料,使读者不仅能够明白语料说了什么内容,还能明白为什么有这样的会话。语音数据文字化的过程是研究者反复聆听和观察语料的过程,因此也常常是发现研究课题的过程。

此外,在日语语用学研究领域,比较常用的语音数据转写方法是宇佐美まゆみ(2019)「改訂版:基本的な文字化の原則」[①],需要转写时可以借鉴。

本章主要介绍了语用学的主要研究领域和研究方法。如上文所阐述的那样,语用学领域有许多值得研究的课题,语用学的研究方法也不是单一的。结合我们的研究课题,我们可以以某一理论为依据提出问题,并通过合适的方法收集语料,在原始语料的基础上进行筛选、加工、采用,最后作出定性和定量的分析。

---

① https://ninjal-usamilab.info/wp-content/uploads/2020/01/BTSJ2019.pdf。

研究思考题

1.思考一下日常生活中,你有哪些在语言层面上感兴趣的场合。如果可以从中进行观察,你想观察什么语言现象?

2.请使用头脑风暴的方式,讨论"自己对什么研究内容感兴趣"。

本章参考文献

[1]陈新仁.汉语语用学教程[M].广州:暨南大学出版社,2017.

[2]陈新仁,钱永红.多模态分析法在语用学研究中的应用[J].中国外语, 2011(5):89-93.

[3]桂诗春,宁春岩.语言学方法论[M].北京: 外语教学与研究出版社,1997.

[4]何自然.语用学方法论刍议[J].解放军外国语学院学报,1999(4):1-4.

[5]何自然,冉永平.新编语用学概论[M].北京:北京大学出版社,2009.

[6]任育新.变异语用学:目标、议题与方法[J].外语教学理论与实践,2022(1):15-25.

[7]王晓.跨文化理解与言语行为的汉日对比研究:以"邀请"言语行为为中心[M].上海:上海译文出版社,2018.

[8]王晓婧.第十六届全国语用学研讨会综述[M]//陈新仁.外国语文研究:新媒体、新问题与新思考.南京:南京大学出版社,2020:138-148.

[9]俞东明.什么是语用学[M].上海:上海外语教育出版社,2011.

[10]语言学名词审定委员会.语言学名词[M].北京:商务印书馆,2011.

[11]赵林森,冉永平. 语用学研究的边缘化问题及新趋势、新特点[J].外语教学,2020(2):8-12.

[12]周凌,张绍杰.国际语用学热点话题:面子、礼貌、不礼貌的研究走向

(1986—2016)［J］.外语电话教学,2018(6):106-112.

［13］秋山浩二.現代語における「あなた」の一考察:日本語教育の観点から［D］.明海大学大学院修士論文,2003.

［14］荒巻朋子.アメリカ人と日本人の断り表現の比較［J］.長崎大学留学生センター紀要,1999(7):105-137.

［15］内田治.すぐわかるSPSSによるアンケートの調査・集計・解析［M］.東京:東京図書,2007.

［16］金庚芬.日本語と韓国語の「ほめ」に関する対照研究［M］.東京:ひつじ書房,2012.

［17］現代日本語研究会編.女性のことば・職場編［M］.東京:ひつじ書房,1997.

［18］現代日本語研究会編.男性のことば・職場編［M］.東京:ひつじ書房,2002.

［19］小林美恵子.授業談話データベースによる実態調査:フィラーの様相［J］.ことば, 2011,32:109-122.

［20］ザトラウスキー・ポリー.日米の実際の談話に見られる人を指す身ぶりと配慮との関係［M］//三宅和子,野田尚史,生越直樹.「配慮」はどのように示されるか.東京:ひつじ書房,2012:235-256.

［21］白田直樹.討論番組の発話にみられる「やはり」とその変異形の使われ方と機能［D］.明海大学大学院修士論文,2005.

［22］田中典子.プラグマティクス・ワークショップ:身のまわりの言葉を語用論的に見る［M］.横浜:春風社,2006.

［23］田中典子.はじめての論文:語用論的な視点で調査・研究する［M］.横浜:春風社,2013.

［24］谷口龍子.日本語と中国語における依頼の丁寧度［J］.社会科学ジャーナル,2006(57): 393-408.

［25］谷口龍子.詫びおよび感謝表現の選択と文・談話構造との関わり:日本語と中国語のヴォイスに注目して［J］.東京外国語大学論集,2010(80):179-197.

［26］田村綾菜.対人葛藤場面における児童の謝罪と罪悪感の関連［J］.

京都大学大学院教育学研究科紀要,2011(57):477-487.

[27]ネウストプニー,J V.データをどう集めるか[M]//ネウストプニー,J V,宮崎里司.言語研究の方法一言語学・日本語学・日本語教育学に携わる人のために.東京:くろしお出版,2002:15-33.

[28]橋内武.ディスコースー談話の織りなす世界[M].東京:くろしお出版,1999.

[29]日比谷潤子.はじめて学ぶ社会言語学ことばのバリエーションを考える14 章[M].京都:ミネルヴァ書房,2012.

[30]三宅和子.電子メディアを介した日英の配慮言語行動:謝罪への応答を手がかりに[M]//三宅和子,野田尚史,生越直樹.「配慮」はどのように示されるか.東京:ひつじ書房,2012:211-233.

[31]柳慧政.依頼談話の日韓対照研究:談話の構造・ストラテジーの観点から[M].東京:笠間書院,2012.

[32]KASPER G. Data collection in pragmatics research[M]//SPENCER-OATEY H. Culturally speaking: managing rapport through talk across cultures. London:Continuum,2000:316-341.

[33] ORGE Y. Pragmatics [M]. New York: Oxford University Press,1996.

[34] THOMAS J. Meaning in interaction: an introduction to pragmatics[M].London: Longman Group Limited,1995.

[35]WOLFSON N. Research methodology and the question of validity [J]. Tesol quarterly,1986(20): 689-699.

[36]WOLFSON N. Sociolinguistics and tesol: perspectives[M]. New York:Newbury House Publishers,1989.

第十章　语用学论文写作方法

第九章主要讲解了语用学的相关研究方法，在此基础上第十章主要讲解语用学论文的撰写方法。论文是学术论文、科学论文或研究论文的简称。它是科学研究成功的书面表达方式。其中，论文包括两大类：一是科研工作中的研究报告、科学论文、学术专著；二是高校或研究机构的学年论文、毕业论文、学位论文。

本章主要以学位论文的写作为中心，讲解撰写方法。学位论文的撰写步骤可以被概括如下：

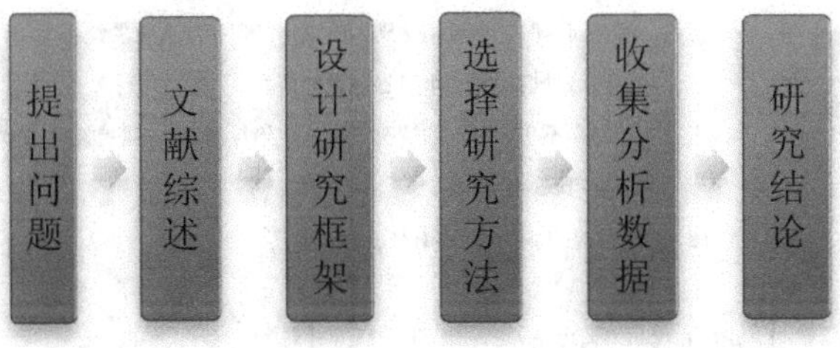

图 10-1　学位论文的撰写步骤①

本章在阐释论文写作过程中所使用的示例，除有特殊说明外，大多选自日本清泉女子大学田中典子教授 2013 年出版的「はじめての論文—語用論的な視点で調査・研究する」一书，特此说明。

① 肖东发，李武.学位论文写作与学术规范[M].北京：北京大学出版社，2009：10.

第一节　准备执笔

一、确定研究主题

在会议中商讨某件事时，参加者自由提出各自脑海中浮现出的想法，以此作为激发创造性的源泉，这种思维方式叫作“头脑风暴”（brainstorming/創造的集団思考法）。

我们可以把“头脑风暴”这种思维方式应用到确定的课题研究上。首先任意写出自己脑海中浮现的课题。此时不需要过多思考，只是粗略地写出想到的内容（例：语言的使用）。其次，进一步写出关于这一主题所能想到的所有事项（例：汉日两种语言中拒绝方式的差异）、如何实施调查（例：问卷调查）等。最后，根据已写出的全部想法，把具有相关性的内容整合到一起。

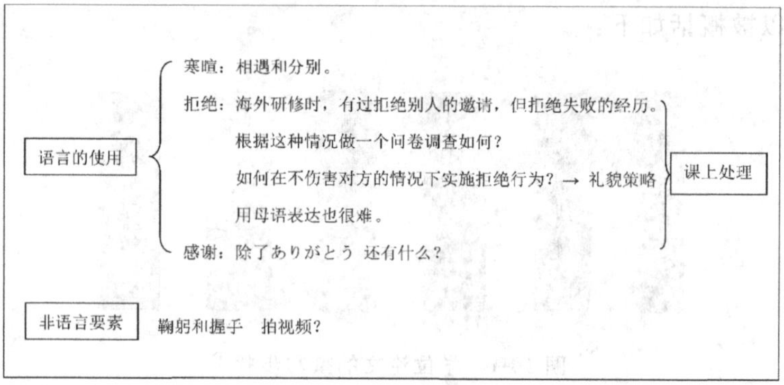

图 10-2　论文写作中运用头脑风暴的示意图[①]

二、思考研究思路

在已写出的事项中，把具有相关性的内容放在一组，看看可以分为几组。以此为基础，思考以下几点内容：

---

① 根据田中典子（2013：09）图示翻译，略有改变。

(一)自己对什么感兴趣?

最理想的情况是论文的主题正是自己最感兴趣的点。当然,自己的兴趣可能与研究主题毫无关系,但至少请选择一个自己感兴趣的领域,比如自己会想知道"调查这些之后会产生什么样的结果呢?"

在上面的示例中,我们可以看到"拒绝"这个主题引发了诸多思考,大家对这个主题的兴趣源于"海外培训经历",比较具体。此外,大家也具体地想到了采用"问卷调查"这种研究方法,然后进一步地考虑到了与汉语具有关联性的汉日对比,从而扩大研究主题。可以说在头脑风暴中能写出很多内容是因为大家的意识达到了这个程度,其中包含着对研究的思考。

(二)缩小主题范围了吗?

论文成功的关键是,尽可能选择清晰的且自己能驾驭的主题。例如,「中日の表現の違い」这一主题过于宽泛,改成「中日の挨拶表現はどう違うか」可以有效突出重点。同样,将主题改为「中日の別れの挨拶表現はどう違うか」,可以进一步突出重点。但是,如果过度缩小主题,可能难以获得足够的数据来支撑论文的写作。所以需要认真思考一下主题缩小到什么程度才合适。

(三)调查先行研究了吗?

缩小主题后,下一步需要做的就是查阅与该主题相关的先行研究。调查先行研究的目的之一是找到可以参考的理论框架或研究方法。例如将研究主题锁定为"道歉"言语行为的相关内容,如果看过 Cohen and Olshtain (1981),就会知道这篇论文已经指出"道歉表达"常伴随着"承担错误""提出补偿""承诺改正"等策略。如果了解这一点,就可以把这个结论应用于自己的数据分析。也就是说,先行研究提供了关于如何研究该主题的提示,避免我们确定主题后不知道自己下一步该做什么。各个主题应该都会有可供参考的先行研究,确定主题后就要查找先行研究。

三、探讨调查方法

先行研究是研究者们调查考证出来的结果,参考价值很大。但是,查阅先行研究只是为自己的研究进行"预先调查",还需要以此为参考进行自己的调查。

(一)调查方法合适吗?

说到调查,大家可能很容易想到问卷调查,但问卷调查是受试者有意识地思考之后再去完成的调查方法,某些研究的研究目的可能不适合这类方法。比如说调查“会话反馈”这种人们无意识下进行的言语行为,即使询问受试者诸如“你在10分钟内会给对方多少次会话反馈?”这样的问题,对方的回答通常也无法反应实际情况。如第九章所述,调查方法多种多样,最重要的是找到适合自己研究目的的方法。

此外,还可以多种调查方法结合使用,相互补充。例如,首先论述从自身体验和观察中获得的数据,其次通过问卷调查进行验证,最后对几位回答者进行跟进访谈,这样便于进行更深入的考察。

(二)能找到受试者吗?

在进行语用学领域的调查时,我们往往担心是否能找到足够的受试者实施调查并获取符合研究目的的数据。假设针对研究问题「中国語と日本語では挨拶の仕方に違いはあるか」,我们设想的调查方法是“问卷调查”。在我们身边很容易找到汉语问卷的受试者,但是日语问卷的受试者该如何募集呢?

如果找不到所需数量的日语母语者,就有必要重新考虑调查方法。多动脑筋思考获取数据的方法,比如说可以从小说或电影等文本中收集数据。

关于日语的语用研究不仅限于日语母语者,针对日语学习者的语用习得研究也很有意义。二语语用研究聚焦二语习得中的语用知识和能力问题,不仅拓展了二语习得研究的范围,而且丰富了已有的研究范式和研究方法,逐渐成为一个新的热点领域。进入21世纪以来,二语语用方面的著作不断涌现,较有影响力的如Kasper & Rose(2002)、姜占好(2013)、Culpeper(2018)等。参考这些书籍,制作一份中国日语学习者容易出现语用失误的调查问卷,要求受试者回答类似“您认为在这种情况下,以下哪种表达最合适?”的一系列问题,就可以获得数据以考察中国日语学习者的语用能力。

第二节　如何确定“题目”

什么样的题目能恰如其分地显示论文内容并引起读者的阅读兴趣呢？小笠原(2009:171)指出,「論文の題名と最初の切り出しをみれば、その論文が読む価値があるかどうか、ほぼ確定できるといっても過言ではない」(可以毫不夸张地说,看一眼论文的题目和开篇就可以确定该论文是否值得一读)。本节我们来探讨如何为自己的论文确定一个与内容相符的题目。

一、锁定题目

虽然在最初确定题目范围时选定了一个题目,但那往往仅是一个大致的方向,例如选择研究某个言语行为或某个语用现象等。当收集了一些语料、参考文献读到一定程度的时候,所要研究的问题的焦点便会逐渐变得明晰起来,这时就要开始锁定论文的题目了。

毕业论文的题目不宜太大,因为题目太大便无法深入。为了对题目加以补充、说明,或强调论文所研究的侧重点(研究对象、研究内容、研究目的等),也可以给论文题目加上副标题,这样便于读者把握全文内容的核心。此外,题目应该简练、新颖,能激发读者的阅读兴趣。

(一)避免重复

理想的题目要简洁易懂、一目了然,避免拐弯抹角。检查题目中是否有重复的部分,如果有,则需要再仔细斟酌一下。

「中国語の曖昧表現と日本語の曖昧表現の違い」
→「中国語と日本語の曖昧表現の違い」

「現代日本語の現状」
→「日本語の現状」

(二)适当使用缩写

对普通读者来说难以理解的或者过于口语化的表达方式都不适合做论文题目,但如果使用大家普遍认可的常用的缩略形式,就会让题目更加简洁。上述第一个示例也可以被缩写如下:

「中国語と日本語の曖昧表現の違い」
→「中日の曖昧表現の違い」

(三)避免题目过长

题目过长,会导致重点模糊,读者理解困难。仔细斟酌题目中是否有可以删除的部分。删除含糊笼统的部分,使题目清晰明了。

「日本語の現状と世代による話し言葉の違い」
→「日本語における話し言葉の世代差」

(四)确认信息是否充分

题目未必越短越好。需要再次考虑拟定的题目是否可以按照字面意思被完全理解。有时为了引起读者的兴趣,可以有意识地给题目加上疑问句。但是,对论文新手来说,首先要学会写简单易懂的题目。

「断り表現の違い」
→「中日での断り表現の違い」

(五)凝缩重点

小笠原(2002:114)针对论文题目的确定做了如下论述:「その論文で具体的に何を主張するのかということが、自分自身に明確になっているかどうかということである。その主張は、小さなことでいい。いや、むしろそうでなくてはならない。」(自己是否清楚在这篇论文中具体要主张什么,这个主张可以是很小的内容,或者说它必须是很小的内容。)小笠原(2002:114)还列举了以下示例介绍论文题目的修改过程:

「サッカーについて」→「サッカーの大切さについて」→「サッカーを教えることの意義」→「サッカーによるスポーツ精神の教育」→「オフサイド・ルールの教育意味」

（小笠原，2002：114）

如果题目是「サッカーについて」，那么读者不知道具体写足球的什么方面，但如果是「オフサイド・ルールの教育意味」，那么论文题目就显得具体明了，简单易懂。

二、活用副标题

如果论文题目在某种程度上来说范围较广，那么可以通过副标题突出重点。通常在汉语中用"——"（破折号）、日语中用"—"（破折号）、英语中用":"（冒号）连接副标题。副标题可以显示很多内容，本小节从以下几个角度举例说明。

（一）凸显研究内容

在副标题中显示研究内容及研究对象，更加引人注意。

「中日の感謝表現」
→「中日の感謝表現—映画'Shall we dance?'に焦点を当てて—」

（二）补充研究重点

在副标题中显示数据分析的重点，将题目更加具体化。

「中国語と日本語」
→「中国語と日本語—中日言語表現の違いについて—」

（三）明确考察对象

在副标题显示考察对象，即受试者，可以让读者清楚调查了哪些人群。

「日本語の語用論的運用について」
→「日本語の語用論的運用について一中国人大学生はどう理解しているか一」
→「日本語の語用論的運用について一ネイティブ・スピーカーの教員の視点から一」

(四)明确调查方法

在副标题中明确标注研究方法,可以让读者清楚论文进行了哪一类的调查。

「日本語の語用論的運用について」
→「日本語の語用論的運用について一アンケート調査から分かること一」

(五)添加说明

特意设置一个笼统的题目,再以副标题的形式添加解释,首先给读者一种「何だろう?」的思考,看到副标题后疑团解开,「ああ、そういうことか」,这也是副标题的使用方式之一。也可以将原本考虑做主标题的题目放在副标题的位置。示例如下:

「カフェでのおしゃべり」
→「雑談の中日対照一カフェでのおしゃべり一」

(六)突出研究问题

使用疑问句做副标题,可以告诉读者自己想在论文中阐明什么问题(即研究问题)。

「日本の英語教育一語用論的視点は生かされているか一」
「中日の曖昧表現一何が誤解を生むか一」

(七)充分考虑主标题与副标题的关系

添加副标题时需要确保副标题与主标题之间的关系清晰易懂。不能单纯地把两个标题列在那里，因为副标题是对主标题的进一步深化、对焦点的进一步锁定，添加副标题就要发挥其作用。

「中日の断り表現について一曖昧表現一」 →「中日の断り表現一何が曖昧だと受け取られるか一」

第三节　如何撰写“引言”

“引言”(Introduction)是论文的重要组成部分，它阐明了论文的目的，并在一开始就吸引着读者的兴趣。虽然名为“引言”，但在实际撰写论文时，并非一定要从“引言”开始写。在研究过程中内容和重点可能会发生改变，如果先写了“引言”部分，就有可能产生前后不一致的情况，需要随时根据论文的实际情况予以调整。

一、引言的内容

基本上，以下两点应该出现在“引言”里。重点写哪一点依情况而定。

(一)研究动机

阐述自己为什么对这个主题感兴趣。论文正文内容要求写作者客观地进行分析记述，但在“引言”里可以叙述自己对该主题产生兴趣的个人经历。而且，读者在了解作者的个人背景后，会产生亲近感，从而有兴趣继续读下去。

(二)研究目的

简单叙述通过调查研究该论文想阐明什么问题、想把调查结果应用在哪些方面等。有些研究主题的调查结果可以马上发挥其作用，但也并非所有的调查结果都能立即得到应用，因此除了研究的实用性目的，也要重视其理论性目的所具有的指导意义。

二、引言的结构

虽然没有严格的规定，但是“引言”部分通常由3个段落(最多5个段落)构成。每段开头缩进1个日语字符，如果是汉语论文，则缩进2个汉语字符。

一般情况下，第一段写自己对该主题感兴趣的原因，第二段简要概述想要做哪种研究，最后一段写如何应用调查结果等。明确每个段落要写的内容后，再开始动笔。一个段落中囊括太多内容时，论点就会模糊不清，所以简明扼要是关键。

三、论文的文体

日语有两种文体，礼貌体(「～です/～ます」)和简体(「～である/～だ」)，论文中基本使用后者。并不是说没有用敬体写的论文，只是一般情况下正规的论文被规定使用简体。

四、论文中的称谓

当用日语提及自己时，会出现「私」「わたし」「あたし」「僕」「俺」等各种第一人称代词。但是，论文的撰写在一定程度上受形式限制，比较温和地提到自己时，「私」更合适。如果想把自己的立场客观化或更加正式地提及自己，那么「筆者」更好一些。

原则上，论文中不使用敬称。例如：

外国の方にお会いした時…→ 外国人に会った時… 田中先生の授業で…について伺った。→ 田中教授の授業で…について知った。

尽量避免使用尊敬表达。论文中研究学者姓名后不接任何称呼语，这与“直呼其名”不同，并不是失礼行为。例如：

田中先生は次のように述べておられる。→ 田中(2008)は次のように述べている。

五、论文撰写注意事项

“引言”中未必一定要引用文献，但是当基于某些“事实”解释自己的研究动机和目的时，可以引用文献支持自己的研究。即使自己认为这是不言而喻的事情，也要查看文献确认是否真的如此。论文追求严谨，请注意以下几点，以避免给读者留下“武断”“敷衍”的印象。

(一)标明出处

当提及被视为事实的内容时，尽可能把证据，也就是出处明确地标注出来。由此能表现出自己诚恳的态度，即笔者并非擅自断言，而是认真查阅先行研究、确认其真伪后才推进自己的研究的。将叙述该事实的先行研究以(作者姓氏、出版年份、页码)的形式标注。将提及的所有先行研究都在论文末尾的“参考文献”中列出。例如：

> 英語圏以外の英語話者が世界に20億人いる。
> →英語圏以外の英語話者が世界に20億人いると言われている(本名，2006，p.13)。

(二)避免断定

事物都有多个侧面，通常无法100%断言其是这样或是那样的，所以我们需要慎重考虑某件事是否能够被这样断定。如果以前已经有人证实这件事，就需要按照上述方式明确其出处。如果找不到证明材料，则需要避开断定表达，使用语气缓和的说法。特别是在“引言”中，对于理论事实，应尽量站在客观的立场进行叙述，如「～だと言われているが、自分にははっきりとは分からないので、それをこれから調べてみたい」。示例：

> この点では日米の文化は<u>完全に異なる</u>。
> →この点では日米の文化は<u>異なると言われている</u>(田中，2008，p.12)。
> →この点では日米の文化は<u>異なるのではないだろうか</u>。

(三)避免事实嵌入句

认真思考句中嵌入的“事实”是否真的是事实。这种情况下，只有能明确出处才有说服力。如果没有明确的出处，就需要改变表达方式。例如：

> 英語を学び始めたばかりの中学生に英語嫌いが多く見られるのは…
> →英語を学び始めたばかりの中学生に英語嫌いが多く見られる(田中,2008, p.12)のは…
> →英語を学び始めたばかりの中学生にも英語嫌いが見られると考えられるのは…

(四)避免主观表达

对于可能会有多种意见的问题,要避免使用体现主观价值判断的表达方式,并考虑各种意见的可能性。最理想的写法是,分别论述关于这个问题的不同意见,并明确标注各意见的出处。例如:

> 早期英語教育が強引に現場に持ち込まれている現状では…
> → 早期英語教育は強引に現場に持ち込まれているという意見(田中,2008,p.12)
> もある一方、その有効性を主張する研究者(泉,2007,p.15)もある。

第四节　如何写"先行研究"①

在开展自己的研究之前,非常重要的一项工作是查阅到目前为止围绕该主题前人已经做过的研究。由此可以探索出自己的研究方法,发现先行研究中的不足,找到自己的研究方向。

根据研究主题选择几个参考文献,特别是有助于自身研究的文献,并总结其要点。另外,指出这些研究尚未解决的问题,或是批评其笼统模糊的部分等,从而找到自己研究的立足点。作为论文的基本组成部分,"第 1 章 引言"写研究动机和目的,"第 2 章 先行研究"考察迄今为止围绕该主题前人已做过的研究。本节我们将掌握撰写先行研究时应注意的要点。有的论文把

① 汉语中"先行研究"一般使用"文献综述"这个术语,本书统一使用"先行研究"。

“引言”视为论文的序，不单独列为一个章节，从“先行研究”开始算作第1章。

一、先行研究的必要性

“先行研究”是指诸多研究学者迄今为止所做的研究。确定自己的研究主题后，就应该开始查阅与之相关的先行研究。但是有人可能会想，明明是自己原创的研究，为什么必须要查阅其他人的研究呢?

去图书馆查阅符合自己研究主题的书，这叫作“图书馆调查”，也就是“先行研究调查”。然而，如果仅从先行研究中提取与自己研究主题相关的内容并对其进行总结，就不能被称为原创研究。已经在他人的著作或论文中出现的内容属于该作者的研究结果，并不是调查者自己调查得出的结果。

尽管如此，查找文献资料仍然是撰写论文、报告不可或缺的重要过程之一。不查阅、探讨先行研究而直接撰写论文是不可能的。查找文献资料是研究的基础，原因如下：

(一)加深该领域的知识储备

自己感兴趣的主题往往其他人也会关注，所以无论什么主题基本上都已经存在相关的先行研究。虽说如此，也没有必要失望。相反，通过熟悉并掌握先行研究，加深自己对该领域的了解，可以进一步开展富有成效的研究。

(二)了解该领域的发展过程

只要是具有一定历史的学术领域，迄今为止必然会有很多人不断推进该领域的研究。了解其发展过程，就能够理解为什么某种观点被修改或淘汰了，明确现在该领域还存在什么问题，在这一过程中进一步思考自己的研究定位。

(三)聚焦自己的研究主题

在同一个领域中，不同研究学者的研究焦点也各不相同。通过阅读各种文献，研究者能够从“有点兴趣”的朦胧状态发展为“对这一点特别感兴趣”，这样可以逐渐明确自己在研究中所要探究的问题点，锁定研究主题。

(四)了解研究方法

通过查阅先行研究，可以了解到该领域普遍使用的研究方法，这些方法

可能对自己的研究非常有用。在使用先行研究中使用过的方法时，应该明确标注出处，并在参考文献列表中列出该文献。例如：「調査方法は、田中(2000)を参考にし、本研究の目的に沿って筆者が修正を加えた。」

（五）使用相同的研究方法进行比较研究

采用与先行研究相同的研究方法，比较其结果的异同，也是可行的研究策略。例如，我们可以将十年前的研究结果与现在的结果进行比较并考察其变化。此外，即使年龄相同，如果研究对象不同，结果也有可能发生改变。例如，如果先行研究的调查对象是男性，那么调查一下女性会有什么结果呢？如果先行研究是针对农村地区的调查，那么调查一下城市会是什么情况呢？即使自己的调查结果与先行研究的结果相同，也可以进一步考察为何两者没有区别。当然，这种情况下一定要明确标注引用了哪个先行研究的调查方法。

（六）发展完善先行研究

批判性地阅读先行研究可以让研究者得到一些启发，从而清楚自己应该做什么。时刻抱着疑问的态度很重要，比如说"这里是这样写的，真的是这样吗"，谨慎思考"研究方法合适吗""什么时候、在哪里、对谁进行的调查"等，如果能发现其不足之处或是遗漏点，就可以把这个不足点作为自己的研究焦点。

在关注先行研究未注意到的点或是遗漏点的过程中，我们可能会意识到可以用另一种方法重新考察，从而明确自己原创研究的焦点。同时，这也有助于思考更加完善的研究方法。换言之，在迄今为止前人所做的研究上进一步深入探究，也能够为该领域做出贡献。

二、撰写先行研究的注意事项

（一）遵守学术规范

将别人写的东西纳入自己的论文而不指明来源，是违背学术规范的行为，会被视为抄袭(plagiarism)。提及先行研究时，务必注意这一点。

（二）确定需要总结的文献

从相关文献中选择哪些进行介绍探讨，可按照以下三点标准来考虑：

* 在该领域的研究历史中具有代表性的研究
* 与自己的研究密切相关的研究
* 相关研究中自己特别感兴趣的,或认为其存在问题的研究

(三)确定文献的介绍顺序

想一想如何排列自己所选择的文献,以便按照上述流程进行探讨。文献位置可以随时调换,只是暂且定下大概的顺序。

(四)确定引用部分

再次考虑自己所定的"先行研究"撰写流程,按照以下三个标准,想一想具体引用文献中的哪个部分。

* 该文献研究的要点部分
* 与自己的研究密切相关的部分
* 特别想要给予评价或指正的部分

三、日语论文的引用方式

日语论文的引用方式主要有如下三种:

(一)引用内容在三行之内

→ 日语用「 」、汉语用" "表示引用部分,写在正文中。

正文显示作者姓名示例

田中(2008)は「論文はルールに従って書くべきである」と述べている(p.11)。

正文不显示作者姓名示例

「論文はルールに従って書くべきである」(田中,2008,p.11)と言われている。

(二)引用内容超过三行

→ 上下各空一行,各行缩进字符,日语约 3 个字符。

例:

論文の書き方について、田中(2008)は次のように述べている。 (1行空ける) 文献を引用するには、書き方のルールがあります。共通のルールがあることで、スタイルが簡潔になり、読者にとっては「誰が」「いつ」「何と言ったか」を把握しやすいのです。以下に筆者が論文を書く際によく用いている引用の仕方を述べますが、大学や学会によって、多少異なる場合もありますから、書式が定められている場合にはそれに従ってください。(田中，2008，p.141) (1行空ける) このように、論文の書き方は大切であり…

(三)用自己的语言介绍文献主要论点

→不需要引用符号「　　」或“　”。写清作者以及引用内容所在的页码。

例：

田中(2008)は文献の引用の際ルールに従うことの大切さを強調している(p.141)。

如果是先行研究中特别重要的内容，应该在某种程度上引用其原文。但是，如果连续几个段落都是引用内容，甚至一个引用内容长达一页纸的话，引用原文反而并不合适。我们需要仔细斟酌自己所选的文献分别适合上述①②③哪种引用方式。此外，还需要添加解释说明，以便让读者了解为什么选择该文献进行介绍。

四、先行研究开头部分的写法

“先行研究”的撰写思路多种多样，例如：

(一)依据该领域的历史研究过程来写。

开头示例1：

これまで「謝罪」については多くの研究がなされてきた。本章では、時代を追って代表的な研究を検討し、その発展をたどり、さらに問題点を指摘してみたい。「謝罪」を扱った研究は、すでに1960年代に見られる。例えば、鈴木(1963)は日本人の謝罪の特徴として自分に非がなくても謝る点を挙げている(p.23)。また、吉田(1969)は、日本人とアメリカ人の謝罪を比較し、以下のように述べている。 　　　日本人は… 　　　　　　　……それに対し、アメリカ人は…… 　　　これらの調査結果をもとめると、……(吉田,1969,pp.18-19) 次に、1970年代の調査を見てみたい。この時代の特徴として…

(田中,2013:116)

(二)按照逐渐靠近自己研究重点的思路来写

开头示例2:

この章では、まず、依頼とはどのような発話行為なのかを先行研究を踏まえ定義づける。次に本書の目的である日韓の依頼談話の構造を明らかにするため、会話・談話の構造に関する先行研究を見ていく。また、被依頼者に行為を促し、負担をかける発話行為である依頼に用いられるストラテジーの使用に関する研究を見る。最後に、依頼ストラテジーとの関わりにおいて丁寧さに関する理論についてもまとめる。

(柳慧政,2012:7)

第五节　写"参考文献"和"引用文献"

如第九章所述,通常在论文中提及先行研究时,只需写清作者的姓氏、出版年份、参考内容所在页码,例如(田中,2008,p.12),不需要写书名。有关该文献的详细信息在论文末尾的"参考文献(Bibliography)"或"引用文献

(References)”列表中,此列表对于读者进一步查找该文献至关重要。本节我们将学习在用日语撰写论文的情况下如何制作参考文献列表。

一、“参考文献”和“引用文献”的区别

“参考文献”(Bibliography)不仅包括正文中提及的先行研究,还包括为撰写自己的论文所参考的全部文献。如果是相对较长的论文,如学位论文,其“参考文献”可以多达几页。

“引用文献”仅列出正文(或发表内容)中引用的文献。在一篇相对较短的论文或是研究报告的总结资料上,不适合列出过长的参考文献列表。这种情况下经常使用“引用文献”。我们提交论文的机构对此都有相关规定,需要根据具体的规定书写。

二、“参考文献”和“引用文献”的写法

“参考文献”和“引用文献”基本写法相同。关于应该写什么以及如何写,在某种程度上有一些全球标准。之所以用“在某种程度上”这个说法,是因为并非全世界都遵循一个标准,不同领域(如文学、语言学等)、研究组织、个体研究员之间存在或多或少的差异。

提交给大学、学术研讨会的论文必须遵守该机构的相关规定,这些机构有时会拒绝接受不符合规定形式的论文。所以在撰写毕业论文时,要仔细查阅学校的相关规定并严格遵循。下面我们将以写语用学相关的论文为例,说明语言学方面参考文献的撰写方法。

(一)必要信息

＊书籍：

应该明确记录的信息基本上是以下5点,读者可以根据这些信息检索到想读的文献：

“作者姓名”“出版年份”“书名”“出版地”“出版社”。

＊有编者的书籍或杂志：

需要写清编者的姓名。参考其中的某一个章节或论文时,需要记录章节或论文题目,同时写明该内容是从几页到几页。

＊译著：

需要记录原著作者姓名、译者姓名、译著出版年份、出版社名称。同时也要记录原著的相关信息(原著作者姓名、出版年份、题目、出版地点、出版社)。

(二)排列方法和写法

关于如何排列、如何书写上述信息有相应的规定。因为外国书籍和日本书籍的写法存在一些差异,所以需要分别制作文献列表(也有不做区分的情况,如把外国书籍和日本书籍都按作者名字的首字母顺序排序)。

下面主要介绍用日语写作时参考文献中日本书籍的书写方法。需要说明的是,日本学术界规定的参考文献的写法与汉语行文中的参考文献写法不尽相同,此处仅介绍日本的相应规定。

三、日本书籍的写法

(一)一般书籍

滝浦真人(2008)『ポライトネス入門』研究社.

作者姓名:先写姓氏、后写名字。作者有2人及以上时,作者之间用间隔号「・」连接,如「田中典子・中川花子」。作者人数很多时,在一位作者姓名后添加「ほか」或「他」来概括表示,如「田中典子ほか」。

出版年份:在(　)中写入公历年份,后面不打终止符。

书名:写在『　』中。副标题用破折号(—)连接。

出版社:通常日本书籍不写出版地,写上出版社之后键入终止符。

(二)有编者的书籍中刊载的论文

津田早苗(2009)「日本とアメリカの言語行動対照分析」 町博光編『講座・日本語教育学第2巻　言語行動と社会・文化』 (pp.234-243)　スリーエーネットワーク.

论文作者姓名:写出所参考的论文作者的姓名。

论文出版年份:同上(通常与收录该论文的书籍出版年份相同)。

论文题目:在「　」中写论文题目或该论文所在书中章节的标题。

编者姓名:以「～編」的形式写该书的编者姓名。

书籍名称:书名写在『　』中。

刊登页码:在括号(　)中写明所参考的论文或章节的页码(多页的情况下用 pp.表示,并用连字符标注从几页到几页)。

出版社:通常日本书籍不写出版地,写上出版社之后键入终止符。

(三)学术期刊上的论文

姫野伴子(1998)『勧誘表現の位置一「しよう」「しようか」「しないか」』『日本語教育』96,132—143.日本語教育学会.

论文作者姓名:写出所参考的论文作者的姓名。

论文出版年份:同上(通常与收录该论文的期刊出版年份相同)。

论文题目:在「　」里写该期刊中自己所参考的论文题目。如果论文题目内使用了「　」,则用『　』表示论文题目。

期刊名称:在『　』中写刊载该论文的期刊名称。再写期刊的卷数(刊号)并添加逗号。

刊登页码:写参考论文所在的页码。这种情况不使用括弧(　),而是用连字符表示从几页到几页。

出版社或出版机构:写发行该期刊的出版商或学术团体,键入终止符(如果是知名杂志,也可以省略该内容)。

(四)译著

通常情况下,搜索参考文献时应该尽量查阅原著,如果原著是英语,就在参考文献中将其作为英语文献列出。如果该文献有翻译版本,作为参考可以在原著信息后写出翻译版信息,如[邦訳:トマス,ジェニー(1998)『語用論入門一聞き手と話し手の相互交渉が生み出す意味』浅羽亮一監修、田中典子・津留崎毅・鶴田庸子・熊野真理訳　研究社.]

但是,由于各种原因,研究者难以避免会用到译著,诸如难以得到原著作品、无法阅读原著语言等。即使是这种情况,也要记录原始书籍的信息,注意不要混淆原著和译著的出版年份等信息。以下示例是在[　]中显示原著信息的一种方法。

トマス，ジュニー(1998)『語用論入門—聞き手と話し手の相互交渉が生み出す意味』浅羽亮一監修、田中典子・津留崎毅・鶴田庸子・熊野真理訳 研究社. ［原著：Thomas, J.(1995). *Meaning in Interaction: An Introduction to Pragmatics*. London: Longman.］

原著作者姓名：先写姓氏、后写名字，用片假名书写。在姓氏后键入逗号。如果有多位原著作者，用间隔符(・)连接。

出版年份：写译著出版的年份。

译著书名：写在『　　』中。副标题通常用破折号(—)表示。

主编(翻译责任人、编者)、译者：如果有主编或翻译责任人，先写主编或翻译责任人，然后写译者。如有多位译者，可以写成「田中典子ほか訳」。

出版社：写出版该译著的出版社名称，键入终止符。

原著信息：根据外国书籍的写法规则，写出原著作者姓名、出版年份、书籍名称、出版地、出版社，并将其用［　　］括起来。

(五)参考文献的汇总方法

一般根据书写作者姓名时的第一个假名，以五十音图顺序排列上述日本文献，文献之间不空行。同一作者有多个文献时，按照时间先后顺序排列。

第六节　如何确定"研究方法"

第九章介绍了常用于语用学研究的研究方法。本小节将从以下几点为研究方法的确定提供启示。

一、明确什么是"新事物"

亲自进行调查和研究、发现了迄今为止不为人知的事实——这就是基于调查的语言研究。对于学位论文来说，创新性非常重要。但这并不是要求大家去做以前从未有人做过的"调查和研究"。相反，作为调查和研究方面的新手去挑战没人做过的事情是危险的。并不是说新手不可能做出划时代的研究，而是通常来说，只要能在前人积累的见解之上再添加哪怕是一点点新内容也好，这样的想法更为现实。要充分了解与自己研究主题相关的先行研究所用的研究方法，并根据自己的研究目的灵活运用这些方法。一旦参考了先行研究的某个研究方法，就必须写明其出处。

二、先行研究是基础

完全可以在先行研究的基础上进行创造性研究。从先行研究中找出可用于自己调查研究的方法或分析框架，进一步思考如何应用这些内容。

（一）借用先行研究的方法

做法之一是着眼于时代的变化，即调查先行研究所处时期与现在的差异。例如，某个研究调查了十年前大学生的状态，如果了解该研究的调查方法，就可以借用该方法调查现在的大学生，通过比较分析两个研究的调查结果，可以揭示这十年间大学生的部分变化。

另一种做法是参考同一时期的先行研究，改变考察对象进而做比较。例如，如果先行研究的考察对象是男性，那么自己可以尝试将考察对象换作女性。再比如，可以把先行研究中针对美国人进行的调查问卷改写为日语，在日本人中进行一次同样的调查，从而进行比较文化研究。

（二）调整先行研究的方法

如果自己的研究目的是与先行研究做比较，那么最好是使用与先行研究完全相同的方法。但是，如果考察时期或考察对象发生改变，那么研究方法也需要进行相应的调整。

如上文所述示例，自己的受试者不能理解先行研究的语言，所以需要将原调查问卷翻译成受试者可以理解的语言。最好是找一位同时会这两种语言的人确认一下翻译是否妥当。还可以采取 back-translation（反向翻译法）的方法，即以翻译文稿为基础，再译回原语言，确认其与原稿是否具有相同的含义。

另外，可能会出现先行研究内容与自己的受试者情况不符，或者先行研究年代过于久远的情况，此时直接使用先行研究的方法已经不现实，需要调整先行研究的方法。

(三)参考先行研究中的分析框架

例如,在进行"问卷调查"时,设置一些毫无目的的问题并不会得到有效信息,自然也无法做出有价值的研究。需要在充分考虑分析框架的基础上决定调查项目。查阅文献可能会找到有关分析框架的提示。例如,滝浦(2008)给出了对"称赞"的应答示例,并说明如下:

> 着ているセーターを友だちからほめられたとして、あなたは次のどのタイプの答えをするだろうか?
>
> (1)「あ、そのセーター、いいね。かわいいよ」
>
> a.「ほんと? なんか着てみたら似合わない気がして…」
>
> b.「あー、これ、ユニクロの1980円なんだ」
>
> c.「そう? サンキュー」
>
> d.「うん、こういう感じの、好きなんだよね」
>
> e.「へへ。わたし、ちょっと、セーターにはうるさいから」
>
> (a)は否定応答、(b)は潜在的な否定応答、(c)は中立的な受容、(d)は肯定応答、(e)は積極的な肯定応答、と分けることができる。
>
> (滝浦,2008:110-111)

参考此处列举的情景及其应答示例,可以设置其他情境下对于"称赞"的应答,结合各分类,创建自己的应答示例,并将其作为选项进行问卷调查。此外,将其翻译成汉语(请母语者确认翻译稿是否自然),分别对日语母语者和汉语母语者两小组(两组的年龄、性别、人数尽量保持一致)进行问卷调查,这样就可以比较分析两组对于"称赞"的应答,考察上述应答类型(a)至(e)的使用率。

借用先行研究的方法或分析框架时,可以在"先行研究"章节引用该部分内容,在"研究方法"章节写清楚将该方法应用于自己的研究,在"分析"章节再次说明应用了哪位学者的研究框架。

三、找出适合自己的研究方法

我们需要客观地分析自己的能力和情况，找到“适合自己目前状况的研究方法”，可以根据以下几点考虑适合自己的方法。

（一）缩小考察范围

将重点放在自己力所能及的内容上。想一想，是否有自己感兴趣的、易于明确分析角度的、其语言表达的处理也在自己能力范围内的言语行为呢？例如“寒暄”，寒暄表达不像其他言语行为那么复杂，也是外语学习和跨文化交际中经常出现的场景。使用第九章列举的数据收集方法，收集各个场景下的“寒暄语”，就可以进行诸如汉语和日语寒暄行为的比较研究了。

（二）确定分析角度

假设研究重点是“寒暄”表达，确定角度后再进行分析会更加突显其不同之处。如早中晚的寒暄表达有何差异、上下关系和亲疏关系如何影响“寒暄”表达等。“寒暄”表达也可能根据时代的变化而改变。现代大学生的“寒暄”表达中，应该有唯独大学生群体才能理解的东西。关注这些变化，可能会发现先行研究中未曾涉及过的新的内容。

当然，也不必完全抛弃自己最初的兴趣。假设刚开始是对“年轻人的英语”感兴趣，后来觉得仅凭最初的兴趣很难写成论文，于是换成了“寒暄”表达的主题，虽说改变了最初的兴趣点，但如果从年轻人及年长者的“寒暄”表达这一视角进行对比分析，依然能够遵循自己最初的兴趣。或者也可以把这一点作为论文中的一部分来进行论述。

（三）容易调查的言语行为有哪些？

言语行为有容易调查的和不容易调查的。例如，诸如“请求”之类的言语行为，无论怎么观察等待，发生在身边的请求行为也是有限的，但是我们可以人为引出“对请求的拒绝”。也就是说，试着请求对方难以答应的事情，引发对方的拒绝言语行为（当然，必须要考虑到数据采集的伦理问题，例如如何征求对方的同意等）。此外，还可以观察对方对“称赞”的回应。称赞对方的某个特点，记录对方是“谦虚”之类的消极反应，还是表达“感谢”之类的积极反应。如果能调查汉语和日语各自的情况，就可以进行跨文化比较研究。当然,通过改变调查方法也可以改变调查的难易度。

第七节　如何写"研究方法"

确定研究方法后,创建一个章节对其进行详细叙述。可以按照如下流程将其作为论文构成的一部分:"第 1 章 引言""第 2 章 先行研究""第 3 章 研究方法"。如果读者不清楚是用什么方法进行调查的,即使得出了引人深思的调查结果,也无法令人信服。撰写研究方法时,抓住以下几个要点更易于让读者理解。

一、研究目的

简洁明了地写出通过该调查和研究想要揭示什么问题。例如:

> 現代の日英の挨拶行動を比較することにより、この言語行動の背後にどのようなルールや考え方の違いがあるのかを考察する。
>
> イギリスの10代後半の若者が用いる言葉と日本のそれとを比較し、日英でどのような違いがあるのかを分析する。
>
> 日本人大学生の謝罪行動の10年前と現在とを比較し、その変化の背景に何があるのかを考察する。

二、研究方法

在论文中明确写出是采用何种方法实施的调查。例如:

> 映画『○○』の中に見られる英語の依頼表現とその日本語訳を比較し、登場人物の上下関係・親疎関係によってどのように表現が異なるかを分析する。

如果采取问卷调查的方法,一定要将问卷样本附在论文末的"附录"上,并写清问卷目的。可以在"研究方法"这里添加对问卷梗概的简要介绍。

> 日常の挨拶が、相手との上下関係・親疎関係、その場の状況によって、どんな影響を受けるかについてアンケート調査を行う。アンケートの詳細は、「付録」を参照されたい。

如果参考了先行研究中的研究方法，最好阐述为何选择使用该方法，如下例所示：

> 第2章で言及したSmith(2007)のアンケートをそのまま用いた。この先行研究と同様の方法をあえて用いることで、本研究の対象者との比較を目的とした。質問項目などの詳細については付録を参照されたい。
>
> 2000年に発表された先行研究［Tanaka，R，Spencer-Oatey，H.&Cray，E.(2000)］を基に、現在の状況に合わせて修正を加え、DCTで調査を行った。これは、その結果を本調査結果と比較することにより、約10年間の変化を見るためである。調査の詳細については付録を参照されたい。

如上所示，明确指出借用了哪个先行研究，该研究人员也会很高兴看到自己的研究得到应用。

三、受试者信息或数据

问卷调查或访谈等研究方法需要受试者，对受试者的信息要进行详细叙述。写清受试者的总数，并通过使用表格或图表，明确标注各项目的受试者明细，如“年龄”“性别”“母语”“海外经历”等。当然，所列项目都应与论文分析考察的内容相关。

具体询问受试者哪些信息取决于自己的研究目的。例如，研究重点是男女之间的比较，则关注点是性别。但如果还想涉及年龄差异，则可以在性别的基础上细化年龄，创建更详细的表格。在回收的问卷中经常会发现内容填写不完整的问卷。例如，回收100份问卷，其中2份没有填写性别，不能用作分析数据。那么可以添加注释，说明对此类问卷的处理方式。

使用现有文本(如电影剧本、小说等)进行调查时，需要明确文本出处。

如果这些资料作为数据使用受到某些问题的制约，则需要明确解释存在哪些制约问题，同时说明坚持使用这些资料的原因。关于考察资料的不足和优势，研究人员要把自己所意识到的内容明确表述出来，这是非常重要的研究态度的体现。例如：

> 分析に用いた言語資料は以下の映画である。映画は自然談話とは異なり、制作されたものであるから、「自然さ」という点では現実とは違うこともあると考えられる。しかし、その状況の中で起こりうる談話として描かれており、時代背景や登場人物の上下関係・親疎関係が明確であるなど、分析上の利点も大きい。そこで本研究ではあえて映画を言語資料として採用した。
>
> 映画：『モナリザ・スマイル』（'Mona Lisa Smile'）2003年
> 監督：マイク・ニューウェル
> 脚本：ローレンス・コナー＆マーク・ローゼンタール
> 制作：ジョー・ロス，エイレン・ゴールドスミス＝トーマス
> スクリプトと日本語訳：塚田三千代監修（2004）『モナリザ・スマイル』
> 名作映画完全セリフ集122.スクリーン・プレイ

四、研究步骤

论文需要写明实际调查过程。采用"问卷调查"或"访谈"等研究方法时，还需写清调查或访谈实施的日期、地点等。

> 筆者のゼミの担当教員にあらかじめ許可を取り、2013年10月3日（木）のゼミの終わり10分を用い、以下の手順でアンケート調査を行った。
> 1.調査の主旨を説明し、個人情報は明らかにしないと確約した上で、無記名・自由意志で行ってもらうものであることを確認した。
> 2.アンケートを配布し、その場で記入してもらった。
> 3.約10分後に回収した。

使用现有文本（如电影剧本等）进行研究时，简单明了地阐明考察过程。例如：

> 調査の手順は以下の通りである。
> 1.上記の映画のDVDを見ながら、スクリプトの挨拶の場面にマーカーで印をつけた。
> 2.印のついた部分52箇所について、以下の点についてまとめた。
> （1）挨拶に用いられた言葉（例.Good morning，Mr.Smith!）
> （2）挨拶が行われた時間（例.朝）
> （3）挨拶が行われた場所（例.学校）
> （4）挨拶が交わされた人物（例.学生 → 先生）
> （5）（4）の関係（例.上下関係：目下 → 目上、親疎関係：親しい）
> 3.英語のオリジナルと日本語訳を比較し、上の（2）～（5）が挨拶表現（1）に及ぼす影響が英語と日本語でどのように異なるかを分析した。

只有明确叙述了自己的调查方法，后续的“结果”和“分析”才有意义。例如，在分析中给读者展示了漂亮的图表，或是报告调查结果为“这样回答的人占85%”，但是如果不知道调查对象总数有多少人，读者对此图表或结果该如何理解就会感到非常困惑。所以，关于调查方法的简洁叙述将有助于读者理解调查结果。

第八节　如何写“结果”与“分析”

使用某些研究方法进行调查研究后，需要总结分析调查结果。“结果（Results）”与“分析（Analysis）”作为论文的核心构成部分，通常继“第1章 引言”“第2章 先行研究”“第3章 研究方法”之后出现。

一、如何分析结果

可以说在思考调查方法的阶段就应该考虑到从什么角度来分析调查结果，例如比较男女差异、年龄差异等。首先从预先计划的角度分析数据结果。例如，以图表的形式显示数据样本的男女比例。摈弃自己的主观观念，客观地看待调查结果。即使结果与自己的预测不同，也不必失望。可以说，正是因为结果与人们通常认为的不同，才称得上一个有价值的发现。同样，比较对象之间"没有差异"的结果也一样是有价值的，可以进一步探究没有差异的原因。

计划的分析角度完成后，如果时间允许，可以从不同的角度总结所收集的数据，如年龄、学生和社会人士、日本学生和留学生等，可能会有意外的发现。

二、如何呈现结果

论文中如何有效地呈现调查结果将直接影响该论文的易懂程度。因此，无论采用了何种调查方法，重要的是要简洁明了、清晰易懂地呈现最终的分析结果。但是，不同的调查所适合的结果呈现方式也不一样，所以要考虑适合自己调查结果的呈现方式。

(一)量问卷调查

表格或图表是呈现分析结果的有效方式。作图时要根据数据的性质使用不同图表类型。如果想知道各部分在整体中所占比例，饼图更合适，但是饼图不适合"多选题"的比例显示，"多选题"应该使用条形图。如果要比较的各组总人数不同，需考虑用百分比(%)来表示。最好在表格或图表上加标题，并用几句话指出需要读者特别关注的点。

(二)访谈、角色扮演

在论文中呈现语音数据的文字文本时，要引用符合自己论点的内容。需要思考如何能让要点一目了然，比如在特别希望引起读者注意的地方画下划线，或将字体加粗等。将整个文字化数据附在"附录"部分，并在附录开头添加文字化处理符号一览表(Transcription Conventions)，以便读者能够理解各符号的含义。

(三)文本分析

使用报纸、文学作品、电影剧本等现有文本时，与论文无直接关系的长篇内容可以附在"附录"中，在"结果"章节只需简洁明了地总结相关内容，并阐明从本次调查结果中明白了什么。另外,有时表格或图表也是有效的结果呈现方式。

三、如何写结果

(一)避免含糊不清的叙述

结果的撰写必须准确、易于理解。例如,「ほとんどの人がAと答えた」「Bと答えた人はあまりいなかった」等表达方式不适合用在论文中,因为这样含糊的表达会导致不同的读者对具体人数有多少的理解产生偏差。所以要清晰表示出数字才有说服力,例如「25 名中、24 名がAと答えた」「Bと答えた人は、25 名中、2 名だった」。

(二)避免使用易产生误解的表达

比较两组数据时,如果各组总人数不同,则必须以百分比(%)显示结果,否则难以理解两者的差距。这种情况下,需要在"研究方法"章节中明确记录"受试者的人数明细",否则即使说是"80%",也不清楚具体人数。

(三)不要改写数据

数据引用必须完全按照受试者提供的内容,无论是写出来的内容还是说出来的内容,即使有看似不正确的地方,也要照原样叙述,但需要在该部分标注,让读者清楚是原样引用受试者的话语,日语可用表示「そのまま」之意的缩写「ママ」进行标注。口语的文字化数据也要照原样引用,包括"填充语""口误"等。但是口语不用标注「ママ」。

四、什么是分析?

"分析"是考察从调查结果中可以读取何种结论。换言之,分析语料、归纳规则或解释规则是论文的核心部分,从比重上应该占论文整体的 60%以上。

以各场景下"寒暄语"的日英调查数据结果为例,假设得到的结果是,日语中的寒暄语根据与对方的等级关系而有所不同,而英语中均使用相同的寒暄语,那么你从中可以看到什么文化差异?此外,假设数据分析结果显示二十多岁的男性和女性在寒暄语使用上没有什么区别,你又可以从中看到年轻一代的什么特征?像这样,从数据结果看出某些倾向或特征的过程就是“分析”。

“分析”是论文作者自身进行的考察，但原则上要基于结果进行分析，避免使用武断的说法或断定的表达。以下示例通过使用下划线部分的表达，避免了断定语气：

例 1.	この結果から、少なくとも挨拶表現に関する限り、若い世代では性差がなくなってきていることが窺える。
例 2.	この結果は、挨拶表現にも日本的タテ社会の価値観が生きていることを示唆している。
例 3.	この結果から、日本人はよく謝罪する(鈴木,2002,p.3)という見方は、常に正しいとは言えないことが分かる。

此外，如果论文中可以添加支撑自己主张的其他资料，就会使分析更具说服力。例如，假设我们想主张二十多岁的男女措辞没有差异这一调查结果反映了年轻一代的男女平等意识。这种情况下，可以引用先行研究中的数据，证明如今二十多岁的年轻人在意识上发生了很大改变，从而可以让自己的主张更加完善。撰写示例如下：

> このことは、「男らしさ・女らしさについての意識調査」(内閣府，2010)の結果からも裏づけられる。この調査結果として示されているグラフ2(以下に引用)から、現在の20代で特に男女平等意識が強いことが分かる。その意識の変化が言葉遣いにも反映されているのではないかと考えられる。

五、如何设置章节

该部分内容可被分为两章，即“第 4 章 结果”和“第 5 章 分析”，也可以被概括为“第 4 章 结果与分析”。哪种设置更合理取决于研究内容以及结论的呈现方式。例如，如果以图表形式显示结果，那么“第 4 章 结果”一章仅是堆积了图表，读者不清楚该如何理解这些图表，而且在阅读“第 5 章 分析”时，不得不多次返回前几页参考图表，这对读者来说是一种负担。因此以图表形式呈现结果时，要把“结果”与“分析”写在一章，在图表旁边写下言简意赅的说明以及需要注意之处，同时将从中可以看出什么倾向或结论的相关分析一同呈现出来,这样处理会让文章更加清晰易懂。与此相反,也有时候把“分析”单独列出一章才能突显要点。思考一下自己的研究想要呈现的结果和分析适合哪种章节设置。要时刻留意如何撰写才能方便读者理解论文的内容。

第九节　如何完善论文格式

写完“分析”后,再把最后一章的“结论”“结束语”写完,就完成了论文的主要部分。但此时论文尚未全部完成,距离一篇完整的论文还差很多,如还需要准备“摘要”“目录”“参考文献”“附录”等。

一、写“结论”“结束语”

结论是学术论文的结束部分。可以将“结论”和“结束语”写成各自独立的两个小节,也可以将二者概括为一个章节。哪种写法更好取决于该论文前一章的内容。

如果在论文上一章的“分析”中已经把想写的内容都概括总结了,那么之后就可以在“结论”或“结束语”二者中选择其一作为最后一章,简要叙述“本篇论文做了什么”“今后的研究课题是什么”等。例如:

> これまで日本人とイギリス人の謝罪の仕方に焦点を当て、DCTの手法を用いて調査・分析してきた。その結果、この2のグループには謝罪の仕方にさまざまな違いが見られた。調査結果において顕著だった違いは、以下の3点である。
>
> (1)............
>
> (2)............
>
> (3)............
>
> これらの違いは、両者の異文化間コミュニケーションにおいて、誤解や摩擦を生じる可能性を示唆している。しかし、これらの違いを認識しておくことで、ある程度は不必要なトラブルを避けることも可能ではないかと考えられる。そのために、本研究が何らかの役に立てば幸いである。

(田中,2013:145)

相反地，如果在论文的上一章中分析了各个项目，但没有总结叙述其结果，那么就需要设立“结论”为独立的一个小节并全面总结分析内容，这样更方便读者理解。总之，要仔细斟酌如何能让读者一目了然地了解论文成果，例如采用分条论述的方式呈现论文的调查结果及其相关分析。

在此基础上，可以单独设立“结束语”作为最后一节，本节只要写简短的总结即可(“结束语”有时会以收尾的形式来写，而不是以章节的形式出现。如果这样做，相对应地也不要将“引言”单独列为一章，而是要让其以序言的形式出现，以求论文前后形式一致)。

二、检查“参考文献”

“参考文献”是作者努力的体现，表明其是在查阅了该领域的多少研究文献、掌握了多少知识的基础上写的这篇论文。如果文献数量太少或者缺失了该领域不可或缺的文献，论文自然不会受到好评。学位论文对于参考文献的篇数一般都会有明确的要求，需要参照执行。

确定参考文献列表后，要再次检查文本中引用的文献是否全都被记录在文献列表里。“参考文献”的书写格式也非常重要，需要遵循著录规范。

三、制作“目录”

完成论文整体写作后，学位论文一般需要制作一个“目录”。依次从正文中抽取“章”“节”部分，并将标题按顺序排列。如果从目录能看到论文的基本内容及流程，那么就可以说这个目录是合适的。此外，最好统一每个“章”“节”的形式。创建目录后，可能会注意到很多结构上的问题，例如，部分章节的标题需要修改、论文前后章节的顺序需要调整才更容易理解等。可以在能力允许的范围内做出调整，完善整个论文的结构。

确定目录后，在各个章节插入页码。通常情况下“封面”“摘要”“目录”不需要页码，如果要插入页码，可以从“摘要”开始插入小写罗马数字“i，ii，iii”，从正文开始使用阿拉伯数字，放在页脚中间位置。

四、写“摘要”

需要注意撰写摘要是否有语种的规定。例如，在写学位论文或给学术期刊投稿时,如果正文是日文则需要用汉语写摘要,如果正文是中文则需要英语摘要。如果不擅长用英语撰写摘要,图书馆里有各个高校的"学报"或之前毕业生的论文等,可以参考这些论文中英语摘要的写法。

由于摘要中使用的词汇、句型、整体构成等通常很相似,所以如果能找到一些自己可以参考的内容,就可以将其作为摘要"模板",将自己的内容替换进去,这样的做法很有效果。

摘要部分还需包括"关键词"(Keywords),关键词是为了文献标引工作而从学术论文内外选取出来用以表示全文主题内容的词语。具有实际意义和检索意义的实词都可以被选作关键词。但空泛的通用词,如"研究""问题""概述"等不做关键词。另外,关键词应该在摘要后列出,一般每篇论文选择 3～5 个关键词。中英文关键词一一对应,分别排在中英文摘要下方,关键词之间用";"或","隔开。例如:

> 本稿では、「勧誘」の発話や構造が具体的な状況とどのように関係するを知るためには、①発話②談話③言語行動という三つのレベルに分けて分析する必要があることを指摘した。人を誘い行動を共にすることを目的として行われる勧誘は、＜勧誘＞＜勧誘の内容に関する相談＞＜実行の手続きに関する相談＞という三つの部分からなる。共通した談話構造をもつ、談話型のバリエーションは「誰が誰といつどこで何をなぜするか」という勧誘に関する情報がどの程度共有されているか、既に決定しているのか、相談して決めるのか等の状況の違いによって決まり、各部分にどのような機能をもった発話が現れるかも決まる。話し言葉の教育には、発話の機能やストラテジーだけでなく、談話の構造についての知識が重要であり、状況設定に配慮することによって、談話構造や発話をコントロールしながら、「勧誘」を体系的に提示したり、練習したりすることが可能になると考えられる。
> キーワード:日本語教育,言語行動,談話,機能,勧誘

(铃木,2003:112)

五、其他

根据需要在论文中添加"注释""附录""谢辞"等,但是这些不是必须要

有的内容。

(一)“注释”(Notes)

用于对正文中出现的专有词汇等添加其他说明。但是需要注意，如果注释过多，读者每次都要参阅注释部分，可能导致论文阅读受阻。

(二)“附录”(Appendix)

附录是论文的补充项目，并不是必需的。可以用于收录不适合放入正文，但想要作为资料保存下来的内容。换言之，放在此处的仅仅是一个“附录”，不参阅这些内容也不会影响读者对论点的理解。反过来说，影响读者对论点的理解的内容应该放入正文中。

如果实施了问卷调查，则需要将调查表(调查问卷)附在“附录”里。虽然问卷的主要内容会出现在正文中，但是为了告知读者具体进行了什么样的调查，还是需要将完整的调查内容放入“附录”。

另外，访谈之后将语音数据转写成了很长的文字材料，但正文中只使用了一小部分，这种情况应该把整个访谈内容的文字数据都附在“附录”上，以方便读者理解访谈内容。

如果使用电影作为语言材料，则无需将整部电影剧本都附在“附录”上，可以在附录中添加一定长度的内容，只要能理解话题内容即可。根据自己论证的需要来判断附加多长的剧本内容。

(三)“致谢”(Acknowledgements)

可以在正文后对下列方面致谢：

协助完成研究工作和提供便利条件的组织或个人；

在论文写作及调查过程中提出建议和提供帮助的人；

其他应感谢的组织或个人。

需要注意的是，在匿名配合调查的情况下，如果在致谢中写出个人姓名或组织名称可能会给他人带来不便，因此需要提前确认是否可以公开其姓名。

综上所述，语用学领域论文的基本框架及写作要点可以被总结为图10-3。

タイトル

第1章　はじめに

写研究动机、目的

第2章　先行研究

（根据所介绍的文献、内容等，分类别，可以加小标题）

第3章　調査方法

1. 方法

介绍调查、研究方法及选择该方法的原因。如果采用问卷调查的方法，则将实际使用的问卷样本附加在“附录”中。

2. 協力者/分析するテキスト

需要受试者时，可用图表等方式写明受试者的信息（性别、人数、年龄等）。使用文本分析时，写清文本资料的出处、来源等。

3. 手順

简洁明了地叙述何时、在何地、进行了什么样的调查。

第4章　結果

清晰易懂地叙述调查结果。避免使用「ほとんどの人が…」「多くが…」等模糊表达，明确记录「～人中～人が…」等。分组（例：男／女、中国人／日本人）比较时，使用百分比（%）表示比例。斟酌简单易懂的表示方法，如灵活使用图表等。

第5章　分析

主要呈现从调查“结果”中可以发现什么以及为什么这样认为。考虑如何撰写才具有说服力，避免主观臆断。如果呈现“结果”的同时添加“分析”内容能更方便读者理解，则可以将“结果与分析”（Results and Analysis）设置为一章。

第6章　おわりに

简要总结研究结果，主要包括取得的成果及存在的不足。

参考文献

论文必不可少的组成部分，应按照要求撰写并合理排序。

付録

如果进行了问卷调查，可以将问卷调查样本放入附录。

图 10-3　语用学论文的构成[①]

① 根据田中典子(2013:141-143)翻译而成，略有修改。

论文初稿写完之后还有一个重要的工作要做，就是检查论证和论述是否前后贯通、首尾相连并且符合逻辑。检查时可以参照以下 5 点注意事项：

①是否阐明了想要论证和说明的问题；

②分析论证的过程是否有片面主观之嫌，是否通俗易懂；

③结论是否经得起语言事实的检验；

④是否考虑过可能会出现的反驳意见，对这些可能会出现的反驳意见有没有在文中或“注释”中提及；

⑤文中所使用的术语是否合适并且前后统一。

检查过程中如果发现了相关问题，可以及时修改、完善。另外，语言学方面的论文结论无须绝对化，只要归纳或推衍出的规则能够说明或解释某一个具体的语言现象就足够了。换言之，在语言学的论文中留下一些未能解决的问题，将其作为今后的课题，是通行的做法。

研究思考题

1.选取一个感兴趣的言语行为，尝试制作一份调查问卷并实施调查。

2.对上述调查结果进行分析，撰写一篇小论文。

本章参考文献

[1]陈新仁.汉语语用学教程[M].广州：暨南大学出版社，2017.

[2]何自然，冉永平.新编语用学概论[M].北京：北京大学出版社，2009.

[3]姜占好.过渡语语用学视角下的语用能力研究[M].北京：北京大学出版社，2013.

[4]杜拉宾.芝加哥大学论文写作指南 [M].雷蕾，译.北京：新华出版社，2015.

[5]马奇，麦克伊沃.怎样做文献综述：六步走向成功[M]. 陈静，肖思汉，译.上海：上海教育出版社，2017.

[6]肖东发,李武.学位论文写作与学术规范[M].北京:北京大学出版社,2009.

[7]小野寺健, 王健宜,邱鸣.日语专业毕业论文指南[M].北京:外语教学与研究出版社,2012.

[8]王晓.跨文化理解与言语行为的汉日对比研究:以“邀请”言语行为为中心[M].上海:上海译文出版社,2018.

[9]王雨磊.学术论文写作与发表指引[M].北京:中国人民大学出版社,2017.

[10]于康.日语论文写作:方法与实践[M].北京:高等教育出版社,2008.

[11]小笠原喜康.大学生のためのレポート・論文術[M].東京:講談社,2002.

[12]小笠原喜康.新版大学生のためのレポート・論文術[M]. 東京:講談社,2009.

[13]鈴木睦.コミュニケーションからみた勧誘の仕組み:日本語教育の視点から [J].社会言語科学,2003,6(1):112-121.

[14]滝浦真人.ボライトネス入門[M].東京:研究社,2008.

[15]田中典子.プラグマティクス・ワークショップ:身のまわりの言葉を語用論的に見る[M]. 横浜:春風社,2006.

[16]田中典子.はじめての論文:語用論的な視点で調査・研究する[M].横浜:春風社,2013.

[17]田村明子.知的な英語、好かれる英語(生活人新書)[M].東京:NHK 出版,2004.

[18]ネウストプニー,J.V.,宮崎里司.言語研究の方法:言語学・日本語学・日本語教育学に携わる人のために[M].東京:くろしお出版,2002.

[19]柳慧政.依頼談話の日韓対照研究:談話の構造・ストラテジーの観点から[M].東京:笠間書院,2015.

[20]COHEN A D, OLSHTAIN E. Developing a measure of sociocultural competence: the case of apology[J]. Language learning, 1981(1): 113-134.

[21]CULPEPER J, MACKEY A, TAGUCHI N. Second language

pragmatics: from theory to research[M]. New York: Routledge, 2018.

[22]KASPER G, ROSE K R. Pragmatic development in a second language[M]. Oxford: Blackwell, 2002.

[23]TANAKA N, SPENCER-OATEY H, CRAY E. "It's not my fault!": Japanese and English responses to unfounded accusations[M]// SPENCER-OATEY H. Culturally speaking: managing rapport through talk across cultures. London: Continuum, 2000:75-97.

主要语料一览表

（按例句出现先后顺序排列）

图书

[1] 北川悦吏子. ロングバケーション[M]. 東京：角川書店，1998.

[2] 東野圭吾. 片想い[M]. 東京：文藝春秋，2004.

[3] 村上春樹. ノルウェイの森[M]. 東京：講談社，1991.

[4] コナリミサト. 凪のお暇[M]. 東京：秋田書店，2017.

[5] 青山剛昌. 名探偵コナン[M]. 東京：小学館，1994.

[6] 加藤幸次，郭德玉. 新视野 跨文化交际日语 第一册[M]. 北京：外语教学与研究出版社，2018.

[7] 小山悟. J BRIDGE FOR BEGINNERS Vol.11[M]. 東京：凡人社，2009.

[8] 柴門ふみ. 東京ラブストーリー[M]. 東京：小学館，1995.

[9] 北原保雄. 明鏡国語辞典[M]. 東京：大修館書店，2003.

[10] 目黒真実. 日本語表現文型辞典[M]. 東京：アスク出版，2008.

[11] 夏目漱石. こころ[M]. 東京：岩波書店，1989.

[12] 姫野昌子，監修. 日本語表現活用辞典[M]. 東京：研究社，2004.

[13] 石川達三. 青春の蹉跌[M]. 東京：新潮社，1971.

[14] 太宰治. 斜陽[M]. 東京：角川書店，1950.

[15] 武者小路実篤. 友情[M]. 東京：新潮社，1947.

[16] 夏目漱石. 坊ちゃん[M]. 東京：岩波書店，1989.

[17] 川上弘美. センセイの鞄[M]. 東京：平凡社，2001.

[18] 松本清張. 松本清張集 眼の壁[M]. 東京：講談社，1959.

[19] 石川淳. 石川淳選集 張柏端[M]. 東京：岩波書店，1979.

[20] 川端康成. 雪国[M]. 東京：講談社，1971.

[21] 中根千枝. タテ社会の人間関係[M]. 東京：講談社，1967.

[22] ザトラウスキー. 別冊資料一談話資料集[M]. 東京：くろしお出版，1993.

[23]できる日本語教材開発プロジェクト. できる日本語初級本冊[M]. 東京：アルク，2012.

[24] 北川悦史子. ビューティフルライフ[M]. 東京：角川書店，2002.

[25] 村上春樹. 世界の終わりとハードボイルド・ワンダーランド[M]. 東京：新潮社，1985.

[26] 海野つなみ. 逃げるは恥だが役に立つ[M]. 東京：講談社，2013.

[27] 池井戸潤. 半沢直樹[M]. 東京：講談社，2019.

[28] 安部公房. 砂の女[M]. 東京：新潮社，2003.

[29] 乙武洋匡. 五体不満足[M]. 東京：講談社，1998.

[30] 小山悟. ジェイ・ブリッジ for beginners Vol.1[M]. 東京：凡人社，2009.

[31] 聖千秋. 正義の味方[M]. 東京：集英社，2004.

[32]内館牧子. エイジハラスメント[M]. 東京：幻冬舎，2015.

[33] 川上弘美. 老师的提包[M].施小炜，张乐凤，译. 海口：南海出版公司，2014.

报纸

[1] 高田誠. 釧路市､訪日客目標達成は絶望的 コロナ流行で[N/OL]. 朝日新聞，2020-07-18[2024-09-20]. https://www.asahi.com/articles/ASN7K76DZN6HIIPE00C.html.

[2] 子供の貧困､7 人に1 人依然として高水準[N/OL]. 朝日新聞，2020-07-18[2024-09-20]. https://www.asahi.com/articles/DA3S14553310.html.

辞典/工具书

[1]現代用語検定協会. 現代用語の基礎知識 2014 [M]. 東京：自由国民社，2014.

影视作品

[1]過保護のカホコ [Z]. 日本テレビ，2018.

[2] 家を売る女 [Z]. 日本テレビ，2016.

[3] 地味にすごい！校閲ガール・河野悦子 [Z]. 日本テレビ，2016.

[4] 執事西園寺の名推理 [Z]. BSテレ東，2019.

[5] 昼顔 [Z]. フジテレビ，2014.

[6] Doctor-X [Z]. テレビ朝日，2012.

[7] いたずらなKiss [Z]. フジテレビ，2014.

[8] 戦う！書店ガール [Z]. 関西テレビ・フジテレビ，2015.

人名对照表

（按汉语拼音字母顺序排列）

汉语	English	日本語
奥斯汀	Austin, J.L.	オースティン
布朗和列文森	Brown Penelope& Levinson	ブラウン&レビィソン
格莱斯	Grice, H.P.	グライス
海兰德	Hyland	ハイランド
杰弗逊	Jefferson, Gail	ジェファーソン
卡纳普	Carnap, Rudolf	カーナップ
利奇	Leech, Geoffrey N.	リーチ
列文森	Levinson, Stephen	レビンソン
摩尔根	Morgan, Jerry L.	モーガン
莫里斯	Morris, Charles W.	モリス
皮尔斯	Peirce, C.S.	パース
萨克斯	Sacks, Harvey	サックス
塞尔	Searle, J.R.	サール
斯珀伯	Sperber, Dan	D.スペルベル
索绪尔	Saussure, F.de	ソシュール
托马斯	Thomas, Jenny	トマス
威尔逊	Wilson, Deirdre	D.ウイルソン
维索尔伦	Verschueren, Jef	ヴァーシューレン
谢格洛夫	Schegolff, Emanuel A.	シェグロフ
尤尔	Yule, George	ユール

常用术语对照表

Ⅰ.汉英日术语对照表(按汉字拼音字母顺序排列)

汉语	English	日本語
	B	
表达类	expressives	感情表現型
表态类	behabitives	態度表明型
博弈论	game theory	ゲーム理論
补救策略	redressive action	補償行為
不可分离性	non-detachability	分離不可能性
不确定性	indeterminary	不確定性
	C	
裁决类(施为动词)	verdictives	判定宣告型
插入语列	insertion sequence	挿入連続
阐述类	expositives	言明解説型
称呼语	address terms;terms of adderess;address forms	呼称語
承诺类	commissives	行為拘束型
	D	
得体准则	tact maxim	気配りの原則
定量研究	quantitative study	量的研究
定性研究	qualitative study	質的研究

续表

汉语	English	日本語
动态语用学	dynamic pragmatics	動的語用論
断言类(言语行为)	assertives	断言型
多模态	multimodal	マルチモーダル
	E	
二语语用学	second language pragmatics	中間言語語用論
	F	
反讽	irony	アイロニー
方式准则	maxim of manner	様態の公理
访谈法	interview	インタビュー
访谈员	interviewer	インタビューする人
非公开实施 FTA	off record	オフ・レコード
非规约性	non-conventionality	非慣習性
非规约性含意	non-conventional implicature	非慣習的含意
非优选应答	dispreferred responses	選好されない応答形式
符号学	semiotics	記号論
	G	
概念隐喻	ideational metaphor	概念メタファー
公开实施 FTA	on record	オン・レコード
构成性规则	constitutive rule	構成的規則
关联理论	relevance theory	関連性理論
关联性	relevance	関連性
关系准则	maxim of relation	関係の公理
规约含意	conventional implicature	慣習的含意
规约性	conventional	慣習的
	H	
含意	implicature	推意
行使类	exercitives	権限行使型
合作原则	cooperative principle	協調の原則
后件	second pair part	第二成分
后照应	cataphora	後方照応

续表

汉语	English	日本語
话轮	turn	ターン
话轮构成单位(简称 TCU)	turn conversational unit	ターン構成単位
话轮转换	turn-taking	話者交替
话轮转换关联位置(简称 TRP)	transition-relevance place	話者交替適確箇所
话语	discourse	談話
话语标记	discourse marker	談話標識
话语沉默	silence	切れ目
话语分析	discourse analysis	談話分析
话语礼貌理论	discourse politeness theory	ディスコース・ポライトネス理論
话语权	floor	発話権
话语指示	discourse deixis	談話指示
话语重叠	over-lap	発話の重複
会话打断	conversational interruption	遮り行為
会话反馈	backchannel	あいづち
会话分析	conversation analysis	会話分析
会话含意	conversational implicature	会話含意/会話的推意
会话结构	conversational structure	会話構造
会话修正	conversational repair	修復
会话重复	conversational repetition	会話の重複
	J	
积极面子	positive face	ポジティブ・フェイス
基本规则	essential condition	本質条件
计算机介质通信(简称 CMC)	computer-mediated communication	コンピュータを介したコミュニケーション
间接言语行为	indirect speech act	間接発話行為
交际能力	communicative competence	伝達能力
交际意图	communicative intention	伝達意図
交际原则	communicative principle	伝達原則
角色扮演法	role play	ロールプレイ

续表

汉语	English	日本語
结束部分	closing	終結
句法学	syntactics or syntax	統語論
	K	
慷慨准则	generosity maxim	寛大性の原則
可取消性	cancellability	取り消し可能性
可推导性	calculability	計算可能性
空间指示	space deixis	空間指示
口头报告	verbal report	口頭による報告
跨文化语用学	cross-cultural pragmatics	異文化間語用論
	L	
礼貌	politeness	ポライトネス
礼貌策略理论	universal theory of politeness	ポライトネス理論
礼貌原则	politeness principles	ポライトネスの原理
量的准则	maxim of quantity	量の公理
逻辑实证主义	logical positivism	論理実証主義
	M	
面子	face	フェイス
面子威胁行为(简称 FTA)	face threatening acts	フェイス侵害行為
描述句	constatives	陳述文
命题内容规则	propositional content condition	命題内容条件
模糊限制语	hedge	ヘッジ
模态	mode	モード
	N	
内照应	endophora	内部照応
	P	
毗邻语对	adjacency pair	隣接ペア
	Q	
起始部分	opening	開始
谦逊准则	modesty maxim	謙遜の原則
前件	first pair part	第一成分

续表

汉语	English	日本語
前提	presupposition	前提
前照应	anaphora	前方照応
	R	
人称指示	person deixis	人称指示
认知语用学	cognitive pragmatics	認知語用論
	S	
社会语用学	social pragmatics	社会語用論
社交指示	social deixis	社交指示
施事行为目的	illocutionary point	発話内目的
施为动词	performative verb	遂行動詞
施为假设	performative hypothesis	遂行文の仮設
施为句	performatives	遂行文
施为用意	illocutionary force	発話内の力
时间指示	time deixis	時間指示
实验语用学	experimental pragmatics	実験語用論
适从向	direction of fit	適合方向
适切条件	felicity conditions	適切性条件
说话者意义	speaker meaning	話し手の意味
所表达的心理状态	expressed psychological state	表現される心理状態
	T	
填充语	filler	フィラー
调节性规则	regulative rule	統制的規則
同情准则	sympathy maxim	共感の原則
同义反复	tautology	同語反復
头脑风暴	brainstorming	創造的集団思考法
	W	
外照应	exophora	外部照応
委婉语	understatement	控えめな表現
问卷调查法	questionnaire	アンケート調査
无标记的	unmarked	無標

续表

汉语	English	日本語
	X	
显性施为句	explicit performative utterance	明示的な遂行的発話
消极面子	negative face	ネガティブ・フェイス
修正	repair	修復
宣告类	declarations	宣告型
	Y	
言外之意	conversational implicature	会話的推意
言语行为	speech act	言語行為
言语行为理论	speech act theory	言語行為論
一致准则	agreement maxim	合意の原則
以言成事	perlocutionary act	発話媒介行為
以言行事	illocutionary act	発話内行為
以言指事	locutionary act	発話行為
隐性施为句	primary performative utterance	基本的な遂行的発話
优选性	preference	選好傾向
优选应答	referred responses	選好される応答形式
有标记的	marked	有標
语境	context	コンテキスト/文脈
语境意义	contextual meaning	文脈的意味
语力	force	効力
语料库语用学	corpus pragmatics	コーパス語用論
语列	sequence	連続
语篇补全测试法(简称 DCT)	discourse completion test	DCT 調査
语义公式	semantic formula	意味公式
语义学	semantics	意味論
语用含意	pragamatic force	語用論的効力
语用能力	pragmatic competence	語用論的能力
语用迁移	pragmatic transfer	語用論的転移
语用学	pragmatics	語用論

续表

汉语	English	日本語
语用原则	pragmatic principle	語用論的原則
预备规则	preparatory conditions	準備条件
预示语列	pre-sequences	前置き連鎖
元话语	metalanguage	メタ言語
元语用意识	metapragmatic awareness	メタ語用論的認識
蕴涵	entailment	含意
	Z	
赞誉准则	approbation maxim	是認の原則
照应关系	reference	文脈指示
真诚规则	sincerity condition	誠実性条件
真值条件	truth condition	真理条件
指令类	directives	行為指示型
指示	deixis	指示
指示语	demonstratives	指示詞
质的准则	maxim of quality	質の公理
转写	transcribe	文字化
自反性	reflexivity	再帰性
字面意义	literal meaning	字義通りの意味
阻碍源	trouble source	トラブル源

Ⅱ.日英汉术语对照表(按日语五十音图顺序排列)

日本語	English	汉语
	あ行	
あいづち	backchannel	会话反馈
アイロニー	irony	反讽
アンケート調査	questionnaire	问卷调查法
インタビュー	interview	访谈法
インタビューする人	interviewer	访谈员
異文化間語用論	cross-cultural pragmatics	跨文化语用学
意味公式	semantic formula	语义公式

续表

日本語	English	汉语
意味論	semantics	语义学
オフ・レコード	off record	非公开实施 FTA
オン・レコード	on record	公开实施 FTA
か行		
感情表現型	expressives	表达类
関連性	relevance	关联性
関連性理論	relevance theory	关联理论
関係の公理	maxim of relation	关系准则
慣習的	conventional	规约性
慣習的含意	conventional implicature	规约含意
会話の重複	conversational repetition	会话重复
会話的推意/会話含意	conversational implicature	言外之意
会話分析	conversation analysis	会话分析
会話構造	conversational structure	会话结构
会話含意/会話的推意	conversational implicature	会话含意
間接発話行為	indirect speech act	间接言语行为
開始	opening	起始部分
寛大性の原則	generosity maxim	慷慨准则
概念メタファー	ideational metaphor	概念隐喻
含意	entailment	蕴涵
外部照応	exophora	外照应
記号論	semiotics	符号学
気配りの原則	tact maxim	得体准则
切れ目	silence	话语沉默
共感の原則	sympathy maxim	同情准则
協調の原則	cooperative principle	合作原则
空間指示	space deixis	空间指示
計算可能性	calculability	可推导性
謙遜の原則	modesty maxim	谦逊准则
権限行使型	exercitives	行使类

续表

日本語	English	汉语
ゲーム理論	game theory	博弈论
言明解説型	expositives	阐述类
言語行為	speech act	言语行为
言語行為論	speech act theory	言语行为理论
コーパス語用論	corpus pragmatics	语料库语用学
コンテキスト/文脈	context	语境
コンピュータを介したコミュニケーション	computer-mediated communication	计算机介质通信(简称 CMC)
構成的規則	constitutive rule	构成性规则
行為拘束型	commissives	承诺类
行為指示型	directives	指令类
後方照応	cataphora	后照应
呼称語	address terms; terms ofadderess;address forms	称呼语
口頭による報告	verbal report	口头报告
効力	force	语力
合意の原則	agreement maxim	一致准则
語用論	pragmatics	语用学
語用論的能力	pragmatic competence	语用能力
語用論的効力	pragamatic force	语用含意
語用論的原則	pragmatic principle	语用原则
語用論的転移	pragmatic transfer	语用迁移
さ行		
再帰性	reflexivity	自反性
遮り行為	conversational interruption	会话打断
真理条件	truth condition	真值条件
指示	deixis	指示
指示詞	demonstratives	指示语
質の公理	maxim of quality	质的准则
質的研究	qualitative study	定性研究

续表

日本語	English	汉语
実験語用論	experimental pragmatics	实验语用学
時間指示	time deixis	时间指示
字義通りの意味	literal meaning	字面意义
社会語用論	social pragmatics	社会语用学
社交指示	social deixis	社交指示
修復	conversational repair	会话修正
修復	repair	修正
終結	closing	结束部分
準備条件	preparatory conditions	预备规则
遂行動詞	performative verb	施为动词
遂行文	performatives	施为句
遂行文の仮設	performative hypothesis	施为假设
推意	implicature	含意
誠実性条件	sincerity condition	真诚规则
宣告型	declarations	宣告类
選好されない応答形式	dispreferred responses	非优选应答
選好される応答形式	referred responses	优选应答
選好傾向	preference	优选性
前方照応	anaphora	前照应
前提	presupposition	前提
是認の原則	approbation maxim	赞誉准则
挿入連続	insertion sequence	插入语列
創造的集団思考法	brainstorming	头脑风暴
た行		
ターン	turn	话轮
ターン構成単位	turn conversational unit	话轮构成单位(简称 TCU)
態度表明型	behabitives	表态类
第二成分	second pair part	后件
第一成分	first pair part	前件
断言型	assertives	断言类(言语行为)

续表

日本語	English	汉语
談話	discourse	话语
談話標識	discourse marker	话语标记
談話分析	discourse analysis	话语分析
談話指示	discourse deixis	话语指示
陳述文	constatives	描述句
中間言語語用論	second language pragmatics	二语语用学
適合方向	direction of fit	适从向
適切性条件	felicity conditions	适切条件
伝達能力	communicative competence	交际能力
伝達意図	communicative intention	交际意图
伝達原則	communicative principle	交际原则
DCT 調査	discourse completion test	语篇补全测试法(简称 DCT)
ディスコース・ポライトネス理論	discourse politeness theory	话语礼貌理论
トラブル源	troublesource	阻碍源
取り消し可能性	cancellability	可取消性
統語論	syntactics or syntax	句法学
統制的規則	regulative rule	调节性规则
動的語用論	dynamic pragmatics	动态语用学
同語反復	tautology	同义反复
	な行	
内部照応	endophora	内照应
人称指示	person deixis	人称指示
認知語用論	cognitive pragmatics	认知语用学
ネガティブ・フェイス	negativeface	消极面子
	は行	
発話の重複	over-lap	话语重叠
発話行為	locutionary act	以言指事
発話媒介行為	perlocutionary act	以言成事
発話内の力	illocutionary force	施为用意

续表

日本語	English	汉语
発話内行為	illocutionary act	以言行事
発話内目的	illocutionary point	施事行为目的
発話権	floor	话语权
話し手の意味	speaker meaning	说话者意义
判定宣告型	verdictives	裁决类(施为动词)
非慣習的含意	non-conventional implicature	非规约性含意
非慣習性	non-conventionality	非规约性
控えめな表現	understatement	委婉语
表現される心理状態	expressed psychological state	所表达的心理状态
不確定性	indeterminary	不确定性
分離不可能性	non-detachability	不可分离性
文脈的意味	contextual meaning	语境意义
文脈指示	reference	照应关系
文字化	transcribe	转写
フィラー	filler	填充语
フェイス	face	面子
フェイス侵害行為	face threatening acts	面子威胁行为(简称 FTA)
ヘッジ	hedge	模糊限制语
本質条件	essential condition	基本规则
補償行為	redressive action	补救策略
基本的な遂行的発話	primary performative utterance	隐性施为句
ポジティブ・フェイス	positive face	积极面子
ポライトネス	politeness	礼貌
ポライトネスの原理	politeness principles	礼貌原则
ポライトネス理論	universal theory of politeness	礼貌策略理论
	ま行	
マルチモーダル	multimodal	多模态
前置き連鎖	pre-sequences	预示语列
無標	unmarked	无标记的

续表

日本語	English	汉语
メタ言語	metalanguage	元话语
メタ語用論的認識	metapragmatic awareness	元语用意识
明示的な遂行的発話	explicit performative utterance	显性施为句
命題内容条件	propositional content condition	命题内容规则
モード	mode	模态
	や行	
有標	marked	有标记的
様態の公理	maxim of manner	方式准则
	ら行	
隣接ペア	adjacency pair	毗邻语对
量の公理	maxim of quantity	量的准则
量的研究	quantitative study	定量研究
連続	sequence	语列
ロールプレイ	role play	角色扮演法
論理実証主義	logical positivism	逻辑实证主义
	わ行	
話者交替	turn-taking	话轮转换
話者交替適確箇所	transition-relevance place	话轮转换关联位置(简称 TRP)

日语、汉语常用语料库一览表

序号	名称	网址	简介	检索方法
1	现代日语书面语平衡语料库 [現代日本語書き言葉均衡コーパス(少納言版)] (BCCWJ: Balanced Corpus of Contemporary Written Japanese) BCCWJ	https://bonten.ninjal.ac.jp/bccwj/string_search/	该语料库由国立国语研究所和文部科学省科学研究经费特定研究领域“日本语料库”项目共同资助的科研项目联合开发。	文字列检索
2	现代日语书面语平衡语料库 [現代日本語書き言葉均衡コーパス(中納言版)] (BCCWJ:Balanced Corpus of Contemporary Written Japanese) BCCWJ	https://chunagon.ninjal.ac.jp/bccwj-nt/search	“现代日语书面平衡语料库”(BCCWJ)是一种旨在提供现代日语书面语言的总体情况的语料库,并且是目前日语中唯一可用的平衡语料库。该语料库在各种流派(例如书籍、杂志、报纸、白皮书、博客、在线公告栏、教科书和法律)中存储了1.043亿个单词的数据,并为每种流派随机采集了样本。 该语料库使用两个语言单元(长和短)对所有样本进行形态素的分析,并提供与文档结构和精确书目信息有关的标签。	短单位检索 长单位检索 文字列检索 位置检索

续表

序号	名称	网址	简介	检索方法
3	国语研日语网页语料库 [国語研日本語ウェブコーパス(中納言版)] (NINJAL Web Japanese Corpus) NWJC	https://chunagon.ninjal.ac.jp/nwjc/search	"国语研日语网页语料库"以网络为主体,通过使用网络上(WWW)的日语文本构建具有超过100亿个单词的现代日语语料库,从语言、心理和信息处理的角度研究稀有的语言现象。该语料库作为特定的应用收集示例进行语言研究,并且定量地掌握日语用法的实际情况。	短单位检索 文字列检索 位置检索
4	日语口语语料库 (日本語話し言葉コーパス) (Corpus of Spontaneous Japanese) CSJ	https://chunagon.ninjal.ac.jp/csj/search	"日语口语语料库"是在收集了大量的日语自主发音的语言材料的基础上,添加了大量研究信息的语言研究数据库。由国立国语研究所、情报通信研究机构(旧通信综合研究所)、东京工业大学共同研究开发,无论从数量还是质量上来看,它都是世界上最高水平的语言数据库。 该语料库被广泛应用于语音信息处理、自然语言处理、日语语言学、语言学、语音学、心理学、社会学、日语教育和字典编辑等领域。	短单位检索 文字列检索 位置检索
5	日语日常会话语料库 (日本語日常会話コーパス)(モニター公開版) (Corpus of Everyday Japanese Conversation) CEJC	https://chunagon.ninjal.ac.jp/cejc/search	"日语日常会话语料库"是搜集了各种情况下每天进行的自然对话的平衡语料库。为了扩大研究的可能性,该语料库还发布了视频。这是带有图像的大型日常对话语料库在世界上的首次尝试。为了收集各种情况下的谈话,研究人员将设备和材料租给了40位调查合作者,从性别、年龄等角度考虑了平衡,并选择了大约3个月的时间,记录他们的日常生活。 研究人员将记录下来的200个小时的对话将转换成字符,并以形态信息和依存关系信息对其进行注释,存储成可搜索的形式,将完整数据有偿向公众开放。该语料库支持通过"中纳言"进行检索。不仅语言学、日语教育、心理学、认知科学和信息工程等各个领域的研究人员将其用于研究,而且以AI等通信技术为中心的行业也密切关注该语料库。	短单位检索 长单位检索 文字列检索 位置检索

续表

序号	名称	网址	简介	检索方法
6	昭和口语语料库 (昭和話し言葉コーパス モニター公開版) (Showa Speech Corpus) SSC	https://chunagon.ninjal.ac.jp/ssc/search	20世纪50年代初,日本国立国语研究所使用"开放式录音机"来记录各种日常情况下的对话以及诸如演讲、讲义和问候的会话。录制的语音被转录为文字,并被用作分析口语特征的素材。录制的音频资料被存储在国语研的资料库中。 20世纪90年代以来,国立国语研究所已经完成了声源的数字化工作,但尚未发布任何音频材料。2016年日本国立国语研究所的"日常会话语料库"项目决定对当时录制的资料进行重组和维护,并将其发布为"昭和口语语料库"。 "昭和口语语料库"包括17个小时的独白和27个小时的对话,总共有44个小时的数据。"昭和口语语料库"可以通过以下两种方式使用: 1.在"中纳言"平台上进行搜索。 2.从"中纳言"平台下载"昭和口语语料库"相关数据并使用。	短单位检索 文字列检索 位置检索
7	名大会话语料库 (名大会話コーパス) (Nagoya University Conversation Corpus) NUCC	https://chunagon.ninjal.ac.jp/nuc/search	大多数数据收集于名古屋附近,也有一些数据收集于东京、北海道和新潟附近。大多数对话都使用通用语言,但也有部分对话使用方言。参与者的年龄各不相同,从十几岁到九十几岁不等。参与者以女性居多,并且从事日语教育和语言研究的人很多,因此日语的元语言用法也很多。数据样本包括很多亲密的人之间的对话,也有初次见面的人,以及研究人员、老年人等的对话。聊天没有限制话题,但是参与者会被告知他们正在录制。	短单位检索 文字列检索 位置检索
8	现日研、职场谈话语料库 (現日研・職場談話コーパス) (Gen-Nichi-Ken Corpus of Workplace Conversation) CWPC	https://chunagon.ninjal.ac.jp/shokuba/search	该语料库是将以下两项研究"女性词汇-职场篇"和"男性词汇-职场篇"获得的谈话材料文字化后制作而成的。这是1990年代初期所做的开创性尝试,并且非常具有划时代意义,两项研究均让研究合作伙伴记录工作场所中的对话并记录自然话语。使用该语料库的论文有22篇被收录于《合订本 女性用语 男性用语》(现代日语研究会编,2011年,ひつじ書房)中。根据这些研究可以了解到有男性用语和女性用语的差异的语言,或是有这样的使用倾向的语言,现在这种男女差异正在逐渐减少。	短单位检索 文字列检索 位置检索

续表

序号	名称	网址	简介	检索方法
9	日语历史语料库 （日本語歴史コーパス） （Corpus of Historical Japanese） CHJ	https://chu-nagon. ninjal. ac. jp/chj/search	为了进行史实分析，我们采用了与以"现代日语书面语平衡语料库"为代表的现代日语语料库相同的语言单元（短单元和长单元），并在文本材料的基础上添加了品词等形态论的信息。	短单位检索 长单位检索 文字列检索 位置检索
10	日语方言语料库 （日本語諸方言コーパス） （Corpus of Japanese Dialects:COJADS） COJADS	https://chu-nagon. ninjal. ac. jp/cojads/search	这是日本第一个收集了来自日本各地的大量方言话语的方言语料库。声源使用的是文化厅在1977年至1985年进行的"各地语言收集紧急调查"中记录的数据。原始数据由日本47个都道府县约200多个地方的约2500个小时的方言话语录音带组成，其中一些来源于"国家方言话语数据库日本故乡语言集"（2002-2008，国书刊行会）。	可以按标准语言和方言进行搜索。对于标准语言搜索，可以使用短单元搜索。方言检索当前仅限于文字列检索
11	多语种日语学习者语料库 （多言語母語の日本語学習者横断コーパス） （International Corpus of Japanese as a Second Language） I-JAS	https://chu-nagon. ninjal. ac. jp/ijas/search	该项调查是针对日语学习者和日语母语者进行的。对象是海外JFL（外国语教育）环境中的日语学习者，以及日本JFL环境和JSL（第二言语教育）环境中的日语学习者。为了进行比较，调查还包括了以日语为母语的人。	短单位检索 文字列检索
12	日语自然会话语料库 （日本語自然会話コーパス） BTSJ	https://isplad. jp/	该语料库记录的会话是针对每个小组收集的，并且控制了收集的目的、交谈的条件，因此，在确定每个小组的收集目的和条件之后，可以根据研究目的确定说话者的目的，从而可以分析社交活动中影响说话者说话方式的因素，例如属性（年龄、性别等）以及与会话伙伴的关系。该语料库还可以提供易于分析的信息，这些信息对于实际研究至关重要，例如填充、暂停、沉默和打扰，这区别于其他语料库。毫不夸张地说，这些是该语料库的最大特点。	

续表

序号	名称	网址	简介	检索方法
13	『茶漉』日本語用例・コロケーション抽出システム(一般公開版)	http://telldev.cla.purdue.edu/chakoshi/public.html	由美国普渡大学尖端技术言语学习研究所的深田淳氏制作的数据库。	词形 品词
14	太阳语料库 (太陽コーパス)	https://clrd.ninjal.ac.jp/cmj/taiyou/	具有从 XML 格式的材料中高速检索全文特定文字列的功能。(对应 Unicode)检索结果以 KWIC (Key Word In Context)形式表示。	文字列检索
15	近代女性杂志语料库 (近代女性雑誌コーパス)	https://clrd.ninjal.ac.jp/cmj/woman-mag/	从明治时代后期到大正时代的三种女性杂志中摘录了 40 册制作的语料库。 在文本中,使用 XML 标记与文本构成、文字、表记相关的情报。 对象杂志: 《女学杂志》(女学杂志社)1894(明治 27)年 1895(明治 28)年 31 册 《女学世界》(博文馆)1909(明治 42)年 6 册 《妇人俱乐部》(讲谈社)1925(大正 14)年 3 册 总文字数:约 210 万字 著者数:约 480 人	XML 文档下载
16	明六杂志语料库 (明六雑誌コーパス)	https://clrd.ninjal.ac.jp/cmj/meiroku/	给明治初期的学术启蒙杂志《明六杂志》(明六社出版,1874—1875 年)全文添加形态论信息(单词信息)的语料库。 除了记事、引用、文字相关的情报外,给文章的环境和单词信息也添加了标签。 对象:明六杂志全号全文 总词汇数:约 18 万词 著者数:16 人	XML 文档下载
17	国民之友语料库 (国民之友コーパス)	https://clrd.ninjal.ac.jp/cmj/kokumin/index.html	给明治中期的杂志《国民之友》1-36 号(民友社出版,1887—1888 年)全文添加形态论信息(单词信息)的语料库。 通过 XML 标签将与文档结构、形态(单词)、字符和符号有关的信息添加到文本中。同时还可以参照原本的图像信息。 总词汇数:约 101 万词 著者数:80 人以上	XML 文档下载

续表

序号	名称	网址	简介	检索方法
18	Japan Knowledge Lib	https://japan-knowledge.com/library/	日本最大的词典和百科全书网站，可以在其中搜索70多种词典、百科全书系列和杂志。基本搜索非常简单，因此可以轻松搜索所有百科全书，而高级（单个）搜索根据每个百科全书添加了原始过滤功能（构面），因此可以进行更详细的搜索。	基本搜索 高级搜索
19	千叶大学三人会话语料库 （千葉大学3人会話コーパス）	https://www.nii.ac.jp/dsc/idr/speech/submit/Chiba3Party.html	这是在千叶大学记录的对话语料库，其中包含12对同性朋友（包括大学生、研究生和博士后）之间的聊天。除了语音数据和转录文本，还有数据库版本（Chiba-RDB），其中包含形态信息、韵律信息、视线和头部运动信息等。	
20	中日对译语料库 （中日対訳コーパス） CJCS	http://msdn2.microsoft.com/ja-jp/library/hs600312（VS.80）.aspx	内容包括小说、散文、传记、政治评论家、白皮书、法律文件、条约文件、诗歌等多种体裁的日汉翻译文本。 文学作品：中国23篇、日本22篇以及译文（合计105件，约1130.3万字） 文学作品以外：中国14篇、日本14篇、中日合著2篇及译文（合计45件，约574.6万字）	日语原文 日语译文 汉语原文 汉语译文
21	京都大学文本语料库 （京都大学テキストコーパス）	https://github.com/ku-nlp/KyotoCorpus	一种文本语料库，在每天的新闻记事中手动向文章添加各种语言信息。1995年1月1日至17日，该语料库给所有文章都添加了词素和语法信息，大约有20,000个句子，从1月到12月，社论文章增加了约20,000个句子，总共约40,000个句子。该信息由形态分析系统JUMAN和解析系统KNP自动分析，并手动校正结果。	提供文档下载
22	带有对照人群的高龄者语料库 （対照群付き高齢者コーパス）	https://www.gsk.or.jp/catalog/gsk2018-a	带有年轻人群对照组的老年人语料库，采访了80位实验参与者，其中老年人组（60岁～79岁）60名，年轻人组（20岁～59岁）20名。	

续表

序号	名称	网址	简介	检索方法
23	北京大学 CCL 语料库（Center for Chinese Linguistics PKU）	http://ccl.pku.edu.cn:8080/ccl_corpus	支持复杂检索表达式（比如不相邻关键字查询、指定距离查询，等等）； 支持对标点符号的查询（比如查询“?”可以检索语料库中的所有疑问句）； 支持在“结果集”中继续检索； 用户可定制查询结果的显示方式（如左右长度、排序等）； 用户可从网页上下载查询结果（text 文件）。	普通查询 高级查询 批量查询 模式查询
24	北京语言大学 BCC 语料库 （BLCU Corpus Center）	http://bcc.blcu.edu.cn/lang/zh	BCC 汉语语料库，总字数约 150 亿字，包括报刊（20 亿）、文学（30 亿）、微博（30 亿）、科技（30 亿）、综合（10 亿）和古汉语（20 亿）等多领域语料，是可以全面反映当今社会语言生活的大规模语料库。	多领域 文学 报刊 对话 篇章检索 古汉语 历时检索 自定义
25	现代汉语语料库	http://corpus.zhonghuayuwen.org/CnCindex.aspx	语料库样本数：9487 个（样本数即篇章数） 语料库字符数：19455328 个（含汉字、字母、数字、标点等） 语料库总词语数：12842116 个（含单字词、多字词、字母词、外文词、数字串、标点符号等） 语料库总词语个数：162875（指语料库出现的分词单位的个数） 语料库总汉字词语个数：151300（含汉字的词语个数，不包括外文词、标点、数字串等） 语料库说明：现代汉语语料库是一个大规模的平衡语料库，语料选材类别广泛，时间跨度大。在线提供检索的语料经过分词和词性标注，可以进行按词检索和分词类的检索。	现代汉语语料库检索

续表

序号	名称	网址	简介	检索方法
26	古代汉语语料库	http://corpus.zhonghuayuwen.org/acindex.aspx	语料库字数：约一亿字 语料库说明：古代汉语语料库包含自周至清各朝代的约1亿字语料，含四库全书中的大部分古籍资料。部分书目如下：诗经、尚书、周易、老子、论语、孟子、左传、楚辞、礼记、大学、中庸、吕氏春秋、尔雅、淮南子、史记、战国策、三国志、世说新语、文心雕龙、全唐诗、朱子语类、封神演义、三国演义、水浒传、西游记、红楼梦、儒林外史等。 语料库检索：语料库未经标注，支持全文检索、模糊检索，支持语料出处、关键词居中（KWIC）排列显示。	古代汉语语料库检索
27	现代汉语平衡语料库	http://corpus.zhonghuayuwen.org/WDindex.aspx	语料库检索：提供在线语料库字词索引表的检索，带有词类标记和词频信息。	语料库字词检索
28	清华TH语料库	http://www.openslr.org/18	清华TH语料库于1994年6月建成，其总库采用分级管理的原则，根据对语料加工深度的不同，将语料分成了生语料和熟语料两大类，其中0级生语料分库涵盖了一般书、报纸、论文、杂志、工具书等五类子语料库素材。经过近年来不断的升级和更新，该语料库已更名为THCHS-30语料库。	压缩包下载
29	新时代人民日报分词语料（NEPD）	http://corpus.njau.edu.cn/	该语料库是我国第一个大型的现代汉语标注语料库，以《人民日报》1998年的纯文本语料为基础，完成了词语切分、词性标注、专有名词标注、语素子类标注、动词和形容词特殊用法标注、短语型标注等加工工作，现已扩充至3500万字的规模。	需要网上申请

图书在版编目(CIP)数据

语用学研究理论与方法/王晓著.--北京:中国传媒大学出版社,2025.5.

(日本语言·文化·传播丛书).

ISBN 978-7-5657-3915-6

Ⅰ. H363

中国国家版本馆 CIP 数据核字第 202583P9Z0 号

语用学研究理论与方法

YUYONGXUE YANJIU LILUN YU FANGFA

著　　者	王　晓		
责任编辑	于水莲		
特约编辑	杨舒文		
封面设计	大鹏设计		
责任印制	李志鹏		
出版发行	中国传媒大学出版社		
社　　址	北京市朝阳区定福庄东街 1 号	**邮　　编**	100024
电　　话	86-10-65450528　65450532	**传　　真**	65779405
网　　址	http://cucp.cuc.edu.cn		
经　　销	全国新华书店		
印　　刷	唐山玺诚印务有限公司		
开　　本	710mm×1000mm　1/16		
印　　张	22.5		
字　　数	355 千字		
版　　次	2025 年 5 月第 1 版		
印　　次	2025 年 5 月第 1 次印刷		
书　　号	ISBN 978-7-5657-3915-6	**定　　价**	98.00 元

本社法律顾问:北京嘉润律师事务所　郭建平